소설로 읽는 **한국문학사1**: 고전문학편

서연비람은 조선 시대 왕궁 내, 강론의 자리였던 서연(書筵)에서 강관(講官)이 왕세자에게 가르치던 경전의 요지를 수집하여 기록한 책(비람備覽)을 말합니다. 서연비람 출판사는 민주주의 국가의 주인인 시민들 역시 지속 가능한 과거와 현재, 미래의 이치를 깨우치고 체현해야 한다는 믿음으로 엄착한 도서를 발간합니다.

소설로 읽는 한국문화사 시리즈

소설로 읽는 **한국문학사**1: 고전문학편

초판 1쇄 2023년 12월 29일

지은이 유시연 · 은미희 · 엄광용 · 정라헬 · 정수남 · 마린 · 김민주 · 하아무 · 채희문
편집주간 김종성
편집장 이상기
펴낸이 윤진성
펴낸곳 서연비람
등록 2016년 6월 29일 제 2016-000147호
주소 서울시 강남구 남부순환로 2909, 2층 201-2호
전자주소 birambooks@daum.net

ⓒ 유시연 · 은미희 · 엄광용 외, 2023, Printed in Korea.

ISBN 979-11-89171-69-8 04910
ISBN 979-11-89171-68-1 (세트)

값 16,500원

소설로 읽는

한국문학사 1
고전문학편

(사) 한국작가회의 소설분과 위원회 편

서연비람

차례

머리말

영국의 역사학자 트레벨리언(George M. Trevelyan)은 "역사의 변하지 않는 본질은 이야기에 있다"고 말하면서 역사의 설화성을 강조했다. 설화의 근간은 서사(narrative)이다. 1990년대 이후 한국 소설에서 서사가 사라졌다는 이야기가 유령처럼 떠돈다. 우리는 서사가 문학 작품뿐만 아니라 역사서의 기술에도 많이 사용해 왔다는 사실에 주목했다. 사마천(司馬遷)이 지은 『사기(史記)』의 상당 부분은 인물의 전기로 채워져 있고, 김부식의 『삼국사기』도 전기를 풍부하게 싣고 있다. 일연의 『삼국유사』는 불교 설화를 비롯한 여러 가지 서사가 풍부하게 실려 있다.

한국사를 총체적으로 살펴보려면 정치사뿐만 아니라 경제사 · 사회사 · 문학사 · 음악사 · 미술사 · 철학사 · 종교 사상사 · 교육사 · 과학 기술사 · 상업사 · 농업사 · 환경 생태사 · 민중 운동사 · 여성사 · 전쟁사 등 한국 문화사를 들여다봐야 한다. 마침 한국 문화사를 소설가들이 소설로 접근하면 어떻겠느냐는 논의를 진행해온 ㈜서연비람이 ㈔한국작가회의 소설분과 위원회 소속 소설가들에게 집필을 의뢰하여 '소설로 읽는 한국문화사' 시리즈의 첫 번째 기획물인 『소설로 읽는 한국 여성사1:고대 · 중세편』 · 『소설로 읽는 한국 여성사2 :근세 · 현대편』, 두 번째 기획물인 『소설로 읽는 한국 음악사1 :고대 · 중세편』 · 『소설로 읽는 한국 음악사2 :근세 · 현대편』에 이어 세 번째 기획물인 『소설로 읽는 한국문학사 1:고전문학편』과 『소설로 읽는 한국문학사 2:현대문학편』을 출간하게 되었다. ㈔한국작가회의 소설분과 위원회 회원들이 열심히 작품을 쓴 결과 총 18편의 중단편 소설이 모이게 되었다. 이 작품들 가운데 2편의 중편소설과 7편의 단편소설을 편집하여 『소설로 읽는 한국 문학사1:고전문학편』을 출간하게 되었다.

『소설로 읽는 한국문학사 1:고전문학편』에는 유시연 · 은미희 소설가가 집필한 중편소설 2편과 엄광용 · 정라헬 · 정수남 · 마린 · 김민주 · 하아무 · 채희문 소설가가 집필한 7편의 단편소설이 수록되어 있다. ㈔한국작가회의 소설분과 위원회 소속 9명의 소설가들이 한국사 속에서 치열한 삶을 살아갔던 최치원 · 이규보 · 김시습 · 허균 · 정철 · 윤선도 · 김만중 · 박지원 · 김삿갓을 언어라는 존재의 집으로 초대해 그들의 삶과 사상을 탄탄한 문장으로 형상화했다. 권말에 실은 '한국고전문학사 연표'는 김종성 소설가가 집필했다.

　많은 난관을 이겨내고 모은 원고를 아름다운 책으로 만들어준 ㈜서연비람 윤진성 대표와 이상기 편집장을 비롯한 편집진의 노고도 컸다. 끝으로 내외 환경이 나날이 어려워져 가는 이때 안간힘을 쏟아 창작 활동을 하는 ㈔한국작가회의(이사장 윤정모) 회원 여러분들과 『소설로 읽는 한국문학사 1:고전문학편』을 출간하는 기쁨을 함께 하고자 한다.

2023년 10월 25일
(사) 한국작가회의 소설분과 위원회 위원장
김종성

1. 최치원 - 유시연

1

거리에는 달큰한 냄새가 떠다녔다. 재스민 향인지 복숭아 향인지 모를 그 향은 너무나 달착지근하여 밤의 연인들이 속삭이는 것처럼 느껴졌다. 배에서 내린 첫날 치원은 제국의 수도 장안의 거리를 걸어가며 그 냄새가 온몸으로 스며드는 것을 그리하여 그 냄새에 젖어 살 것 같은 느낌을 받았다. 풍요와 나른한 냄새의 이면에는 수많은 민족과 부족을 복속시킨 침탈의 역사가 숨어 있었다.

성루에서 내려다본 장안은 잠들지 않는 도시였다. 마차가 대로를 지나가고 술에 취한 사내가 활보하는 곳이었다. 여인들의 분 냄새가 골목에 떠다녔다. 붉은 등이 서너 개씩 꾸러미로 달린 객잔 문 앞에는 헤어짐을 아쉬워하는 연인들의 웃음소리가 밤하늘에 흩어졌다. 치원은 조금은 나른하고 감미로우며 세상의 풍속이 집결된 장안의 밤을 내려다보았다. 먼 사막에서 불어오는 바람이 도시의 창문을 활짝 열어젖히게 하는 곳, 세상의 음식과 각국의 도시에서 모여든 사람들과 세상의 이야기가 오래오래 머무는 곳에서 치원은 어쩌면 자신도 꽃처럼 한세상 피었다가 사그라지는 그런 존재가 되지 않을까, 그런 의문이 들었다.

주작대로의 널따란 길 양쪽으로 심어진 가로수가 밤의 공기를 흡수하며 수액을 뿜어내고 있었다. 가로수 끝에 매달린 붉거나 흰 꽃들이 도시를 더욱 달콤하고 환상적인 공간으로 만들었다. 주작대로 옆구리로 나뭇가지가 갈라지듯 수십 수백 개의 골목길 끝에는 집마다 화분을 마당에 내놓고 꽃을 가꾸는데 검은 고양이와 흰 고양이들이 화분 밑에 웅크려서 지나가는 사람들을 향해 눈을 번득였다. 다가오면 소리쳐서 주인을 깨울 태세였다. 환하게 불을 밝힌 골목을 따라 나오면 도시를 관통하는 수로와 도랑물이 흘러갔다. 더운 여름밤이면 사람들은 그 도랑물에 발을 담그고 손을 씻으며 놀았다. 도랑물을 따라 끝없는 길이 이어졌다.

"과거시험이 유예되고 있대."

치원은 얼마 전 발해에서 온 동급생 차오시몽의 말을 들은 후부터 일이 손에 잡히지 않았다. 상상할 수도 없는 일이었다. 막연히 짐작 가는 일이 있었다. 먼 변방에서 농민들이 반란을 일으켰다는 소문을 들은 것 같았다. 과거시험 유예라니, 제국이 밑에서부터 금이 가는 소리였다. 치원은 이틀 연속 잠을 이루지 못하고 숙소를 나와 거리를 나돌아다녔다. 특히 장안 성루에 올라 밤의 도시를 내려다보는 일이 그의 일과처럼 되어버렸다.

곧게 쭉 뻗은 도로와 그 도로를 따라 도시를 관통하며 흘러가는 수로는 운하에 닿아 있었고 강과 바다로 연결되어 무역의 중심지 역할을 했다. 사람들은 창문을 활짝 열어놓고 도랑물 소리를 자장가처럼 들으며 잠이 들었다. 장안은 잠들지 않는 도시였다. 시전의 불이 꺼진 후에도 관청이 문을 닫은 후에도 객잔을 지키는 개가 하품을 하며 늘어진 뱃가죽을 땅에 대고 잠이 드는 순간에도 연인들의 말소리가 어둠 속에 녹아들었다.

치원은 정월 대보름날 탑을 따라 돌며 소원을 비는 젊은 남자와 여자들의 무리를 떠올렸다. 어릴 적 어머니의 손을 잡고 탑돌이를 했던 기억이 났다. 그 시절이 못 견디게 그리웠다. 여인들의 웃음소리와 향수 냄새, 남녀가 어우러져 탑을 돌며 미래의 배우자를 그려보는 시간이기도 했다. 달 밝은 밤 강강술래 노랫가락이 허공에 흩어지고 새벽 범종 소리 울릴 때까지 잠들지 않는 도시를 생각했다.

치원은 계림에서 온 설(雪) 낭자를 떠올렸다. 부모를 따라 아주 어린 나이에 배를 타고 먼 도시에 닻을 내린 설 낭자를 생각하자 한결 기분이 나아졌다. 치원은 자신도 모르게 객잔 '서경강'으로 발걸음을 옮겼다. 어쩌면 그곳에는 장안에서 사귄 양섬(楊贍)이나 오만(吳巒), 고운(顧雲), 나은(羅隱) 같은 벗들이 있을지도 몰랐다. 서문을 나서자 어두운 들판에서 여우 울음소리가 들려왔다. 바람 소리였나 싶어 치원은 귀를 기울였다. 치원이 처음 도착했을 때는 너른 들판에 유채꽃이 가득 피어 있었다. 끝도 모를 정도로 피어 있는 유채밭을 보며 벼를 심지 왜 유채를 심었을까, 의아하게 생각했었다. 국자감 식당 반찬으로 나온 유채를 보고 치원은 그들이 너른 들판 가득 유채를 심는 이유를 알 수 있었다. 소금을 뿌려 해바라기 기름에 볶은 유채는 달달했다. 끼니때마다 식탁에 오르는 유채 나물에 질린 나머지 나중에는 노란 유채꽃만 보아도 구역질이 났다.

늦은 밤, 불이 꺼지지 않는 객잔에는 술에 취한 손님들의 혀 꼬부라진 소리와 개 짖는 소리가 어우러져 다소 소란스러웠다.

"이 시간, 자네가 웬일인가."

"그러게, 동국(東國)에서 온 귀인께서 술 생각이 났나."

친구들은 치원의 등장에 다소 놀란 듯했다. 치원은 조용히 구석자리에 끼어 앉았다. 나은이 술잔에 술을 채워 잔을 권했다. 치원은 말없이 잔을 입에 댔다. 다들 의아한 표정이 느껴졌다.

"도대체 길이 어떻게 된 건가. 하마터면 길을 잃어 영영 자네들을 못 볼 뻔했잖아."

"하하, 진시황에게 물어보게나."

"무얼 하려고 그 많은 길을 만들었단 말인가."

"그야 수백 마리의 말이 한꺼번에 달려가야 할 길이 아니던가. 무엇이 문제인가."

"장안은 그게 문제야. 쓸데없이 토목공사를 하다니."

치원의 말에 일순간 공기가 싸했다. 아무도 대꾸하지 않았다. 치원은 실수를 한 걸 알아차렸다. 수습하기에는 자존심이 허락하지 않아 술을 비우고 스스로 자기 잔에 한 잔 더 따랐다. 그곳에 모인 양섬, 고운, 오만, 나은과 몇 사람들이 약속이나 한 듯 술을 입에 털어 넣고는 말이 없었다. 치원은 그 침묵의 의미를 헤아리느라 머릿속이 복잡했다.

"동국의 작은 고을에서 온 그대가 시황제의 원의를 알 리가 없지."

나은이 혼잣소리로 중얼거렸다. 치원은 나은을 쳐다보았으나 그는 눈을 피했다.

　"시전(市展)에 가보았나? 그곳에 세계 각국에서 들어오는 물목들을 보았겠지. 장안은 그 어느 때보다 문명의 정수를 누리는 중이네. 시황제가 닦아놓은 너른 길을 통해 서역에서 오는 말들과 낙타 무리가 줄을 이었지. 유리공방과 빵을 만드는 기술도 모두 그 길을 따라 들어온 거지. 우리가 누리는 모든 것들은 시황제가 이룬 토목공사의 힘이네."

　치원은 나은의 설명에 뭐라 할 말이 없었다. 무수한 이민족과 부족을 복속시키며 거대한 도시를 이룬 진나라나 수나라가 이룬 문명 위에 꽃을 피운 당나라 사람들의 중화사상 속에는 약소국에 대한 오만과 야만성이 깃들어 있음을 그들은 군이 인정하려고 하지 않았다. 치원은 그들과 대화가 안 통하는 걸 알고 허전함이 몰려왔다. 신라에서 온 친구들과 같은 내용으로 이야기하면 금방 이해하고 넘어갈 일이었다. 치원은 자신이 이방인임을 다시 한번 더 자각했다. 김가기와 최언위, 최승우가 이날따라 더욱 생각났다. 그들과 술을 마실 때는 이런 생경한 느낌이 없었다. 이국에서 느끼는 낯섦과 외로움을 서로 나누는 사이라서 의견이 다소 다르더라도 어떤 면에서는 그냥 넘어갔다. 김가기가 깊은 산속으로 숨어버린 후 그들은 서로 만나지 못했다. 계림에서 온 유학파 친구들과 마시던 술 생각이 간절했다.

　그때 어디선가 아름다운 악기 소리가 들려왔다. 그 소리는 마치 버들잎이 바람을 타고 허공에서 곡예를 하듯 울려왔다. 맑고 고운 현의 울림에 술잔을 들고 있던 사람들이 일제히 숨을 죽였다. 현의 울림은 수면의 물결 파동처럼 떨리거나 작은 새가 긴 꼬리를 끌며 날아가듯 가볍게 들려왔다. 항아리에 담긴 청수에 빗방울 한 줄기가 떨어지듯 아름다운 음악이었다.

　음악소리가 그치자 조금 전 경직되었던 분위기가 풀리며 다시 잔을 부딪치는 소리로 공기가 소란스러웠다.

"다들, 밤을 새울 모양이네요."

까맣고 긴 머리를 어깨에 늘어뜨린 설 낭자가 악기를 품에 안고 이층 나무계단을 내려오며 인사를 했다. 그녀의 치렁치렁한 머리카락이 발걸음을 옮길 때마다 허리께에서 찰랑거렸다. 보라색 천으로 휘감은 옷의 자태가 밤의 등잔 아래 무척 고혹적으로 보였다. 치원은 그녀를 바라보며 숨을 죽였다. 몇 번 언위와 승우, 김가기와 만났을 때 보던 그녀의 모습과는 또 다른 모습이었다.

"낭자, 우리가 너무 시간을 끌었나 봅니다. 곧 파할 테니 염려 마세요."

나은이 유쾌한 목소리로 그녀를 바라보았다. 설 낭자가 품에 안은 밤색 악기가 옻칠이 잘 된 듯 윤기를 냈다. 치원은 예전에도 스쳐가듯 만난 그녀의 모습을 보고 숨을 훕, 멈춘 적이 있었다. 승우와 언위, 김가기는 이미 오래전에 그녀와 알고 지낸 듯 안부 인사를 주고받으며 친근감을 표현했지만 치원은 그러지 못했다. 그녀를 처음 만난 날부터 치원은 밤에 잠자리에 누우면 그녀 생각에 몸을 뒤척였다.

"악기 소리가 예사롭지 않습니다."

"회회국(아랍)에서 온 낙타 상인에게 산 고쟁이라는 악기예요."

"그 악기 소리를 들으러 자주 와야겠습니다."

"아무 때나 들을 수 있는 악기가 아니에요. 오늘은 여러분이 너무 진지해서 제가 끼어든 것뿐이에요."

"호오, 동국에서 온 고운(孤雲)을 생각했나 봅니다."

"좋은 술은 서로 얼굴을 권한다는 말도 있잖아요. 이 좋은 술을 마시면서 너무 경건한 것 같아요."

"설 낭자, 누룩이 진한 어아주(魚兒酒)와 취도주(翠導酒)를 주문할 테니 무뢰배들이 밤새워 마실 수 있도록 준비해 주실 수 있겠소?"

"그럼요. 오늘은 특별히 객잔 서경강의 명주(名酒)를 대령하겠어요."

"장안의 한량들이 이 밤 서경강의 미주(米酒)를 다 마셔봅시다."

설 낭자가 부엌으로 들어가고 나은이 치원의 잔에 술잔을 부딪쳤다. 분위기가 다시 흥겨워졌다. 치원은 과거시험이 유예된 사유를 물어보고자 했으나 차마 입이 떨어지지 않아 술잔만 만지작거렸다.

멀리서 개가 짖는 것으로 보아 청기문 주변의 다른 주점에서 한량들이 헤어지는 모양이었다. 변소에 가려고 치원은 밖으로 나왔다. 밤공기가 부드러웠다. 어두운 하늘에는 별들이 점점이 흘러가고 있었다. 곳곳에 자리한 주점에서는 불빛이 환했다. 각각의 주점마다 특색 있는 술을 빚어서 손님들을 유치하기 위해 경쟁을 했다. 설 낭자가 서경강의 명주를 내어주는 것도 단골을 빼앗기지 않으려는 일환이었다. 장안성 동문이나 서문, 남문 주변에 즐비한 객잔마다 누룩이 익어가는 냄새가 코를 찔렀다. 당대의 명주가 모여 있는 곳에는 관리나 상인, 호협이나 선비들이 모여들었다.

치원은 어두운 밤하늘을 쳐다보며 서경강을 나섰다. 어머니의 얼굴이 가물가물했다. 아버지의 엄격한 얼굴과 헤어지던 날의 정경이 선명하게 기억났다.

"십 년을 공부하여 과거에 급제하지 못하면 내 아들이라고 말하지 마라. 나도 아들을 두었다고 말하지 않을 것이다. 가서 부지런히 공부에 힘써라."

아버지의 당부는 유학 생활 내내 치원의 가슴에 남아 있었다. 그 말은 육중한 무게가 되어 바위처럼 들어앉아 치원의 마음을 장안에 붙박여 놓았다. 아버지와의 약속 이전에 자신과의 약속이었다.

"벌써 여섯 해가 지나갔구나."

치원은 밤길을 걸으며 혼잣소리로 중얼거렸다. 담장을 가득 덮은 인동 덩굴이 어둠 속에서도 윤기를 내며 뻗어가고 있었다. 당초무늬의 인동덩굴은 기와 문양에도 흙벽에도 새겨졌는데 날개옷이 휘감아 도는 듯 곡선으로 뻗어갔다. 치원은 어딘지 모를 길을 걸었다. 걷다 보니 정말 어디가 어디인지 방향을 가늠할 수 없었다. 주작대로를 쭉 따라가면 황제가 거주하는 북궁이 나왔다. 북궁 주변으로 여섯 개의 궁전이 모여 있는데 각각의 궁에는 후궁들과 공주들이 살았다. 언위가 길을 잃고 북궁의 노란 기왓장 건물을 보고 되돌아왔다는 곳이었다. 치원은 황제의 궁에 닿기도 전에 길을 잃었음을 알았다.

시황제의 흔적은 장안성 곳곳에 남아 있었다. 그는 전쟁으로 영토를 확장하려고 길을 만들었을 것이다. 수레와 말들이 한꺼번에 움직일 수 있도록 108개의 큰 도로를 건설했을 것이다. 대로에서 옆구리로 난 길만도 수십 수백 곳이었다. 각각의 길을 끼고 이백여 가구가 모여 살았다. 관청, 상점, 구두작방, 유리작방, 빵공장, 비단 작방 들이 길마다 들어섰다. 치원은 그 길을 벗어나 다른 골목으로 들어섰다. 그곳에도 똑같이 관청과 상점과 일반백성들이 사는 집이 모여 있었다. 서서히 허기가 몰려왔다. 다리가 아파서 치원은 담장 앞에 주저앉았다. 긴 담장 넘어 높이 솟은 탑이 보였다. 어쩌면 길을 찾을지도 몰랐다. 치원은 높이 치솟은 탑을 향해 발걸음을 옮겼다.

수탉이 홰를 치는 소리가 들려왔다. 하늘이 희붐하게 밝아오고 있었다. 새벽노을이 깔린 하늘 중심부로 우뚝 솟은 소안탑은 성내 어디서든지 보였다. 인도에서 가져온 불경을 번역하기 위해 만들었다는 소안탑은 천복사 경내에 있었다. 김가기의 소개로 들은 적은 있지만 직접 가보지는 못했다. 도교에 심취한 김가기를 이해하려면 치원은 먼저 그가 믿는 교리를 알고 싶었다.

포대화상이 둥그런 배를 내밀고 앉아 있는 동상을 지나자 정원이 보였다. 잎이 넓은 나뭇잎이 그늘을 드리워서 내부가 잘 보이지 않았지만 이름 모를 꽃향기에 취해 치원은 안으로 들어갔다. 배롱나무꽃이 피어 흔들렸고 재스민 나무가 하얗거나 노란 꽃잎을 매달고 서 있었다. 치원은 보라색 오동나무꽃이 포도송이처럼 매달려 있는 곳을 지나 중앙 건물로 나아갔다. 가운데 방에 앉아 있는 옥황상제의 풍모가 눈에 들어왔다. 누군가 향을 피웠는지 연기가 가늘게 피어올랐다. 이 새벽에 누가 향불을 사르었을까. 치원은 그 생각을 하며 제단 앞에 서서 향에 불을 붙였다. 허공에 향나무 향이 진하게 떠돌았다. 두 손을 모으고 부모님과 형을 위해 기원을 했다. 특히 아버지의 얼굴이 자꾸 떠올라서 치원은 알게 모르게 숙제를 마치지 못한 부채감에 가슴이 무거웠다. 옥황상제 방에서 물러 나오니 하늘이 완전히 밝아서 경내가 환하게 비쳤다. 돌아 나오다가 다리가 아파 어느 문지방에 걸터앉았다. 돌아보니 관우를 모신 방이었다. 긴 수염이 가슴께를 덮은 관우는 철릭을 입고 긴 칼집을 허리에 찬 채 부릅뜬 눈을 하고 어디인가를 노려보고 있었다. 우직하고 충직한 사람의 전형 같았다. 아침 해가 어두운 정원을 비추자 몇몇 노인들이 들어왔다. 그들은 꽃을 들거나 과일을 안고 있었다. 석류 바구니를 든 노파는 생명의 신에게 아들을 점지해달라고 큰소리로 빌어서 밖에까지 다 들렸다. 젊은 연인 한 쌍은 사랑의 신이 모셔진 방에 들어가더니 조금 후 웃음소리와 장난을 치는 소리가 들렸다. 갈증이 났다.

정원 귀퉁이 거북 형상을 한 바위 아래 석간수가 흘렀다. 대나무 홈을 파고 흘러내리는 곳에 표주박이 있어서 물을 마셨다. 소안탑에서 나오니 해가 지붕 위에 쏟아져 내렸다. 절 부근에는 수레에 석류를 가득 쌓아놓고 지나가는 사람을 기다리는 남자와 대추를 수레에 가득 쌓아놓고 파는 여자가 있었는데 부부로 보였다. 그들이 마주 보고 웃으며 만두를 먹고 있었다. 치원은 비로소 배가 헛헛함을 느꼈다. 대추 알은 아직 영글지 않은 것 같았지만 알은 무척 굵었다. 여자가 치원을 향해 대추 서너 알을 내밀며 먹어보라고 말했다. 치원은 대추를 받아서 깨물어보았다. 연둣빛의 대추는 달착지근했다. 비릿한 맛이 나면서도 달았다.

고향 집에도 뒷마당에 대추나무가 있었다. 서리가 올 무렵 붉게 익은 대추를 따서 말리면 늦은 가을 산에서 따먹던 다래만 했다. 어머니는 대추차를 달여 감기 예방으로 가족에게 먹였는데 장안에서 본 대추는 좀 달랐다. 다래만 한 대추를 보다가 잘 영근 알밤 같은 대추를 보니 종자가 다른 건가 그러며 신기해했다. 치원은 대추를 사고 싶었지만 주머니 사정이 좋지 않았다. 두 손을 마주하고 고맙다고 절하고는 얼른 그 자리를 벗어났다.

소안탑에서 가까운 거리에 장안 성루로 들어가는 동문이 있었다. 치원은 동문 돌계단을 밟고 성루로 올라갔다. 길게 뻗은 주작대로 이십 리 길 끝에 아득하게 가물가물한 그림자가 어렸다. 궁궐의 지붕이 아득한 거리로 치원과 이방의 나라에 사는 심경만큼이나 멀어 보였다. 성루에는 바닥에 낡은 천을 깔고 앉아 무화과와 찐빵을 파는 노파가 있었다. 주름이 깊게 진 얼굴에 지나온 세월이 켜켜이 고여 있었다. 힘겹게 살아온 세월 같았다. 치원은 주머니를 뒤져 엽전 한 닢을 찾아냈다. 만두 두 개를 사서 먹었다. 양배추를 기름에 볶아 다진 양고기와 부추를 넣어 익힌 만두소는 조금 짰다. 노파의 손은 오래 산 고목처럼 거칠어 보였다. 만두 두 개를 그 자리에서 먹고 나자 주위 사물이 눈에 들어왔다.

한 무리의 한량늘이 성부를 점거한 재 소란을 떨었다. 치원은 눈살을 찌푸렸다. 마차 두 대가 성루에서 마주 보며 빠르게 지나갔다. 치원은 그들이 있는 곳에서 멀찍이 떨어져서 성곽 멀리 병풍처럼 둘러친 산악 지대와 아득히 먼 운하와 그 운하를 따라 강과 합류되는 지점에 시선을 두었다. 강물 소리가 귓전에 부서지는 것 같았다. 한참 소란스럽던 곳이 조용해졌다. 누군가 치원을 부르는 것 같아 돌아다보았다. 나은의 하인이었다.

"선비님, 여기는 어쩐 일이세요."

"그러는 자네는 무슨 일인가."

"도련님을 모시러 왔는데요."

"자네 주인은 서경강에 있네."

"그곳에 들렀다 왔는데요."

"그런데 왜 이곳에서 찾는가."

"도련님이 친구분들과 장안 성루로 오르자고 했다는 말을 들었습니다."

"못 봤는데 어디서 찾는 건가."

그때 성루 끝에서 누군가 비척비척 걸어왔다. 자세히 보니 나은 같았다. 찾았습니다요, 하인이 그쪽으로 뛰어갔다. 하인과 나은이 서로 뭔가 주고받는 것 같더니 치원 쪽으로 다가왔다.

"고운, 예서 이러고 있을 짬이 없네. 과거시험 날짜가 정해졌다네."

"과거시험?"

"빈공과 준비를 하게."

"어찌 알았나?"

"아는 수가 있지."

나은이 딸꾹질하며 어정쩡하게 서서 반가운 표정으로 치원을 바라보았다. 아직 술이 다 깨지 않은 것 같았다. 나은의 두 다리가 휘청거리다가 바닥에 주저앉았다. 하인이 나은을 둘러업었다. 치원은 멀어져가는 나은의 뒷모습을 바라보며 성루에서 내려왔다. 장안성 동문을 나서자 양 울음소리가 들판에서 들려왔다. 크고 작은 울음소리는 얽히고설켜 소란스러웠다. 잡혀서 죽는 어미 양과 팔려 가는 새끼 양이 뒤섞여 대기가 어수선했다. 황실에서 소고기를 금지했다가 해제한 지 얼마 안 된 시점이어서 소고기도 돼지고기도 수량이 부족했다. 집마다 양을 길렀다. 나라에서는 이품에게 양 스무 마리, 삼품에게는 열두 마리, 사품이나 오품에게는 아홉 마리의 양을 매월 공급해 주는 것을 규정하고 있어서 장안성 어디에서나 양을 잡았고 어디에서나 양 울음소리가 들렸다.

치원은 부지런히 발걸음해서 국자감에 도착했다. 그는 같은 방을 쓰는 동기생들에게 그 소식을 전했다.

"과거시험이 있대."

"드디어 때가 왔구나. 치원, 정정당당하게 겨루어 보자."

차오시몽은 치원이 전해준 소식에 뭔가 더 아는 정보가 없나 살피는 눈치였다. 왜에서 온 동기생 준평은 무덤덤한 얼굴로 치원과 차오시몽을 쳐다보았다.

"나는 시험을 포기했어."

"왜, 무슨 일이야."

"그냥 할 일이 좀 있어서."

차오시몽이 준평을 미심쩍은 듯이 바라보았으나 준평은 입술을 굳게 다물고 더 이상 말을 하지 않았다. 그동안 공부한 시간은 무엇이란 말인가. 치원은 준평의 태도에 맥이 빠졌다. 함께 동고동락하며 지낸 지 육년의 세월이었다. 같이 시험을 치르고 같이 관직에 나아가 뜻을 이루고 싶었다.

치원은 아버지의 말씀을 가슴에 새기고 밤낮없이 경학에 매달렸다. 사서와 삼경, 고대 중국의 경전과 불교 경전, 도교와 유교에 이르기까지 깊이 파고들었다. 그러는 사이 국자감 생활에 서서히 지쳐갔다. 물론 종남산으로 바람을 쐬러 가긴 했다. 종남산 광법사는 김가기가 잠깐 머물렀던 절이고 언위와 승우가 모임을 하던 장소였다. 그곳에서 치원은 몇 번 언위와 승우를 만날 수 있었다. 승우는 당나라 관직을 받아 벼슬을 했고 언위 역시 빈공과 합격 후 신라로 돌아가지 않고 장안에 남아 있었다. 많은 신라의 육두품 출신들이 국자감을 거쳐 갔다. 빈공과에 합격한 수가 어느 나라보다 많았다. 어느 해는 이백여 명의 신라 유학생이 세계 각처에서 몰려온 팔천여 명의 유학생 사이에서 기량을 발휘했다. 신라 왕은 자신들의 지위를 떠받쳐 줄 세력이 필요했다. 육두품 출신들을 대거 당나라로 보내면서도 고위직은 주지 않았다. 철저하게 골품제에 의해 유지되는 왕조였기에 일정 부분까지만 허용했다. 수많은 신라의 인재들이 당에서 선진문물을 공부하고 돌아와 신분 상승의 꿈을 이루지 못하고 주저앉았다.

치원은 그런 와중에도 아버지 견일의 뜻을 좇아 장안으로 왔다. 언젠가부터 장안의 분위기가 어수선했다. 국경지대의 반란이 문제가 아니라 저 밑바닥 내부에서부터 서서히 금이 가는 것 같은 느낌이 든 것은 국자감 식당에서부터였다.

식당의 반찬 가짓수가 줄어든 것은 고사하고 반찬의 질이 형편없이 떨어졌다. 회회국이나 파사국(페르시아)에서 온 왕족 중 일부는 학교 식당 밥을 먹지 않고 밖에서 해결했다. 누군가 식당을 책임지는 관리가 착복했다고 관에 고발해야 한다고 떠들었지만, 그것 때문은 아니란 것쯤 이미 알만한 사람은 알았다. 당나라 황실 재정의 문제라는 것을 확실히 알게 된 건 의복이 제때 지급되지 않았을 때였다. 신라 조정에서 보내주는 경비는 턱없이 부족했다. 치원은 아예 외출하지 않았다. 서서히 짐을 싸는 유학생이 있었다. 그 무렵 과거시험이 무한정 유예된다는 발표가 있었고 미련 없이 유학 생활을 접고 돌아간 학생들이 기백 명이었다. 치원은 돌아갈 수 없었다. 막막한 채로 시간이 가는 대로 내맡기고 지낼 수밖에 없었다.

아버지가 경문왕을 알현할 때 치원의 나이 일곱 살이었다. 아버지는 어린 치원을 경문왕에게 데려가 인사시켰는데 치원이 쑥스러워하자 자꾸 앞으로 내세웠던 기억이 났다. 치원은 눈물이 날 것만 같았다.

"똘똘하게 생겼구나. 그래, 무얼 하고 지내누."

경문왕이 물었고 치원이 우물쭈물하자 아버지가 나서서 네 살 때 소학을 읽었고 지금은 사서삼경을 이해하는 수준이라고 평소 아버지답지 않게 자랑했다. 경문왕은 호오, 그래요, 그러며 놀라워했다. 치원은 그때 경문왕의 호기심 가득한 눈빛을 잊지 않았다. 잊을 수 없었다. 성장하면서 아버지의 의중을 알아챘기에 치원은 유학 생활을 허투루 할 수 없었다. 치원은 형 현준을 생각하면 가슴이 먹먹했다. 현준은 누구보다도 뛰어난 인재였는데 중앙 정치 무대에 그가 설 자리는 없었다. 왕실이 주관하는 불사에 아버지 견일은 적극적으로 나섰고 집안 가세가 넉넉하지 않았음에도 언제나 그 일을 앞장서서 했다. 경문왕가와 견일의 집안은 불사로 견고하게 엮여 있었으나 벼슬길은 또 달랐다. 치원은 어느 하루 형 현준이 친구들과 만나 술을 마시고 아버지 앞에 꿇어앉아 울고 있던 장면을 떠올렸다.

"너는 장남이 아니더냐. 집안을 꾸려가야 할 네가 출가라니, 허락할 수 없다."

"아버지, 제가 그럼 무얼 하기를 바라십니까. 육두품 가문으로서 지방 군수로 평생 살까요."

"그래도 안 된다."

"아버지, 저는 출가를 결심했습니다. 막지 마십시오."

현준의 울먹이는 목소리가 문밖으로 흘러나올 때 치원은 아버지의 표정을 상상했다. 그날 밤 아버지가 거처하는 사랑채에는 밤새 등잔불이 켜져 있었다. 현준이 출가하고 집안은 한동안 적요했다. 아버지는 하루 종일 사랑채에서 움직이지 않았다.

어느 날 아버지가 치원을 불렀다. 치원이 동무들과 온몸이 흙투성이가 되어 담장 밖에서 족구 놀이를 하고 있을 때였다. 아버지는 평소와 다름없이 서안에 서책을 펼쳐두고 붓을 들어 뭔가를 쓰고 있었다.

"치원아."

"예."

"네 나이 올해 몇이더냐."

"소자, 열한 살이옵니다."

"그래, 얼마 안 있음 장가갈 나이가 되었구나."

아버지가 치원을 흐뭇하게 바라보았다. 그 표정에는 한없는 자애가 깔려 있었으나 그날따라 아버지의 표정이 비장했다. 창밖에는 스산한 바람이 불었다. 기러기 떼가 하늘을 날아가며 끼룩끼룩 울었다.

"집을 떠나 당나라에 가서 공부할 생각이 있느냐."

"당나라요?"

치원은 아버지의 질문에 눈을 동그랗게 떴다. 치원은 선뜻 대답을 못하고 망설였다.

"장부는 큰 뜻을 품고 세상에 나가 경험을 쌓아야 한다."

"아버지, 당나라로 유학가겠습니다. 가서 과거시험에 합격하여 당나라 관리가 되어 일해 보겠습니다."

"정말 그리하겠느냐."

"예, 아버지. 아버지의 뜻에 어긋나지 않은 아들이 되겠습니다. 소자를 믿어 주십시오."

"너를 믿는다. 이리 오너라."

견일이 치원을 향해 두 팔을 내밀었다. 치원이 가까이 다가가자 견일은 아들을 꼭 껴안았다. 견일의 두 눈에서 눈물이 볼을 타고 흘러내렸다. 견일은 치원의 얼굴에 대고 볼을 비볐다. 치원은 그날 아버지의 눈물이 얼굴을 타고 목을 적시는 것을 가슴속에 깊이 간직했다. 아버지의 마음을, 그 깊은 뜻을 모두 알 수는 없었지만, 어렴풋이 이해할 것 같았다. 형 현준을 생각했고 가문을 생각했으며 골품제에 막힌 가문의 한미한 신분을 일깨워 준 그 일을 잊지 않았다.

겨울이 가고 이듬해 봄이 왔을 때 견일은 치원을 데리고 포구로 나갔다. 배를 기다리는 사람들로 포구 근처 주막은 번잡했다. 겨울 동안 배가 뜨지 않았으므로 날이 풀리자 많은 사람이 포구로 한꺼번에 몰려들었다. 하루 전날 도착한 치원은 아버지와 같이 주막 객방에 묵었다.

추운 바닷바람에 치원은 자꾸 옷섶을 여몄다. 갯비린내가 매운바람 사이로 날아왔다. 치원은 아버지의 손을 꼭 잡았다. 따뜻한 온기가 작은 손을 타고 가슴으로 전해졌다. 조반을 먹을 때 아버지는 간고등어 살점 가시를 발라 치원의 숟가락에 얹어주었다. 아버지는 밥을 먹지 않았다. 치원의 모습을 멀거니 넋을 놓고 보고 있었다. 혼이 빠져나간 것 같았다. 아버지는 계속해서 간고등어 가시를 발라 치원의 숟가락에 얹었다. 치원이 밥을 다 먹자 아버지는 말이 없이 수저를 가만히 내려놓았다.

주막에서 포구로 걸어가는 동안 치원은 아버지의 굳게 닫힌 입과 꽉 쥔 손아귀의 힘을 느끼며 긴장감이 몰려왔다. 치원의 마음을 아는지 모르는지 견일은 어린 아들을 먼 타국에 보내야 하는 심경을 차마 드러내지 못하고 속으로 울음을 삼켰다. 열두 살이면 아직 어미 품에서 재롱을 떨 나이였다. 철없는 아들이 초롱초롱한 눈을 빛내며 견일을 쳐다볼 때 그는 시선을 피했다. 차마 아들의 얼굴을 마주 볼 수가 없었다. 내가 잘한 일일까, 견일은 문득 그런 의문이 들었다. 그런데 치원이 또랑또랑한 목소리로 견일의 가라앉은 마음을 일깨웠다.

"아버지, 걱정하지 마세요. 꼭 과거시험에 합격하여 돌아오겠습니다."

"그래, 장하다, 내 아들."

견일은 급기야 치원을 번쩍 들어올렸다. 휘청 하고 견일의 두 다리가 비틀거렸다. 어느 사이 몸무게가 늘어 치원의 몸이 단단해졌음을 온몸으로 느끼며 대견함이 차올랐다. 견일은 치원이 잡은 손을 빼내고 주위를 둘러보았다. 유학을 떠나는 승려들이 눈에 띄었다. 포구에는 당나라로 떠나려는 장사꾼들과 유학 승려와 친척 집을 오가는 사람들이 속속 모여들었다.

"스님들 곁에 딱 붙어서 가거라."

치원은 견일을 쳐다보았다. 견일이 허리를 숙인 채 치원의 두 어깨를 꽉 잡고 힘을 주었다.

"어린 너를 먼 나라에 보내는 아비의 심정을 모르지는 않을 것이다."

"예, 아버지."

"아비는 너를 믿는다. 형제 중에서도 예사롭지 않았지. 부디 너의 재주를 잘 다듬어서 이 나라를 위한 훌륭한 인재가 되어다오."

"예, 아버지. 꼭 성공해서 돌아오겠습니다."

"그래, 장하다."

치원은 아버지의 당부에 입술을 꼭 깨물었다. 견일은 치원의 허리에 찬 전대와 등에 짊어진 봇짐을 한 번 더 확인하고는 줄을 선 사람들 사이로 데려갔다. 치원은 울음이 터져 나오려는 것을 참았다. 견일은 말없이 아들 치원을 눈으로 응원했다.

배에 올라타자 망망한 바다만이 보였다. 산과 언덕과 들판이 멀어져갔다. 치원은 배 안에서 갑자기 막막한 심경이 되었다. 돛을 단 배는 바다 한가운데로 서서히 나아갔고 바람이 돛을 밀어내며 빠르게 불었다. 산도 숲도 보이지 않는 바다에서 치원은 세상의 넓이를 생각했다. 유유히 흰 구름이 떠가고 하늘과 맞닿은 바다는 지상에 하늘과 바다 오직 두 개의 세계만 있는 것처럼 보였다.

"얘야, 혼자 배를 탔니?"

누군가의 목소리에 돌아보니 회색 장삼을 입은 스님이 다정한 눈빛으로 치원을 바라보고 있다. 치원이 고개를 끄덕이자 스님이 주먹밥을 건네주었다.

"난 희랑스님이다. 당나라에 공부하러 가는 길이야."

"스님도 공부하러 가세요?"

치원은 공부하러 간다는 스님의 말에 친근감이 들어 되물었다. 치원은 자신의 이야기를 했다. 희랑이 치원의 머리를 쓰다듬어 주며 기특하다고 반복해서 말했다. 이날부터 치원은 희랑 옆에 꼭 붙어서 같이 잠을 자고 같이 밥을 먹고 이야기를 나누었다.

"당나라는 얼마나 멀어요?"

"만 리는 된단다."

치원은 만 리가 얼마나 되는 거리인지 감이 잡히지 않았다. 희랑이 웃으며 뱃길로 넉 달이 걸린다고 말해주었다. 치원은 한 계절이 지나간다는 말에 놀라 입을 다물지 못했다. 초여름이 올 무렵 치원은 당나라 수도 장안에 닿았다. 장안성의 공기는 어딘가 모르게 신라와 달랐다. 사람들의 옷

차림이 화려했고 생김새가 다 달랐다. 흑인, 백인, 황인, 적색인, 청색인…
피부색이 제각각인 데다가 모자 모양도 달랐다. 천으로 둘둘 감아 머리에
얹은 사람, 긴 천을 머리에 뒤집어썼거나 둥글게 호박처럼 모양을 냈거나
가운데가 뾰족하고 아래로 삼각형인 모자를 쓴 사람으로 다양해서 그 모
양을 구경하느라 치원의 걸음이 자꾸 뒤처졌다.

2

나은에게 정보를 들은 얼마 후 과거시험이 있었다. 치원은 빈공과에 응
시했고 합격했다. 장원이었다. 제일 먼저 나은이 그 소식을 듣고 축하해
주었다. 차오시몽은 자기가 장원을 해야 했는데 치원에게 밀렸다고 툴툴
거리다가 격하게 포옹을 하며 등을 두드려주었다. 준평은 보이지 않았다.
국자감 생활 6년 만에 이룬 쾌거였다. 유학 생활은 십 년이 기한이었다.
빈공과 시험은 졸업을 위한 과정이기도 하였다.

"그대는 신라인인가?"

"그러하옵니다."

"나이가 몇인고."

"열여덟이옵니다."

"호오, 신라에는 뛰어난 인재가 많다고 하더니 어린 나이에 대견하도
다."

"황공하옵니다."

"때가 되면 내 긴히 쓸 터이니 물러가거라."

누런 용포를 입은 황제 희종의 눈빛이 호기심으로 빛났다. 치원은 종남
산을 향해 달려갔다. 제일 먼저 희랑에게 축하를 받고 싶었다. 아쉽게도
광법사에 희랑스님은 없었다. 속세를 떠난 김가기의 소식은 들을 수가 없

었고 언위와 승우도 이곳을 떠난 후로는 근황을 알지 못했다. 금방이라도 승우와 언위가 버선발로 뛰쳐나와 수고했다고, 그동안 고생했다고 등을 두드려 줄 것 같은 환각에 치원은 눈을 비볐다.

치원은 힘없는 발걸음으로 터덜터덜 걸었다. 아무런 목적도 생각도 없이 치원은 장안 성루에 올랐다. 서쪽 방면의 산악지대와 황토고원이 바라다보였다. 장안을 든든하게 막아주는 자연 장벽이었다. 아무리 보아도 장안은 천혜의 요새였다. 몇 개인 가의 제국이 수도로 삼을 만큼 방비를 할 수 있는 곳이었다. 관중 평야는 동서로 넓어 백성들이 굶어 죽을 위험은 없었다. 치원은 다른 세상 곳곳에서 몰려드는 사람들이 둥지를 틀고 장사를 하거나 농사를 지어 먹고 살 수 있는 이곳이 마음에 들었다. 밤하늘 별자리 28수의 위치를 본떠서 도성 내 궁성과 황성, 곽성, 백성들의 주택을 지었다는 도시의 위용을 바라다보았다. 아버지의 당부를 잊을 수만 있다면 이 너른 세상에서 장부로서 포부를 펼치며 살아도 좋을 것 같았다. 성루에서 바라보는 장안성 경내와 성곽을 따라 즐비한 길과 집들과 무성한 가로수가 삶이 진행됨을 알려주는 것 같았다. 그 순간 집도 성벽도 가로수도 살아있는 것처럼 치원의 머릿속에 꿈틀거리며 자리 잡았다. 아버지가 아시면 얼마나 기뻐하실까.

'아버지, 드디어 제가 해냈어요.'

치원은 마음속으로 아버지에게 고했다. 그 시간 나은은 치원을 찾느라 동분서주했다. 하인을 시켜 서경강에도 가보고 그들이 가끔 들르던 파릉주가(灞陵酒家), 마지막으로 장안 성루를 뒤졌다. 그만큼 치원의 행적은 한정되어 있었다. 하인이 치원을 알아보고 헐레벌떡 뛰어왔다.

"선비님. 도련님이 찾고 있습니다요."

"어디 있는가."

"위성주가(渭城酒家)에서 기다리십니다."

"그리로 가세."

평소 치원이 과거시험에 합격하면 한 턱 낸다고 나은이 큰소리쳤는데 정말로 약속을 지키리라고는 생각하지 않았다. 장안성 서쪽에 위치한 위성주가의 지붕에 연기가 치솟았다. 기름진 음식 냄새가 멀리까지 퍼졌다. 위성주가에서는 항상 좋은 술이 많이 팔렸다. 장안성 동쪽에 파릉주가가 있다면 서쪽에는 위성주가가 있었다. 두 객잔은 서로 경쟁하며 향기로운 술을 빚어 파는데 자부심을 가진 객잔이었다. 치원이 도착하자 기다리고 있던 지인들이 모두 일어나 환호했다.

　"축하하네."

　"축하하오."

　"고운, 경사로세."

　모두들 한 마디씩 축하의 말을 건넸다.

　"이런 날 취하지 않으면 언제 취하겠나, 한 턱 크게 낼 터이니 맘껏 취하게나."

　나은이 두 팔을 휘저으며 큰소리를 쳤다. 다른 손님들은 눈에 띄지 않았다. 악공들이 자리를 잡고 앉아 해금, 월금, 공후, 고쟁을 연주하기 시작했다. 곧 무희들이 등장했다. 얇은 망사 천으로 얼굴을 가린 무희들의 동작은 물결이 흔들리는 듯 춤을 추었다. 길고 검은 머리카락이 어깨를 타고 출렁거렸고 맨살을 드러낸 배꼽 주위 허리가 날렵하게 돌아갈 때마다 치원은 낯선 풍경에 어리둥절했다. 여인들은 아름다웠다. 향수 냄새가 날아와 코를 간질였다. 고소한 기름 냄새와 향수 냄새, 노랫소리, 악기 소리가 어우러져 잔치는 절정을 향해 치달았다.

　"자, 이날의 '소미연'은 고운을 위해 마련한 것이니 마음껏 드시게."

　나은이 잔을 높이 쳐들며 외쳤다. 치원은 이날 말로만 듣던 소미연을 직접 경험하게 되어 기대감에 가슴이 벌렁거렸다. 소미연은 당나라 장안에서 가장 사치스러운 음식 잔치였다. 당 중종 경룡에서 당 현종 개원까지 성행했다. 유명한 잔치이다 보니 전해오는 유래도 몇 가지나 되었다. 호랑이가 사람이 된 후에도 꼬리가 아직 남아 있기 때문에 꼬리를 태워야 사람들 사이에 섞일 수 있다는 것과 다른 하나는 새로운 양이 양 떼에 처음 들어가면 양 떼에게 괴롭힘을 당하고 꼬리를 태운 후에야 받아들일 수 있다는 것, 또 잉어가 용문에 뛰어올라 꼬리를 태워야 진짜 용이 될 수 있다는 것이었다. 어느 쪽이든 경사스러운 뜻이 있기에 당나라 사람이 처음 과거에 오르거나 승진하면 동료, 친구, 친지들이 와서 축하하고 주인이 풍성한 술과 춤을 준비하여 손님을 대접하는 것을 뜻했다.

모두 잔을 위로 들어 축하했다. 장안에 와서 사귄 친구들이었다. 꽃잎을 본떠 만든 음식 재료가 먼저 나왔는데 24계절 24절기의 야채로 24종류의 소를 만들어 각각 다른 24종류의 탕이 차례차례 나왔다. 긴 복도를 따라 음식을 만드는 부엌에서 세상의 온갖 진귀한 재료로 요리하느라 고소한 기름 냄새가 났다. 치원은 뒷간을 가다가 담장 밖으로 동물 우리를 보고 놀랐는데 각양각색의 동물들이 갇혀서 차례를 기다리고 있었다. 마당 뒤 수레에 쌓인 식재료와 바닥에 부려진 식재료는 엄청난 규모의 양이었다. 새로운 종류의 음식이 나올 때마다 뒷마당에 부려진 각종 채소와 육류와 알과 열매들을 떠올렸다. 곰, 사슴, 당나귀, 너구리, 새우, 게, 개구리, 자라, 물고기, 닭, 오리, 메추라기, 돼지, 소, 양, 토끼…… 육지와 바다와 강에서 사는 동물들이 이날의 잔치를 위해 준비된 것이어서 치원은 새삼스럽게 그 규모에 놀라지 않을 수 없었다. 한편으로는 농민들이 기근으로 먹고 살길이 없어 도적이 되거나 해적이 되거나 이웃 나라로 피난을 가버리는 상황을 겪은 터여서 치원은 사치스러운 잔치에 마음이 심란했다. 그것을 잊고자 술을 더 마셨다. 기근이 몇 년째 이어지면서 당나라 황실 곳간이 비어가고 백성들에 대한 세금이 과도하게 매겨졌는데 부유한 귀족들은 백성들의 삶과는 동떨어진 세계에 살고 있었다. 금령적(통양구이), 수련송아지(통 송아지 백숙), 설아기(부침 개구리), 냉섬아갱(조개탕)이 나오자 사람들의 감탄을 자아냈다. 60여 가지의 요리가 차례로 나왔고 스무 가지의 떡, 서른두 가지 반찬이 차려졌다. 물고기가 많이 나는 지역이라 쏘가리에 칼집을 내어 기름에 튀긴 것과 구운 구이 종류와 고기 소를 넣은 빵 종류가 차려졌다.

"고운(孤雲), 특별히 내가 주는 동심생결포(同心生結脯)일세."

"무슨 뜻인가."

"남녀 간 사랑을 맹세하는 증표일세. 무슨 상관인가. 우의를 변치 말자는 뜻이네."

"와하하하."

만찬장에 웃음소리가 터졌다. 조미된 돼지고기를 생으로 엮어 말린 후 말려서 먹는 동심생결포는 처음 먹어보는 음식이었다. 꾸덕꾸덕 말린 돼지고기 맛이 은근히 고소하고 담백했다. 원래 귀족들은 돼지고기를 잘 먹지 않고 양고기를 먹는 풍습이 있었다. 나은은 소박한 그의 성품대로 계급을 따지지 않아 일반 서민들이 드나드는 항구의 객잔, 랑관청이나 아파청 같은 시장에 자리한 술집을 이용했다.

나은은 술이 한 순배 돌아 얼굴이 붉어지면 누가 듣거나 말거나 큰소리로 장진주가(將進酒哥)를 불렀다.

"이보게, 친구, 내가 이백과 동시대인이 아닌 게 한스럽지만 그의 시를 읊을 수 있어서 또한 낙이로세."

치원은 나은이 큰 소리로 말하자 주위를 둘러보았다. 그는 이미 객잔에서 유명한 인물이 되었고 때때로 술을 한 잔씩 돌려서 그런 그를 그러려니 하고 봐주는 분위기였다.

"내가 말이야. 이백이 부러운 것은 그가 천하절색 양귀비를 가까이에서 봤다는 것일세."

"양귀비라면?"

"현종의 귀비로 먼 외국의 사신이 그녀에게 줄 금은보석을 선물로 들고 왔다네."

"대단한 미인이었나보군."

"장안성 동쪽 여산 아래에는 화청궁 안에 온천탕이 있지. 양귀비가 하루에 여섯 번인가 목욕을 했다네. 다음에 천하절색이 목욕했다던 온천탕을 보러 가세."

한 세기 전, 천하를 풍미했던 양귀비의 이야기가 현존하는 장안이 치원의 마음을 잡아끌었다. 그때 나은의 집에서 하인이 그의 부친의 전갈을 갖고 다가와 귓속말로 속삭였다. 나은이 낯을 찡그렸다.

"축하연이 끝나고 간다고 아버지에게 전해라."

하인이 난감한 표정으로 서 있다가 돌아갔다. 대대로 명망 있는 가문의 자손인 나은이 객잔 출입이나 하며 한량처럼 살았으므로 자주 집안의 하인이 출몰하여 그를 데려가려 하였다. 치원과 시인 묵객들에게는 한없이 너그럽고 품격이 있는 나은이지만 그의 집안에서는 그가 골치였다. 치원은 마냥 그의 술을 받아 마시며 세월을 흘려보낼 수는 없었다. 본가에서 가져온 돈은 다 떨어지고 짬짬이 일을 해야 하는 궁색한 지경에 처해 있었다.

"이 좋은 날, 주인공의 시를 들어봐야지."

"옳거니."

친구들의 시선이 일제히 치원에게 쏠렸다. 알음알음으로 치원이 시를 짓고 문장이 유려하다는 소문은 났으나 그의 재주가 알려지지 않아 그냥 동방에서 온 귀인 정도로만 다들 알고 있었다. 치원은 마음을 가다듬었다.

봄바람(東風)

봄바람이 바다 건너에서 불어와
새벽 창가에 앉아 읊으니 마음 잡기 어렵구나

때때로 다시 서실의 휘장을 흔드니
고향동산의 꽃 핀 소식을 알리는 듯하구나

知爾新從海外來(지이신종해와래)
曉窓吟坐思難裁(효창음좌사난재)
堪憐時復撼書幌(감련시부감서황)
似報故園花欲開(사보고원화욕개)

치원이 시 읊기를 끝내자 모두 환호하며 분위기가 무르익어 갔다. 벗들이 주는 술을 받아 마시다 보니 취기가 돌았다. 치원은 속이 거북했다. 소미연에 대한 기대는 했지만, 이 정도로 과할 줄은 몰라 요란한 축하연이 내내 걸렸다.

치원은 일어나 정원으로 나갔다. 뒷간을 가려던 나은이 치원을 발견하고는 다가왔다. 지금 이 상황이 치원으로서는 불편했다. 뭔지 모를 불편하고 거북한 심경이 가슴속에 차올라서 기름진 음식이 목에 잘 넘어가지 않았다. 그나마 먹었던 음식을 다 토해냈다.

"어디 불편한가."

"묻지 마시게."

"왜 그러나. 이 좋은 날에."

"무엇이 좋단 말인가. 난 지금 계림에 있는 아버지를 떠올리고 있었네. 자네는 능력 있는 아버지 덕에 호의호식하며 걱정이 없지 않은가."

"거 무슨 말을 그리 섭섭하게 하나. 자네를 위해 잔치를 열어주는 내 심정을 모른단 말인가."

"이런 거창한 잔치 난 필요 없네."

"내 딴에는 자네를 위한답시고 ……."

"이런 호사스런 잔치를 바라지 않았네."

"알겠네. 내 앞으로는 이런 일 벌이지 않으이. 그동안의 우의를 생각해서 오늘은 내가 참겠네."

나은이 횡하니 가버렸다. 치원은 경솔하게 행동한 것을 금방 후회했다. 안에서는 월금 소리가 기둥 사이로 흘러 나와 허공에 흩어졌다. 다시 악기 고쟁의 현 소리가 맑으면서도 깊은 울림을 주며 이국의 밤을 수놓았다. 거문고와 가야금을 합친 것 같은 맑고 고운 고쟁 소리에 치원은 가슴이 먹먹해졌다.

늦은 밤 친구들과 헤어지고 치원은 만취한 나은을 부축해서 걸었다. 붉은 등이 내걸린 거리에는 가로수가 심겨 있었는데 복숭아나무와 자귀나무, 비파나무에서 뿜겨져 나오는 비릿한 향기가 밤을 수놓았다. 나은은 술에 취해 못 가겠다고 주저앉았다. 바닥에 아예 드러누워 버렸다. 치원은 난감했으나 나은 옆에 주저앉았다.

"고운, 자네는 행운아야. 내가 과거시험에 아홉 번이나 떨어진 사실을 모르지. 나도 노력했다네. 그게 뜻대로 안 되니 말이지. 끅!"

"……."

"아무리 노력해도 안 되는 걸 어떡하나. 집에서는 난리인데, 끅!"

"몰랐네. 정말 몰랐네, 미안하네."

"아니, 아니, 괜찮네. 자네 같은 벗이 있어 다행이야, 끅!"

나은은 길에다 토했다. 술 냄새가 진동했다. 나은의 등을 두드리고 있을 때 그의 하인이 말을 끌고 왔다. 나은과 헤어진 후 치원은 어두운 밤길을 걸어 광법사로 갔다. 어스름한 달빛이 길을 인도해주었다. 이슬에 젖은 콩잎 포기와 호박잎, 토란잎이 잎을 오므리거나 축 늘어진 채 밤을 견디고 있었다. 계곡을 지날 때 세찬 폭포 소리가 들려왔다. 두견새가 울었다.

종남산 광법사에는 아는 얼굴이라고는 없었다. 희랑스님 거처에는 왜에서 온 낯모르는 승려가 기거하고 있었다. 최승우는 빈공과에 합격한 뒤

후백제의 견훤 책사가 되었고 최언위는 빈공과에 합격한 후 당에서 벼슬을 꽤 오랫동안 했다. 그러다가 벼슬을 그만두고 왕건 밑으로 들어갔다는 소식을 끝으로 그들과의 인연은 멀어졌다.

과거시험에 장원한 순간 치원은 형편이 더 어려워졌다. 국자감에서 나와야 했고 거처할 곳이 마땅치 않았다. 그는 희랑이 머물던 광법사 한 귀퉁이에 짐을 풀고 밥벌이하러 나왔다. 포구 근처 객잔이나 신라에서 온 상인들과 승려들을 위한 통역을 하며 하루하루를 보냈다. 답답하면 황하가 흐르는 강변을 거닐었다.

그날 치원은 하릴없이 위수 강 근처를 어정거렸다. 멀리서 긴 머리를 휘날리며 서 있는 여인의 그림자가 물결에 흔들리는 게 보였다. 치원은 발걸음을 멈추었다. 보라색 천을 몸에 두른 채 하염없이 강물을 바라보고 서 있는 여인의 실루엣이 까닭 모르게 슬퍼 보였다. 문득 아몬드 꽃향기가 날아온 듯했다. 치원은 여인의 그림자를 향해 걸어갔다.

"설 낭자."

여인이 뒤돌아보았다. 설 낭자가 의외라는 듯 돌아보며 눈을 동그랗게 떴다.

"무슨 일이신가요."

"마음의 소요를 잠재울까 싶어 나왔습니다만."

"마음의 소요를 그리 쉽게 잠재울 수 있다면 얼마나 좋겠어요."

"설 낭자, 바람이 찹니다. 곧 해가 질 터인데."

"가끔 이곳에 옵니다."

"무슨 연유인지 물어도 될까요."

"배를 기다립니다."

"배를 기다린다구요?"

"부모님 두 분 모두 무역을 나갔는데 돌아오지 못했습니다. 벌써 몇 년이 지났어요. 언젠가는 돌아오실 것 같아 배를 기다립니다."

"저도 가끔 부모님이 그리우면 이곳으로 와서 강 건너 바다를 바라봅니다."

"고향 집에는 부모님이 계시지 않아요? 언제라도 뵐 수 있는 그분들이 있는데 무얼 걱정이십니까."

"그렇긴 합니다만, 갈 수 없는 처지라…."

"타국 만 리 먼 곳에 왔을 때는 굳은 심지로 목적이 있어서 온 것 아닌가요. 지도자란 원래 외롭고 고독한 것입니다. 그것을 이기지 못하면 지도자가 될 수 없는 것이지요. 다 가지려면 범인으로 살면 그뿐."

"지도자가 될 거라곤 생각 안 해봤습니다."

"그렇다면 헛고생하러 오셨나요. 권력을 추구하려 오시지 않았나요."

치원은 설 낭자의 지적에 말문이 막혔다. 한미한 육두품 집안으로서 좀 더 큰 뜻을 품기 위해 장안으로 왔는데 결국 권력에 대한 열망과 맞닿아 있었다. 포부니 장부의 뜻이니 포장했지만, 권력욕과 명예욕을 좇아 온 것이라는 설 낭자의 말은 본질을 꿰뚫어 본 것이었다.

치원은 흘러가는 강물을 바라보았다. 설 낭자도 강 너머 먼 곳을 바라보고 있었다. 치원은 설 낭자 옆에 있다는 사실만으로도 가슴이 부풀어 올랐다. 승우와 언위와 서경강에서 만나 술을 마실 때 그들이 설 낭자와 스스럼없이 이야기를 주고받을 때 치원은 쑥스러워서 말을 걸지 못했다. 그녀를 가슴에 담고부터 치원은 더욱 말수를 잃어갔다. 적막한 밤이면 치원은 설 낭자의 맑은 눈과 긴 머리카락과 보라색 옷자락을 떠올리며 가슴앓이했다. 치원은 마음을 전하고 싶어 입을 달싹거렸으나 입안이 바작바작 타들어 갔다. 하고 싶은 말이 있었는데 엉뚱한 말이 자꾸 비어져 나왔다.

"설 낭자 혹시 마음에 둔 사내가 있으신지요."

치원이 모기소리만 하게 물었다. 물결소리에 치원의 목소리가 섞여 들어가 묻히고 말았다. 치원은 다시 설 낭자를 쳐다보며 뭔가 할 말을 하려고 했으나 입이 떨어지지 않았다.

"당 현종과 양귀비 이야기는 감동을 줍니다. 군주와 여인의 사랑은 시대를 떠나 아름다운 전설이지요."

치원은 자신도 모르게 장안의 친구들에게 들었던 이야기를 남의 말 하듯 무심하게 했다. 하고 싶은 말을 못 하고 엉뚱한 이야기를 해버린 셈이었다.

"군주가 사랑을 알면 나라가 망하는 법입니다. 군주는 사랑을 뛰어넘어야지요."

설 낭자가 강물을 바라보며 조용히 말을 했다. 그녀의 말속에는 섣부른 사랑놀이에 빠지지 말고 할 일이나 하라는 뜻으로도 들렸다. 치원은 얼굴이 붉어졌다.

"권력을 추구하면서 사랑도 가지려 하면 그 권력은 망하게 되는 게 이치입니다. 애틋한 사랑이 있는 군주는 다 망했죠. 순수한 사랑일수록 그러합니다. 당현종이 그랬고 우희를 사랑한 항우 또한 유방의 계책에 말려 비극적인 최후를 맞이했지요."

"설 낭자는 무엇을 위해 현실을 견디는 것입니까."

"소녀는 한 가지 목표가 있습니다. 부모님의 흔적을 찾아 인도양을 향해할 계획입니다."

"여자 혼자 몸으로는 위험합니다."

'위험을 겁낸다면 아무것도 할 수 없습니다. 선비님이 이루려는 것 또한 마찬가지입니다."

치원은 설 낭자의 말에 대꾸를 못 하고 가만히 강바람이 모래벌판을 스쳐 가는 것을 바라만 보았다. 설 낭자의 결의에 찬 목소리에는 단호한 의지가 숨어 있었다. 치원은 그녀를 보며 부끄러웠다. 한낱 아녀자도 뜻을 세우고 단단한 심지를 다독이는 데 장부로서 마음이 흔들리다니 그러며 아랫입술을 굳게 다물었다. 두 사람 사이에 침묵이 흘렀다. 물결 소리가 바람을 타고 더욱 크게 들려왔다.

"탕빙(국수) 드시러 가실래요?"

"그럽시다."

치원은 설 낭자를 따라 서경강으로 갔다. 마른 새우, 다시마, 마른 홍합, 마른 멸치, 양파, 무 같은 재료로 육수를 끓이는 냄새가 진하게 났다. 소수민족 아주머니가 접시에 국수를 담아 육수를 부어주었다. 고명으로 부추와 삭힌 고추 다진 것을 올려주었다. 따뜻한 국수를 한 그릇 먹고나자 치원은 고향 집이 더욱 생각났다. 견일은 신라 사신단에 안부 편지를 두어 번 보냈으나 아들을 보러 오지는 않았다.

서경강을 나와 치원은 도성 남쪽의 종남산을 향해 천천히 걸었다. 남북 방향으로 열두 개의 대로와 동서 방향으로 가로로 뻗은 열네 개의 길을 따라 사찰과 도관, 관리, 지주, 상인, 수공업자, 승려, 도사, 외국인이 사는 방이 대방과 소방으로 나뉘어져 가지런하게 도열한 곳을 지날 때는 수양제를 떠올렸다. 막대한 대운하 공사를 하느라 국고가 낭비되어 결국 멸망에 이른 군주를 떠올렸다. 수양제가 이룬 운하로 인해 후대 사람들은 풍요를 누리며 살고 있지만 당대에는 그의 무리수로 인해 나라가 기우는 단초를 제공했다. 위대한 영웅들의 도시였다. 비록 황조가 흔들리는 단초가 되었다 해도 광대한 일을 벌여 나라의 중흥에 기여한 영웅들이 있었기에 그 혜택을 후대인들이 누리는 것이었다. 많은 사람이 하는 게 아니었다. 한두 명의 영웅이면 충분했다. 치원은 막연히 가슴속에 영웅이 되고자 했다. 계림을 떠나 배를 탈 때부터 치원은 원대한 꿈을 품었다. 아무리 큰 포부를 가슴에 품었다 해도 그것을 실행할 수 없는 신분임을 자각한 육두품 젊은이들은 신라에 있을 때보다 장안에 유학 와서 더욱 절망에 빠졌다. 벽에 가로막힌 현실을 인지하고는 장안의 유랑객으로 머물거나 승려가 되거나 김가기처럼 깊은 산속으로 들어가 속세와 인연을 끊어버리는 일도 있었다.

성문 밖 들판에는 누런 벼 이삭이 익어가며 무거운 듯 고개를 숙였다.

참새 떼가 논두렁 사이에서 곡예를 하듯 날아다니고 메뚜기 떼가 풀숲을 한 길이나 뛰어다니는 풍경에 치원은 가슴이 푸근했다. 영글어 가는 가을 열매가 이 땅에 사는 궁핍한 생명들의 마음을 어루만져 주는 것 같았다. 누렇게 익은 호박덩이가 밭두렁에 굴러다니고 집집의 돌담에는 보름달 같은 둥근 박이 덩그러니 놓여 있는 정경이 새삼스럽게 뭉클했다. 어느 집 돌담 너머로 긴 가지 끝에 붉게 익은 감이 매달려 있었다. 동글동글한 감들이 가지가 휘어지도록 매달려서 나뭇가지가 찢어져 바닥에 닿은 것도 있었다. 치원은 주위를 두리번거리다가 감 몇 개를 따서 소매 속에 감추었다. 민가를 지나 소매 속에 감춘 감을 씻지도 않고 베어 먹었다. 어린아이 주먹만 한 작은 감이었다. 입안에서 달달한 즙이 목을 축였다. 치원은 순식간에 감 세 개를 먹었다. 주머니가 궁핍할수록 자주 허기가 졌다.

광법사에 도착하자 치원은 공양간으로 갔다. 부엌은 조용했다. 솥뚜껑을 열어볼까 하다가 공양주보살과 마주칠까 조용히 거처로 돌아왔다. 치원은 방문을 활짝 열어놓았다. 이른 봄 검자줏빛 꽃을 줄줄이 매달았던 포포나무는 가지마다 주먹만한 열매가 익어갔다. 오래된 포포나무 밑동 근처에는 어린나무 두세 그루가 영역을 넓히며 서식했다. 과육의 향이 문지방을 타 넘어왔다. 치원은 노랗게 익은 포포나무 열매 두 개를 따서 껍질을 벗겼다. 객잔에서 안주로 나온 망고맛과 비슷했다. 달달한 맛이 세상의 시름을 잊을 만큼 감미로웠다. 계림의 새콤달콤한 사과를 변덕스러운 골짜기 바람이 키웠다면 달달한 포포열매는 모래바람이 키웠다. 풀벌레 울음소리가 시끄러웠다. 계곡의 폭포수 소리도 들려왔다. 비가 오고 나면 푸른색과 흰색의 물줄기가 바위 사이로 쏟아져 내리는 깊은 계곡 사이로 아름답고도 장엄한 자연이 고대의 시간을 간직한 채 침묵 속에서 고요했다. 그런 정경마저도 치원에게는 고독해 보였다. 승우와 언위의 안부가 궁금해졌다. 그들과 나누었던 많은 날의 고민이 당장 눈앞에 닥친 현실을 일깨웠다. 저 푸르고 흰 폭포수와 장중한 자연의 고독 속으로 김가기는 영영 숨어버렸다. 그 사실을 인지하면서 치원은 아련한 슬픔과 상실감에 빠져들었다.

승우와 언위는 술을 많이 마시지는 않았지만 즐기는 편이었다. 그날 그들은 속세를 떠난 김가기를 그리다가 대취하도록 마셨다. 승우와 언위는 진중한 편이었다. 술이 얼큰해지자 속 깊은 얘기를 드러냈다. 진평왕 시절 밀항하여 당에서 벼슬을 한 설계두 이야기를 꺼냈다. 누가 먼저 꺼냈는지는 기억나지 않았다. 자연스럽게 이야기가 흘렀을 것이다. 신라에서는 아무리 노력해도 진골이 아니면 대장군이 될 수 없는 현실을 비관하며 당에 가서 출세할 것이라고 공언했던 인물이었다.

"승우, 자네는 어찌할 것인가. 장안에 계속 남아 있을 텐가."

"자세한 건 묻지 말게. 따로 결심한 바가 있으니 때가 되면 말하겠네."

그때 승우는 견훤을 염두에 두고 그의 인물됨을 알아보고 있었다. 이십 년이 넘도록 장안에서 유목인으로 살고 있는 언위도 뭔가 골똘히 생각에 잠겨 있었는데 그 역시 심중에 뭔가 뜻을 세우고 있었으나 쉽게 드러내지 않았다. 그가 후일 왕건에게로 간 사실은 치원에게 많은 것을 시사했다. 견훤이 왕건에게 보내는 국서를 승우가 썼고 왕건이 견훤에게 보내는 국서를 언위가 작성했다는 사실은 돌이킬 수 없는 운명의 장난이었다.

"두 사람은 알아서 자신의 길을 가도록 하게. 나는 내 길을 갈 것이니."

치원은 마음속으로 뜻을 세운 일을 이루어야겠다는 다짐 속에 술을 들이켰다.

"당에서 벼슬을 얻은 설계두가 고구려 적진 깊숙이 들어갔다가 죽어서 동도인 낙양 근처에 묻힌 일은 기가 막히지. 그가 묻힌 곳에는 연개소문의 아들들과 백제 의자왕과 그 아들들이 묻혀 있는 곳인데 살아서 적으로 만나 싸우다가 죽어서 같은 공간에 묻혔다는 건 인생의 비극이자 희극이지."

"염려 말게. 나는 동도에 묻힐 염려가 없으니."

"단정할 수 없는 게 인생이야."

"혹시 아는가. 우리가 운명의 소용돌이에 휩쓸려 대척점에 서 있을지."

"너무 나갔네. 그럴 일이 없도록 해야지."

"설계두가 죽자 당 태종이 눈물을 흘렸다지. 그가 어의를 벗어 시신에 덮어주고 대장군 벼슬을 내렸다지만 죽어서 얻는 대장군이 무슨 소용인 가."

"살아서 못 얻는 장군의 직책을 죽어서라도 얻었으니 설계두의 영혼은 안식에 들었을 것이네."

"나는 죽어 얻는 부귀영화는 싫으이."

치원은 승우와 언위의 말에 진심을 담아 대꾸했다. 그들은 묵묵히 치원의 말을 들으며 더 이상 대화를 이어가지 않고 술을 마셨다. 골품제에 대한 불만을 토로하며 중국에 유학해 공을 세울 것이라고 공언했던 설계두는 그의 육두품 처지를 진지하게 고민한 인물이었다.

장안성 곳곳에는 신라 젊은이들의 흔적이 배어 있었다. 그들은 끼리끼리 모여 자신의 안위를 걱정하며 근심을 나누었을 것이다. 막상 외국인을 위한 과거시험인 당나라 빈공과에 합격하거나 벼슬을 했어도 신라에서는 아무것도 아닌 그저 지방 관직으로 떠돌거나 중간 이하 하급 관리로서 생을 마쳐야 했다.

많은 육두품 출신이 장안을 거쳐 갔고 그들 중에는 뛰어난 천재성으로 자신의 능력을 신라가 아닌 당을 위해 바친 인물들이 꽤 있었다. 하지만 그들의 마지막은 그리 영화롭지 못했다. 타국에서 아무리 노력하고 충성을 바쳤어도 그들 역시 이방인이었다. 치원은 설계두를 생각하자 우울해졌다. 한편으로는 그의 처신을 심정적으로 이해하나 그의 말로를 생각하면 가슴이 먹먹했다.

그날 밤 치원은 신라로 돌아가야 하나 말아야 하나 언제까지 기다려야 하나 고민하느라 잠이 오지 않아 뒤척였다. 새벽녘에야 겨우 눈을 붙였다.

3

장안에서 생활한 지도 팔 년이 되었다. 과거시험에 합격하고 이 년이 지났는데 치원은 한량처럼 보낸 지난 이 년여의 시간을 뒤돌아보았다. 그동안 궁핍하기는 했지만 장안성 구석구석을 돌아보며 이색적인 정취에 젖어 들기도 하였다. 거리에는 마차가 지나다녔다. 마차가 달릴 때면 재빨리 길옆 구석으로 피해 섰다. 머리에 보석 장식을 꽂은 한 무리의 여인들이 지나가며 자기네끼리 재잘거렸다. 그녀들의 화려한 옷차림에 눈을 뗄 수가 없었다. 장안은 모든 게 신라와 달랐다. 여인들의 웃음소리부터 달랐다. 그녀들의 웃음에는 자유롭고 감미로운 재스민 향 같은 비밀이 숨어 있었다.

치원은 마땅히 할 일이 없기도 했지만 노는 김에 제대로 돌아다녔다. 서쪽으로는 진나라 시대의 정원인 아방궁이 있었고 한나라 때 지어진 경승지 곤명지도 둘러보았다. 황제의 금원(禁苑)이지만 특별히 일반 백성들에게 개방할 때가 있었다. 옹주의 생일이거나 나라의 축제가 있을 때면 황제의 정원을 개방했다. 장안성 동남쪽 끝에 자리한 호수 곡강(曲江)과 동쪽 부용원(芙蓉園)은 제왕들과 귀족들이 향유하는 곳이었다. 호숫가에 세워진 누각에서는 귀족들이 모여 시 짓기 놀이를 하며 즐겼는데 연못에는 오리와 원앙이 헤엄쳐 다녔다. 정월과 삼월, 구월과 명절에는 일반 백성에게도 개방했다. 이때를 놓치지 않고 치원은 그곳을 다녀왔다. 날렵한 처마가 하늘을 향해 날아갈 듯 팔을 벌린 건축물이 인상적이었다.

성문 밖 시장 근처에는 말과 나귀, 양과 염소가 사람들과 어우러져 번잡했다. 터번을 쓴 서역인과 다양한 인종들이 시장 거리에 바글거렸다. 온갖 언어가 떠돌아다녔다. 회족 거리에는 기름에 튀긴 양꼬치구이와 물고기 튀김을 파는 상점이 즐비했다. 그 옆 골목에는 신라에서 온 사람들이 모여 장사를 했는데 아주 가끔 고국 생각이 나면 그곳에 들러 두부 요리를 사 먹으며 향수를 달랬다.

어느 날 황실에서 연락이 왔다. 당 황제 희종은 치원을 불러 신라 사신단의 접대를 맡겼다. 신라에서 온 사신단을 본 치원은 반갑기 그지없었다. 그들은 희종으로부터 치원의 장원 급제 소식을 듣고 놀라워했다. 치원은 당 황제 희종으로부터 벼슬을 받았다.

"율수현위직을 내리노니 백성들을 잘 보살펴 황실에 충성하라."

치원은 희종의 배려에 감읍했다. 그날 치원은 신라 사신단을 따로 만나 부모의 안부를 물었다. 신라 사신단은 희종의 국서를 받아 들고는 치원 앞에서 머뭇거렸다. 그들 중 한 사람이 뭔가 할 말이 있는 듯했다.

"제 집안은 별고 없지요. 아버지는 강녕하시고요."

치원의 간절한 눈빛에 사신단 중 늙수그레한 사람이 조심스럽게 입을 열었다.

"사실은, 가족이 전하지 말라 했네만… 자네 아버님이 돌아가셨네."

"예? 아버지가 돌아가셨다고요?"

"해인사에 있는 자네 형님이 불교식으로 장례를 치렀네. 궁에서 사신단을 꾸렸을 때 소식을 듣고 현준스님을 만났지. 이제 내 소임을 다했으니 잘 있게."

치원은 눈앞이 캄캄했다. 몸을 가누지 못하고 그 자리에 주저앉았다. 이게 무슨 변고란 말인가. 아버지가 돌아가시다니, 관직에 진출하는 것도 못 보고 가시다니. 치원은 망연자실했다. 치원은 몸 안의 기운이 다 빠져나간 듯 허청허청 걸어 황하강으로 갔다. 석양에 비친 물결이 검붉게 흘러갔다. 치원은 모래밭에 주저앉아 울었다. 울음이 울음을 낳고 설움이 설움을 낳았다. 설움과 울음이 겹쳐서 통곡이 되어 강물처럼 흘러갔다. 강바람이 모래 먼지를 일으키며 불었다. 아버지에게 자랑스러운 자식을 보여주고 싶었는데, 장안에서 드디어 벼슬살이하게 되었다고 말하고 싶었는데…
치원의 울음이 길게 흐느끼며 물결에 실려 갔다. 울다가 실신한 치원은
모래밭에 쓰러졌다. 밤하늘의 별이 유난히 반짝이며 강에 부서졌다. 치원
은 밝은 별을 쳐다보며 설움에 다시 눈물이 났다. 일어나 앉아 돌멩이를
강에 던졌다. 소리도 없이 돌멩이는 물결 속으로 잠겨 버렸다. 바람이 차
가워졌다. 눈물도 나오지 않았다. 몸이 꽁꽁 얼어버린 듯 치원은 꼼짝하지
못하고 모래밭에 앉아 좌불이 되려 했다.

그때 어디선가 아몬드꽃 향이 훅 풍겨왔다. 조금 후 부드러운 손길이
어깨에 느껴졌다. 누군가 양털 가죽을 어깨에 씌워주었다.

"울고 싶을 때 맘껏 울어요."

귓가에 속삭이는 소리는 그토록 가슴속에 그리움으로 남아 있던 설 낭자
의 목소리였다. 설 낭자가 미끄러져 내리는 양털 가죽을 다시 어깨에 꼭꼭
여며주었다. 치원은 설 낭자의 손을 움켜잡았다. 그녀는 손을 빼내지 않고
가만히 있었다. 치원은 다시 흐느끼며 설 낭자의 가슴으로 쓰러졌다. 그녀
는 피하지 않았다. 쓰러지는 치원의 두 어깨를 잡아주며 머리를 기댔다. 치
원은 따스한 그녀의 온기를 느끼며 더욱 서러움에 젖었다. 두 사람은 말없
이 서로가 서로의 어깨를 내어준 채 기대어 있었다. 치원의 가슴이 뛰기
시작했다. 치원은 그녀 옆에 다리를 뻗고 앉아 어딘가로 흐르는 물결을 바
라보았다. 저 물이 흘러 고국의 바다에 닿을 것이었다. 막상 설 낭자가 옆
에 있으니 숨이 가빠오고 가슴이 요동쳐서 아무런 말을 할 수가 없었다.

"부모님이 바다에서 실종되었다는 소식이 왔을 때 저는 기절했었어요."

"…."

"밤마다 주방 아주머니가 저를 업고 재웠어요."

"…."

"할머니가 계셨지만 늙고 몸집이 왜소해서 저를 감당하기 어려웠으니
까요."

"……."

"죽음도 결국에는 지나가 버리더라고요. 철이 들면서 깨달았죠. 생존이 아닌 삶을 살자고."

치원은 설 낭자의 말을 들으며 차츰 마음이 차분해졌다. 어린 나이에 부모를 잃은 설 낭자도 홀로 당차게 살아가는데 조금 전 통곡했다는 사실이 부끄러웠다. 나약한 면을 들킨 것 같아 더욱 그러했다. 대장부라면 여인 앞에 눈물을 보이지 말았어야 했는데, 설 낭자 앞에서 우는 모습을 보였다니, 치원은 아무런 말을 하지 못하고 망연히 어두운 강물을 바라보았다.

밤바람이 더욱 차가워졌다. 엉덩이의 모래를 털며 설 낭자가 일어났다. 치원은 설 낭자의 부축을 받으며 흔들리는 두 다리를 버티고 발을 디뎠다. 양털 가죽 덕에 경직되었던 몸이 조금 풀렸다. 치원은 말없이 설 낭자 옆에서 걸었다.

"국수 먹으러 가요."

설 낭자가 앞장서고 치원이 뒤따랐다. 서경강에는 손님들이 모여들기 시작했다. 설 낭자가 부엌에서 직접 따뜻한 국물을 떠 와서 마시라고 내밀었다. 치원은 따뜻한 국물을 마셨다. 바짝 마른 입술과 갈증으로 타들어가던 목 안으로 뜨거운 국물이 들어가자 정신이 돌아왔다. 설 낭자는 이층으로 가버리고 치원 혼자 국수를 먹었다.

할머니는 변함없이 치원을 반겨주었다. 소수민족 아주머니가 밀가루떡을 쟁반에 담아왔다.

"홍릉병이에요."

"홍릉병?"

"뜨거운 불에 익힌 찜 떡."

밀가루떡인 홍릉병을 치원은 조금씩 손으로 떼어 먹었다. 아주머니가 잘 먹는 치원을 보고 호떡을 만들어주었다. 달달한 대추야자가 들어 있는 호떡이었다. 치원은 호떡을 손에 들고 있다가 도로 내려놓았다. 이층 나무 계단을 하염없이 쳐다보다가 그는 할 말을 가슴에 담아둔 채 서경강을 나왔다.

치원은 관리로 임명받아 부임지로 떠나는 길 위에 있었다. 말에서 내려 운하를 따라 배로 이동했다. 배 위에서 바라보는 고을은 평화로웠다. 들과 언덕과 산은 나뭇잎이 말라가며 잎을 도르르 말고 있었고 붉은 모래 먼지가 자욱하게 덮었다. 황토로 뒤덮인 들에는 곡식들이 말라갔다. 가뭄으로 타들어 가는 농촌은 인심이 흉흉했다.

이 년여 간의 관리 생활은 단조로웠다. 종9품의 하급 관리였으나 작은 고을의 수장이었다. 치원은 부임하던 첫해에 기이한 인연을 만나 그 인연의 마무리를 해준 일이 보람된 치적으로 남았다. 한밤중에 찾아온 아리따운 낭자들과 만나 술을 대작하고 밤새 흥취에 젖은 일은 잊을 수 없는 경험이 되었다. 그날 밤 만난 낭자들이 억울하게 죽은 원혼이었음이 밝혀진 후 치원은 등골이 서늘했으나 두 낭자의 무덤을 만들어 주고 마을 사람들과 같이 제사를 지내준 일은 스스로도 흡족했다. 비석을 세워 '쌍여분'이라 직접 글을 음각해 넣은 일로 고을 사람들의 신임을 받았다. 먼 고을에서 일어난 반란군 소식에 다시 긴장감이 감돌았다. 나은이 오만을 데리고 치원을 찾아온 건 그 무렵이었다. 나은은 중앙관직으로의 야망을 부추겼다.

"고운, 작은 고을에서 언제까지 머물 것인가. 자네 실력이면 중앙 권좌에서 능력을 발휘할 수 있을 것이네."

가슴속에 막막함이 피어오르던 치원에게 나은의 부추김은 도화선이 되었다. 중앙관직에 출사하여 그의 기량과 재주를 쓰고 싶었다. 그러자면 박학굉사과 시험을 치러야 했다. 율수현위를 사직한 치원은 광법사에서 한동안 칩거했다. 그 무렵 반란군이 장안성을 향해 빠르게 치고 올라온다는 소식이 성안에 파다했다. 백성들은 불안했고 외국에서 온 장사꾼이나 유학생들은 짐을 싸서 고국으로 돌아갔다. 그 와중에 박학굉사과 시험이 유예되었다. 나라가 위태로워 정상적인 정무를 볼 수 없는 지경이 되었다.

나은이 양섬과 함께 광법사로 치원을 찾아왔다. 그는 조정에 잠시 들어와 있던 벼슬아치를 소개했다.

"문장 실력이 뛰어나다고 들었네. 나와 일해보지 않겠나."

나은의 소개로 고변(高騈)을 만났을 때 그는 대뜸 호감을 표시했다. 고변의 첫인상은 강직했고 황제에게 충실한 신하임을 알 수 있었다. 사찰에서 짐을 챙겨 고변 밑으로 가기 전 나은을 찾았다. 그는 덤덤한 얼굴로 웃으며 장안성으로 발걸음을 내디뎠다. 평소 치원이 장안 성루를 좋아하는 것을 알고 그리로 약속을 잡았다.

"지난번처럼 소미연을 열까 하다가 이리로 모셨네."

"이 사람 큰일 날 소릴."

나은이 호탕하게 웃으며 농담했다. 치원은 손사래를 치며 미소 지었다. 장안성 누각에 올라서서 치원은 성 밖 평원을 바라보았다. 끝이 보이지 않는 지평선에는 밀과 콩이 자라고 있었다. 푸른 밀밭이 바람에 이리저리 흔들리는 정경은 파도가 치는 것처럼 보였다. 한없이 드넓은 땅이었다. 천형의 요새인 동쪽 산악지형과 원형처럼 성벽으로 도시를 둘러싸고 있는 산맥은 안정감 있게 도시를 품고 있었다. 성루에는 마차가 빠른 속력으로 지나갈 수 있도록 넓은 도로가 나 있는데 대장부로서 기개를 펼칠 수 있는 호기를 보일 웅장함이 서려 있었다.

멀리 운하에는 작은 배가 떠다녔다.

"장안성은 많은 것을 가졌는데 왜 백성들이 어렵게 사는지 모르겠네."

"조정 대신들이 정치를 잘 못하니 나라가 어지러울 수밖에."

"당나라에 들어와 살거나 활동하는 외국인을 보면 이 나라의 체제가 안정됨을 알겠는데."

"수양제가 통일을 이루고 대운하 공사를 해놓은 덕에 태평성대를 누릴 단초가 될 수 있는 것을."

나은과 치원의 한숨 소리가 성루에 흩어졌다. 치원은 신라를 나은은 장안을 걱정하고 있었다. 세 사람은 침묵하며 마차가 달리는 대로를, 끝없이 이어진 초록빛 밀밭을 바라보았다. 지평선이 안 보일 정도로 광활했다.

"내일은 길을 떠나야 하니 간단히 요기하러 가세."

지평선 끝으로 저녁노을이 붉게 번지는 것을 바라보며 나은이 치원과 양섬의 어깨를 잡았다. 세 사람은 어깨동무를 한 채 성루를 내려와 시장 안 객잔으로 갔다.

술과 함께 나온 요리는 강에서 잡은 물고기로 금빛 옥과 같았다. 치원이 물끄러미 음식을 들여다보자 나은이 웃으며 설명했다.

"금가죽옥회라 하네."

"금가죽은 마늘, 생강, 소금, 매실, 오렌지 껍질, 삶은 밤, 자포니카 쌀을 으깨서 좋은 식초로 반죽한 것을 말하는데 오래전부터 조상들이 해먹던 방식이지. 쏘가리를 주원료로 하고 오렌지 꽃잎을 부재료로 하네."

나은이 하는 대로 치원은 금가죽 반죽한 것을 소에 넣어 돌돌 말아 겨자에 찍어 회를 먹었다. 일종의 생선회였는데 부드럽고 향긋한 맛이 났다. 끝맛은 상쾌했다. 계피와 생강을 넣어 찐 생선과 구운 생선이 차례로 나왔는데 즙에 찍어서 홍미(紅米)와 함께 먹었다.

서로 주거니 받거니 하며 술잔을 기울이는 동안 밤이 깊어갔다. 이번에 헤어지면 언제 또 만날지 알 수 없었다. 무슨 일인지 즐겨 부르던 장진주가도 부르지 않고 나은이 술잔만 비웠다. 치원은 시 한 수를 읊었다.

지사 양섬의 송별시에 화답하다(進士楊瞻送別)

먼 바다 건너 산은 안개 끼어 아득한데

백 폭 긴 돛은 만 리 바람에 펄럭이네
슬퍼도 슬퍼마오 여인네처럼
이별을 너무 슬퍼마오

海山遙望曉姻濃(해산요망효연농)
百幅帆張萬里風(백폭범장만리풍)
悲莫悲兮兒女事(비막비혜아녀사)
不須怊悵別離中(부수초창별리중)

나은은 눈빛을 빛내며 감탄했다.
"자네의 시를 언제 또 들어볼까나."
"이 사람, 영영 이별할 것처럼 말을 하는군."
"내가 오 진사와 함께 찾아갈 걸세."
밤이 깊어 세 사람은 헤어졌다. 치원은 반란군을 진압하느라 막사를 옮겨 다니는 고변 밑에서 격문과 황제에게 올리는 글과 병사들을 독려하는 글을 쓰며 정신없는 나날을 보냈다. 고변은 도교와 신선사상에 심취한 사람이었다. 시간이 나면 고변은 도교 사원을 찾았고 치원은 그를 따라다녔다. 내전이 길어질수록 고변은 더욱 도교에 깊이 빠졌다. 속세에서 일어나는 모든 사건들, 모든 괴로운 일들, 인간사의 고초를 도교에 기대어 풀어가려는 고변의 영향을 받은 치원은 막연히 도교에 대해 눈을 떴다.
나은이 오 진사를 데리고 고변 막사로 찾아온 건 산동성에서 반란이 끝나갈 시점이었다. 나은을 만난 고변이 먼저 반갑게 맞아들였고 이어 그는 격문 이야기로 꽃을 피웠다.
"우리 종사관의 문장은 당대 최고라 할 수 있네."
"부족한 글을 너무 띄워주십니다."
"어디 좀 보여주시지요."

오 진사가 호기심이 가득한 얼굴로 고변을 바라보았다. 당대 내로라하는 시인 문장가들이 모였으니 다들 궁금해했다. 병영 막사에 둔 파지를 찾아낸 나은이 격문을 읽어 내려갔다.

역적 항소에게 보내는 격문(討黃巢檄文)

광명 2년 7월 8일에 제도도통검교태위 고변이 황소에게 고한다.

무릇 바른 것을 지키고 떳떳함을 행하는 것을 도(道)라 하고, 위험한 때를 당하여 변통하는 것을 권(權)이라 한다. 지혜 있는 이는 시기에 순응하는 데서 성공하고, 어리석은 자는 이치를 거스르는 데서 패하는 법이다. 비록 백 년의 수명에 죽고 사는 것은 기약하기 어려우나, 모든 일은 마음으로써 그 옳고 그른 것을 이루 분별할 수 있는 것이다.

너는 본래 먼 시골구석의 백성으로 갑자기 억센 도적이 되어, 우연히 시세를 타고 문득 감히 떳떳한 기강을 어지럽게 하며 드디어 불측한 마음을 가지고 신기(神器)를 노리며 성궐을 침범하고 궁궐을 더럽혔도다. 이미 죄는 하늘에 닿을 만큼 지극하였으니 반드시 여지없이 패하여 다시 일어나지 못할 것은 분명하다.

햇빛이 널리 비침에 어찌 요망한 기운을 마음대로 펴겠나, 하늘 그물이 높게 달려 반드시 흉적을 베일진대 하물며, 너는 여염집에서 내치고, 농묘 사이에서 일어나 분겁으로 좋은 꾀 삼고, 살상으로 급무 삼으니 큰 죄는 탁발할 수 있을 것이요, 소선(小善)으로 은신할 수 없느니라. 천하 모든 사람이 다 너를 죽이려고 생각할 뿐 아니라, 문득 또한 땅속의 귀신도 벌써 남몰래 베기로 의논하였다. 비록 기세를 빌어 혼을 놀게 하나, 일찍이 선을 망치고 넋을 빼앗으리라. 무릇 인사를 이름에 스스로 하는 것만 같지 못하니 내 망언하지 않는다.

지금 너는 간사함을 감추고 흉악함을 숨겨서 죄악이 쌓이고 앙화가 가득하였음에도, 위험한 것을 편안히 여기고 미혹되어 돌이킬 줄 모르니, 이른바 제비가 막 위에다 집을 짓고 막이 불타오르는데도 제멋대로 날아드는 것과 같고, 물고기가 솥 속에서 너울거리지만 바로 삶아지는 꼴을 당하는 것과 마찬가지다. 우리는 뛰어난 군략을 모으고 여러 군사를 규합하여, 용맹스런 장수는 구름처럼 날아들고 날랜 군사들은 비 쏟아지듯 모여들어, 높이 휘날리는 깃발은 초새의 바람을 에워싸고 총총히 들어찬 함선은 오강의 물결을 막아 끊었다.

진나라 도태위처럼 적을 쳐부수는 데 날래고, 수 나라 양소처럼 엄숙함이 신이라 불릴 만하여, 널리 팔방을 돌아보고 거침없이 만 리를 횡행할 수 있으니 마치 치열한 불꽃을 놓아 기러기 털을 태우고, 태산을 높이 들어 새알을 짓누르는 것과 무엇이 다르랴. 금신이 계절을 맡았고 수백(水伯)이 우리 군사를 환영하는 이때, 가을바람은 숙살하는 위엄을 도와주고 새벽이슬은 혼잡한 기운을 씻어 주니, 파도는 이미 쉬고 도로는 바로 통하였다.

나는 명령은 하늘을 우러러 받았고 믿음은 맑은 물을 두어 맹세하였기에, 한 번 말이 떨어지면 반드시 메아리처럼 응할 것이매 은혜가 더 많을 것이요 원망이 짙게 되지는 않을 것이다. 만일 미쳐서 날뛰는 도당들에 견제되어 취한 잠을 깨지 못하고 마치 당랑이 수레바퀴를 항거하듯이 어리석은 고집만 부리다가는, 곰을 치고 표범을 잡는 우리 군사가 한 번 휘둘러 쳐부숨으로써 까마귀 떼처럼 질서 없고 솔개같이 날뛰던 무리가 사방으로 흩어져 도망칠 것이며, 너의 몸뚱이는 도끼날에 기름이 되고 뼈다귀는 수레 밑에 가루가 될 것이며 처자는 잡혀 죽고 권속들은 베임을 당할 것이다.

옛날 동탁처럼 배를 불태울 그때가 되어서는, 사슴처럼 배꼽을 물어뜯는 후회가 있을지라도 시기는 이미 늦을 것이니, 너는 모름지기 진퇴를 참작하고 옳고 그른 것을 분별하라. 배반하다가 멸망하기보다 어찌 귀순하여 영화롭게 되는 것이 낫지 않겠느냐. 다만, 너의 소망은 반드시 이루게 될 것이니, 장부의 할 일을 택하여 표범처럼 변하기를 기할 것이요, 못난이의 소견을 고집하여 여우처럼 의심만 품지 말라.

나은이 긴 격문을 읽고 나자 얼굴이 벌게져서 탄복하며 무릎을 쳤다.
"이 글을 보고 나자빠지지 않을 도적이 어디 있겠나."
"황소 막사에 있던 병졸이 투항해 왔는데 그가 격문을 보고 손을 떨면서 넘어질 듯 휘청거렸다 하오. 밤에는 잠을 자다가 악몽을 꾸고는 침대에서 굴러떨어졌다지요."
"아무렴, 그 글을 읽고 멀쩡하다면 오히려 이상한 게지요."
나은이 파지를 챙겨 소맷부리에 깊이 집어넣었다. 고변이 그 모습을 보며 빙그레 웃고 치원의 얼굴이 부끄러움으로 달아올랐다.
"내 이 글을 갖고 가 황제에게 상소를 올려야겠습니다."
"이미 황제께 상소를 올렸어요. 종사관의 글과 함께 상을 주시라고 간언을 드렸지요."
그사이 병사 하나가 급히 다가와 보고했다. 정찰을 나갔던 병사의 몰골은 먼지로 뒤덮였고 막사 앞에는 먼 길을 달려온 말의 콧김 소리가 들려왔다.
"산동성에 퇴각해 있던 황소가 멀리 달아나 그곳에서 전사했다는 전갈입니다."
나은과 치원, 오 진사가 서로 얼굴을 마주 보며 다행이라는 표정을 지었다. 병영 막사에서 제대로 된 술과 음식을 대접 못 하고 시 한 수로 달래며 돌려보낸 일이 마음에 걸려 있었음인가. 십 년만에 과거시험에 합격하여 고향으로 돌아가는 오 진사를 데리고 나타난 건 치원을 위무하기 위한 나은의 계획이었다.
쑥대밭이 된 집들과 가축들과 불타 없어진 궁궐의 일부 건물까지 피해는 컸다. 전쟁이 끝난 나라는 재건의 깃발이 세워졌고 언덕에는 다시 양떼와 오리, 염소와 거위, 닭들과 나귀의 울음으로 가득했다. 유채꽃은 노랗게 들판을 물들였다.

장안성 성루에서 기와를 얹은 건물 기둥마다 걸려 있던 붉은 등이 처연했다. 일반 백성은 물론 객잔마다 붉은 등을 두 개 세 개씩 엮어 걸어놓아 골목은 온통 붉은 등으로 뒤덮여 있었다. 장안 시내 널따란 주작대로를 따라 밤을 밝히던 붉은 등은 화려한 낮의 거리만큼이나 휘황찬란했다.

치원은 내란의 와중에서 방대한 제국이 밑에서부터 균열이 가고 흔들리는 것을 직접 목격했다. 그것은 충격이었다. 이민족과 이방인들이 모여들어 어우러져 살았던 제국이, 그 견고하고 강대한 제국이 아주 작은 것에서부터 조용히 무너지고 있었다. 어디서부터 문제인 건가. 그토록 긴 세월 부모를 떠나 어린 나이에 고생하며 견딘 시간이 허망했다. 이렇게 쉽게 허물어질 줄 알았다면 아버지는 아마 치원을 당나라에 보내지 않았을지도 모른다. 온갖 맛있는 음식과 화려한 옷으로 치장하고 장안 성루나 화원으로 나들이를 나온 아름다운 여자들과 운하를 따라 오가는 물류 품목들…… 객잔에서 기녀들이 곱고 흰 손으로 연주하는 월금이나 고쟁의 처연하고도 맑은 악기 소리는 길을 가던 발걸음을 멈추게 하였다. 나뭇잎에 물방울이 떨어지듯 봄바람이 밀밭을 흔들고 가는 듯한 선율은 이국의 향수를 자아냈다.

4

열두 살 소년으로 신라를 떠났던 치원은 스물여덟 살 장부가 되어 뱃머리에 섰다. 16년 만이었다. 당 황제 희종은 특별히 치원을 불러 치하했다.

"그대에게 상을 내리노니 신라에 돌아가 그대의 왕께 내 서찰을 전하라."

희종은 다소 지쳐보였다. 황소의 난이 진압되었으나 아직 먼 국경도시에는 반란군의 불씨가 남아 황실 군대를 괴롭혔다. 사신단의 일행이 되어 신라로 돌아올 때 장안성은 어수선했다. 진압된 반란군의 잔당이 흩어져서 민심을 동요시키는 바람에 세상인심이 흉흉했다.

어찌 보면 등 떠밀려 귀국한 셈이었다. 한편으로는 장안에서는 미래가 없었다. 희망이 보이지 않았다. 어느 날 국자감을 책임진 관리가 각국에서 온 유학생들에게 귀국을 종용했다. 올 것이 왔구나 싶었다. 난을 평정하느라 황실은 국고가 비어갔고 팔천여 명의 외국인 유학생들을 위해 운영하던 국자감의 경비를 조달할 수 없었다.

바닷길을 따라 신라에 돌아온 치원은 장안에서의 활동을 정리하기 시작했다. 아버지의 무덤에 제대로 고하지도 못하고 애달픈 마음을 나누지도 못하고 그동안의 저술을 모아 28권 책으로 묶었다. 왕 앞에 엎드린 치원의 가슴이 떨려왔다. 목소리도 떨려 나왔다. 경문왕의 대를 이어 등극한 헌강왕 재위였다.

"폐하, 신 최치원 아뢰나이다. 중화(中和) 6년 정월에 전임 도통순관 승무랑 시어사 내공봉으로서 자금어대를 하사받은 신 최치원이 고국에 돌아왔사옵니다. 이렇게 강건한 폐하를 뵈오니 감개무량하옵니다. 제가 열두 살 때 집을 떠나 서쪽으로 가고자 배를 타려 할 때 돌아가신 아버지께서는 이렇게 훈계하셨습니다. ─ 십 년 안에 과거에 급제하여 진사(進士)가 되지 못하면 내 아들이라고 말하지 말거라. 나 또한 자식이 없다고 생각할 테니, 가서 부지런히 학업에 매진하거라 ─ 저는 그 엄하신 말씀을 마음에 새겨 잠시도 잊지 않고 상투를 대들보에 걸어매고 송곳으로 허벅지를 찔러가며 조금도 게으름을 피우지 않았습니다. 아버지의 뜻을 받들고자 실로 남이 백 번 하면 저는 천 번 하는 노력을 하여 유학길에 오른 지 6년 만에 제 이름이 합격자 명단에 올랐습니다."

"……."

많은 대신이 도열해 있는 대전이 조용했다. 치원이 헛기침을 한 번 한 후 다시 머리를 조아렸다.

"선주(宣州) 율수현의 현위 직을 내려놓고 회남절도사의 종사관이 되어 고변의 붓과 벼루를 도맡게 되자 군사 관련 글을 작성할 일이 몰려들었습니다. 많은 문서를 감당하고 맡은 일을 하며 4년간 만여 편의 글을 지었습니다. 그중에 변변찮은 글을 가려내고 나니 열에 한둘 안 남았습니다. 감히 모래를 파헤쳐 보물을 발견하는 일에 견주면서 깨진 기와 조각으로 벽을 긋는 것보다는 조금 낫다고 여겨 마침내 『계원필경집』 스무 권을 이루었습니다. 제가 난리를 만나 군막(軍幕)에 머물러 지내며 글 짓는 일로써 밥벌이를 했으므로 이 때문에 '필경'으로 제목을 삼았으니 왕소의 말로 증험을 삼을 수 있습니다. 비록 부족한 글들이라 오라나 참새에게도 부끄러우나 이미 밭 갈고 김매듯 마음을 파헤친 것들이므로 자그마한 수고나마 버리기에는 아까워 폐하께 드리고자 시와 부와 장 등 총 28권을 이 글과 함께 삼가 올립니다."

그동안의 경과를 보고한 후 서책 28권을 올리는 치원의 손이 떨렸다. 목소리에는 울음이 차 있었다. 치원의 설명이 끝나자 숨죽였던 대전이 웅성웅성 시끄러웠다. 신라 귀족들의 눈앞에 불쑥 나타나 당황제 운운하며 그의 활약상을 알려주는 치원이 낯선 불청객으로 보였기 때문이었다. 귀족들의 표정에 기대와 호기심과 불편함이 드러났다.

"그대는 참으로 나라에 필요한 인재로다."

"황공하옵니다."

집을 떠날 때 그는 아버지를 따라 경문왕을 알현했었다. 어린 치원의 손을 잡아 주며 격려하던 경문왕의 자애로운 눈빛을 기억하는 치원은 헌강왕 앞에서 자꾸 선왕의 자애로운 눈빛을 찾으려 애썼다. 그는 대신들이 모여 있는 대전에서 간략히 그간의 사정을 고하며 문집을 올렸다.

다시 한번 대전 안이 술렁거렸다. 여기저기서 대신들의 귓속말과 수런

거리는 소리가 치원의 귀에도 들렸다.

"산동성에서 반란이 일어났다지. 황제가 낙양으로 피신을 했다던데. 장안성은 회복이 되었는가."

"예, 폐하, 난이 평정되고 황제의 칭송을 들었습니다. 자금어대를 하사받고 도통순관벼슬을 내렸습니다. 아울러 폐하에게 감사의 안부를 전했습니다."

자금어대는 물고기 모양의 장식이 붙어 있는 주머니이며 관복의 띠에 매달아 관직의 귀천을 구분했다. 왕이 눈빛을 빛내며 치원을 바라보았다.

"호오, 대견한지고."

왕은 치원이 올린 문집을 펼쳐 보며 연신 감탄했다. 당나라가 처해 있던 정치 경제 군사 문화 사람들의 삶이 세세하게 적힌 문집은 사료로서도 중요했다. 신라가 위기에 어떻게 대응해야 할지에 대한 길잡이가 될 수 있는 자료였다.

"난이 평정되고 사신단으로부터 당황제의 친필을 받았네. 그대의 공이 컸다고 노고를 치하하더군. 그대의 문장에 황제가 감동한 모양이야. 어떻게 했길래 반란군 수괴의 간담을 서늘하게 했는지 내 몹시 궁금하네."

왕이 문집을 뒤적이며 음, 계원필경이라, 그러고는 중얼거렸다.

"내 두고두고 읽어볼 것이네. 당장 내일부터 입궐하여 짐을 도와주게."

"황공하옵니다."

대신들의 술렁거림을 뒤로 하고 궁을 나온 치원은 무엇부터 해야 할지 막막했다. 열두 살 어린 나이에 당나라에 가서 지낸 십육 년은 그의 일생을 질러가는 사건이며 행로였기에 다시 돌아온 신라는 낯설었다. 음식도 옷도 말투도 생소했다. 형과 아우는 일찍이 산문(山門)에 출가하여 의지하고 기댈 데라곤 없었다.

왕은 치원에게 한림학사 벼슬을 내렸다. 왕의 국서를 쓰거나 나라의 문서를 담당하는 직책이었다. 치원의 손을 통해 국서가 다듬어지고 왕의 교지가 풍부한 은유와 상징을 띠며 품격을 갖춰갔다. 계절이 지나가는지도 모른 체 치원은 일에 매달렸다.

여름이 가고 가을이 왔다. 비가 출출히 내렸다. 비 오는 야심한 밤, 치원은 방문을 열어놓고 빗소리를 들었다. 지붕 처마에서 떨어지는 낙숫물이 바닥에 떨어지며 파동을 일으키는데 낙엽 위에 떨어지는 빗소리 사이로 벌레 우는 소리가 섞여 왔다. 치원은 어두운 밤하늘을 쳐다보며 시 한 소절을 읊었다.

추야우중(秋夜雨中)

가을바람에 괴롭게도 읊고 있건만
세상에는 알아주는 이 없네
깊은 밤 창밖에는 비가 내리고
등불 아랜 만 리 먼 길 외로운 마음

秋風唯苦吟(추풍유고음)
世路少知音(세로소지음)
窓外三更雨(창외삼경우)
燈前萬里心(등전만리심)

나은이 이 시를 들으면 소미연을 열겠다고 할 텐데…… 치원은 쓸쓸하게 웃었다. 치원보다 십 년 연배가 높은 두순학 시인도 치원의 시를 보면 답가한다고 할 터였다. 낙엽 지고 비 오는 가을밤 치원은 벗들을 생각하며 우수에 젖었다. 사위는 고요하고 어둠은 깊어져 갔다. 새벽 범종 소리가 울릴 즈음 치원은 겨우 눈을 붙였다.

한림학사 벼슬살이는 고되고 분주했다. 외국으로 보내는 문서와 외국에서 들어오는 문서를 분류하고 번역하여 정리하는 일과 상소문의 기록과 왕의 교지를 작성하는 일로 눈코 뜰 새 없었다.

늦게 퇴궐하여 집으로 돌아온 치원은 피곤함을 잊고 먹을 갈아 붓을 들었다. 나은에게 또는 설낭자에게 보내는 편지를 썼으나 부칠 수가 없었다. 당나라 국호는 이미 송으로 넘어가고 신라방이나 신라소에 모여 살던 사람들도 뿔뿔이 흩어져 각자 살길을 찾아 떠났다고 했다. 이민족으로 들끓었던 시장은 폐쇄되어 쥐와 야생 짐승이 드나드는 곳으로 변했다고 느지막이 돌아온 결언 스님을 통해 전해 들었다. 화려하고 풍요롭던 제국이 순식간에 사라지고 새로운 왕조가 들어선 현실이 믿기 어려워 치원은 자꾸 옛 지인들을 떠올리며 눈물지었다.

왕명으로 사절단을 꾸려 당에 떠나려던 치원의 계획은 무산되었다. 그 사이 당에서 송으로 국호가 바뀌었다는 전언이 당도했으므로 꾸리던 짐을 도로 풀었다. 설레는 마음으로 작은 선물꾸러미를 챙겼던 치원은 허탈했다. 시장에서 지인들과 설아를 위한 비단 주머니와 옥구슬로 만든 매듭, 부채와 인삼을 챙겼다가 도로 풀어놓으며 허전한 마음을 술로 달래었다.

열 가지의 개혁안을 들고 진성왕을 알현했을 때 왕은 기대에 찬 눈빛을 빛냈다. 왕은 귀 기울여 치원의 설명을 들었다.

"폐하, 능력에 따라 과거시험을 실시하고 인재를 등용하시옵소서."

"좋은 방책이오."

"귀족 세력과 호족 세력을 견제 응징하여 왕실과 나라를 보전하소서."

진성왕은 치원을 빤히 내려다보았다. 그 표정에는 당혹과 곤혹스러움이 깔려 있었다. 치원도 모르지는 않았다. 신라는 골품제였다. 어느 누가 감히 골품제를 흔든단 말인가. 골품제를 흔드는 즉시 왕권은 약화되고 왕실 귀족 간에 피비린내 나는 권력 다툼이 벌어질 터였다. 치원은 모르는 바 아니었다. 그는 이미 당나라에서 과거시험을 통해 능력 있는 인재를 뽑아 나라를 튼튼히 하는 정책을 경험한 터였다. 치원이 올린 시무책의 골격은 인재 등용이었다. 또한 귀족 세력과 호족 세력을 견제 응징하여 왕실과 국가를 보전하려는 방책이었다.

진성왕은 뭔가 한참 생각에 잠겨 있었다. 그러다가 엉뚱한 말을 내뱉었다.

"내가 이 나이에 후사를 얻기는 힘들 테고 어쩌면 좋겠소."

치원은 훅 들어온 왕의 말에 어떻게 대응해야 할지 몰라 허둥거렸다. 치원은 허리를 숙여 발치를 내려다보며 침묵했다. 왕은 누군가의 대답을 원해서 그런 말을 내뱉지는 않았을 것이었다.

"내 조카 요는 골격이 선대의 왕을 빼다 박았다오."

치원은 왕을 올려다보았다. 왕은 허공으로 시선을 둔 채 쓸쓸하게 한숨을 쉬었다. 오래전 왕이 측근을 데리고 조카를 찾아 나섰을 때 반대하는 세력들을 따돌리려 승려 몇몇의 호위를 받은 적이 있었다. 해인사에 기거하는 젊은 승들은 강학 외에 따로 무술을 연마했는데 멀리 출타할 때는 종종 동행하기도 했다. 중국의 소림사에서 무술을 연마하고 온 유학파 승이 기 수련원을 운영한다는 말도 있었다. 치원의 형 현준은 부친이 생존했을 때부터 왕의 안위를 걱정했으므로 승려가 된 후에도 불사를 통해 연결이 되었다. 등극하던 해 가을 진성왕은 어린 조카를 찾기 시작했고 곧 궁성 밖에서 홀어미와 생활하는 시골 소년을 찾아냈다. 궁으로 데리고 온 후 왕은 태자에 봉하고 후계 수업을 했으므로 다음 왕은 태자 요가 당연했으나 시국은 어지러웠다. 귀족들의 파벌 싸움은 언제 권력이 바뀔지 알 수 없었다.

최근 들어 백성들은 곤궁하고 도적이 봉기하니 이는 나의 부덕한 탓이다. 나는 어진 사람에게 양위하고 왕의 자리를 피하려고 결심하였다.

— 진성왕 11년 899년

진성왕은 백성들의 곤궁함을 알고 있었다. 대신들과 일부 왕실 사람들이 왕의 치세를 불만스러워하고 의혹의 시선으로 보냈음을 왕은 알았고 특히 국정을 돌보아주던 각간 위홍이 죽었을 때의 막막함을 다스리기 어려웠다. 왕은 조카에게 자리를 내어주기로 결정하자 마음이 홀가분했다.

진성왕과 독대 후 치원은 아찬 벼슬을 제수받았다. 왕이 치원을 신임한다는 강력한 의지표명이었다.

중간 계급인 아찬 벼슬자리에까지 이르렀으나 귀족 세력은 치원을 상대해주지 않았다. 당에 유학하여 벼슬을 좀 했다고 쓸데없는 말로 여왕의 마음을 잡아 흔드는 버르장머리 없는 문장가 정도로 취급했다. 치원이 쓴 계원필경집을 암암리에 들춰 보고서도 그들은 요지부동 자신들의 권력을 지키려 안간힘을 썼다. 파벌 싸움의 와중에서도 치원을 밀어내기 위해 야합을 했다.

치원은 지방 태수로 자임하였다. 왕은 서운한 듯 옆에 두고자 했으나 치원의 굳은 결심을 돌리지는 못했다. 진성왕은 무척 아쉬워했다. 왕은 치원을 함양 태수로 임명하였다. 태산군과 부성군, 서산 태수에 이어 다시 지방으로 내려가는 치원의 마음은 담담하였다.

비가 내렸다. 며칠 동안 비는 그치지 않고 계속 내려 산천이 온통 빗속에 잠겨 있었다. 함양에 당도하였을 때 치원은 태풍이 쓸어간 논밭을 보고 어떻게 수습해야 할지 막막했다. 망연자실 넋이 빠진 백성들이 치원의 행차를 보고 바닥에 엎디어 울부짖었다. 치원은 말에서 내려 고을 사람들을 위로했다.

장마가 물러가고 햇볕이 쨍쨍한 어느 날 치원은 오래전부터 구상해 온 그림을 집무실에 펼쳐놓았다. 그러고는 현청의 관원들을 불러 모았다. 수나라가 제방을 쌓고 운하를 건설하면서 나라 재정이 어려워졌지만, 후대에 당나라가 제대로 쓰임을 한 경우를 본 치원은 오랜 구상을 실천에 옮겼다.

산이 높고 골이 깊은 산골의 고을은 비가 오면 논밭이 휩쓸려 폐허가 되었다. 치원은 방을 붙여 백성들을 동원했다. 물길을 돌리는 작업이었다. 제방을 쌓아 물의 길을 터주는 작업에 백성들은 군말 없이 동원되었다. 모래와 자갈을 섞어 바닥을 다지고 둑을 높게 쌓아 계곡의 물이 지나가도록 만드는 작업은 순조롭게 이루어졌다. 둑이 완성되자 둑 옆에 나무를 심었다. 온대 활엽수종을 심어 재해방지와 풍치 모두를 위한 일이었다. 해마다 태풍 피해를 본 백성들은 적극적으로 나서 부역했다.

둑이 완성된 후 치원은 '대관림'이라 이름을 붙였다. 세월이 흘러 대관림은 다시 상림숲으로 불리었다. 이렇게 대관림이 완공되자 치원은 돼지를 잡아 술과 고기로 백성들의 노고를 위로했다.

그러고 나서 얼마 후 치원은 진성왕의 소식을 듣고 망연자실했다.

"선위라니."

누구도 예측하지 못한 진성왕의 선위 소식에 궁이 술렁거렸다. 효공왕 요의 표정은 어두웠다. 대전에 모여 선 대신들의 동작에서 불안함이 감지되었고 어두운 기류가 떠다녔다. 치원은 오랜 시간 고민했던 그의 개혁안이 한순간에 물거품이 되는 현실에 당황했다. 그토록 힘들여 계획하고 노심초사하며 착안했던 일들이 아니던가. 치원은 서둘러 궁성으로 향했다. 진성왕을 뵈러 월성으로 향하는 치원의 발걸음이 몹시 무거웠다. 치원은 진성왕을 만나지 못했다. 왕은 월성 북궁(北宮)에 깊이 들어가 나오지 않았다. 치원은 효공왕을 뵈러 대전에 들었다.

"선대왕께서 불러 그대의 경륜을 쓰고자 하였는데 다시 지방 수령을 원하다니 섭섭하오."

효공왕 요의 눈빛이 치원에게 머물렀다. 그의 깊은 눈매와 강직한 태도는 시골 소년다운 면모를 보였는데 오랜 세월 궁 밖 생활을 한 터여서 그렇게 보였을 수도 있었다.

건장한 젊은이로 성장한 효공왕 요는 대신들의 기세에도 눌리지 않고 눈빛 하나로 좌중을 휘어잡았다. 진성왕이 여자라는 이유만으로 이미 백성들과 귀족들의 무시와 견제를 받으며 어렵게 왕위를 유지했음을 봐온 터여서 요는 밀리지 않으리라 내심으로 다짐했다. 육두품 출신의 관리들은 충성스러운 신하였다. 선대 왕들이 그랬듯이 효공왕은 유학파 치원을 가까이 두고 싶어 했다.

"소신은 이제 미미한 능력을 접고 물러날까 합니다. 윤허해 주시오소서."

효공왕은 물끄러미 치원을 바라보았다. 그도 시무십조를 들은 적이 있었으나 귀족들의 반발로 무산된 것을 알고 있었다. 선대 왕이 실패한 개혁안이 폐기될 때 당사자인 치원의 입지가 줄어들어 설 자리가 없음을 왕은 알았다. 간곡히 붙잡지도 아쉬워하지도 않는 효공왕의 태도에 치원은 오히려 홀가분했다. 갑자기 이루어진 선위에 농민 봉기의 뒷수습을 해야 하는 왕으로서는 사사건건 시비의 중심에 서 있는 인물보다는 강력한 우군이 되어줄 세력이 필요했다.

궁을 나온 치원은 오랜만에 마당에 서서 먼 산을 바라보았다. 저 산 너머 바다 건너에는 치원이 젊은 시절을 보낸 제국이 있었다.

"시국이 어지러워질 징조로구나."

치원은 혼잣소리로 중얼거리며 허공을 응시했다. 가슴이 무겁게 가라앉았다. 궁성 밖 먼 거리에서 말발굽 소리와 함성 소리가 들리는 듯했다. 치원은 눈을 감고 귀를 막았다. 지나간 시간이 회오리처럼 그의 머릿속을 스쳐 지나갔다. 피부가 하얗고 동그란 눈을 한 소녀, 설 낭자가 그 순간 치원의 감은 눈 속으로 가까이 다가왔다. 치원은 눈을 번쩍 떴다.

"후우, 꿈이었구나."

치원은 식은땀을 흘렸다. 며칠 동안 치원은 일어나지 못하고 누워 있었다. 겨우 몸을 일으켜 물을 한 사발 마시고는 다시 쓰러져 잠을 잤다. 잠을 자면서 꿈을 꾸었다. 꿈속에서 치원은 장안 성루에 올라 평원을 바라보았다. 지나간 시간을 회상하며 막막한 심경으로 꿈인 듯 생시인 듯 뒤척이며 몇 날 며칠을 그렇게 지냈다. 다시 꿈속으로 빨려 들어갔다. 꿈속에서 치원은 관리로 임명받아 부임지로 떠나는 길 위에 있었다.

누군가의 이름을 부르며 잠에서 깨어났다. 한밤중이었다. 등잔에 불을 밝히자 사위가 눈에 들어왔다. 빈 술병이 나동그라진 채 엎어져 있고 자신은 옷을 입은 채로 맨바닥에 드러누워 있었다. 속이 쓰렸다. 뱃속이 헛헛했다. 아무것도 먹지 않고 빈속에 술을 마셨으니 머리가 지끈거리고 아팠다. 방문을 열어 어두워진 하늘을 쳐다보았다. 빈속에 따끈한 국물을 마시고 싶었다. 얇은 피에 양고기와 양파를 다져 넣은 만둣국이 생각났다. 장안 객잔에서 자주 먹었던 샤오자혼툰이었다. 만두는 아주 작았지만 기름기를 제거한 국물은 담백하고 풍미가 깊었다. 신라에 돌아와서도 치원은 가끔 장안 객잔의 음식들이 입에 당겼다. 시원한 찬물을 한 사발 떠 마신 치원은 겉옷을 벗어놓고 벼루를 갈기 시작했다. 묵향이 은은하게 실내를 휘돌았다. 지인들의 얼굴과 나은(羅隱) 시인과 설 낭자의 모습이 아른거렸다. 견딜 수가 없었다.

치원은 장안에서 교유하던 벗들을 그리며 예전에 썼던 시를 나지막이 노래했으나 흥취가 돋지 않았다. 위성주가에서 나은의 답가로 들었던 이백의 시가 떠올라 눈을 감고 음미했다. 월금 소리가 기둥 사이로 흘러나오는 듯 객잔에서의 악기 소리가 가슴에 남아 있었다. 맑은 악기 소리를 들었으면 싶은 밤이었다.

나는 또 신선 노인을 찾아간다 … 치원은 혼잣소리로 중얼거리며 눈을 떴다. 햇살이 대청마루를 지나 방 안 깊숙한 곳까지 들어와 머물러 있었다. 신선 노인을 찾아가고 싶었던가. 부푼 꿈을 안고 계림으로 돌아왔건만 치원을 기다린 건 아버지의 죽음과 귀족들의 견제와 흉흉한 민심이었다. 치원은 해가 중천에 걸렸으나 일어나지 못했다. 지난밤 천장을 뛰어다니던 쥐들도 잠잠했다. 온몸이 쑤시고 나른하며 기력이 쇠해졌다. 사직하고 나서 갑자기 쇠락해 버린 고목처럼 늙어버린 느낌이었다. 그냥 가만히 누워 천장을 바라보았다. 굵은 소나무를 가로지른 상량문 색깔이 바래어지며 집과 함께 퇴락해 가고 있었다.

돌아누우려 몸을 움직였으나 육신이 바위를 매단 듯 무거웠다. 열여섯 해를 장안에서 보내고 돌아온 신라는 정국이 어수선했다. 치원의 속내는 당에 머물며 신라에서 오는 사신이나 상인, 동족을 도우며 살고 싶었다. 나은과 같은 지인과 승려들과 교유하며 눌러앉고 싶은 게 솔직한 심정이었다.

5

드러누워 온갖 망상에 빠져 있던 치원이 몸을 일으켜 앉았다. 오랜 시간 치원을 불안하게 하고 심란하게 한 그 원인이 무엇인지 퍼뜩 생각났다. 치원은 제국의 쇠퇴를 눈앞에서 보았고 한 때 몸담았던 그 제국은 멸망하고 역사 속으로 사라져갔다. 그런데 돌아온 고국, 신라에서 치원은 이미 겪었던 밑으로부터의 조용한 흔들림, 서서히 균열이 가는 나라의 기운을 감지하고 몸을 떨었다. 천 년 왕국이 흔들리다니, 치원은 받아들이기 힘들었다.

치원은 새벽닭이 울자 봇짐을 꾸렸다. 지필묵과 연적, 버선 몇 컬레와 몇 푼 안 되는 엽전을 챙겼다. 그는 마당에 서서 왕이 거주하는 월성과 진성왕이 칩거한 북궁을 향해 허리를 숙였다. 치원은 집 주위를 둘러보았다. 연기가 멈춘 굴뚝에서는 새 한 마리가 꼬리를 까닥거리며 앉아 있고 고양이 한 마리가 처마 밑에 웅크려 있었다. 치원은 새에게도 고양이에게도 굴뚝에도 집과 마루에도 마지막 인사를 고했다.

햇살은 부드러웠다. 치원은 일부러 산길을 피해 바닷길을 따라 길을 나섰다. 서두를 것 없는 행로였다. 파도 소리가 바람을 몰고 와 모래밭에 부서지는 정경은 세상의 시름을 잊게 했다.

"메이리, 메이리, 쩐 메이리."(아름답다, 아름다워, 아름답구나)
치원은 자신도 모르게 장안의 말이 흘러 나와 스스로 당황스러워 주위를 두리번거렸다. 갈매기가 날아다니는 바닷가는 한적했다. 인기척이 없는 바닷가에서 치원은 모래밭에 앉아 멀거니 지평선을 바라보았다. 오래전 지평선을 바라보던 설 낭자의 모습이 겹쳤다. 치원은 하염없이 먼 바다를 응시했다.

긴 과거의 회상에서 깨어난 치원은 밭두렁을 지나 마을로 접어들었다. 어둑어둑 해가 지며 바람이 차가워졌다. 주막에서 하룻밤 유숙을 할 터였다. 국밥을 먹고 객방에 들자 풀벌레 소리가 흙담장 밖에서 들려왔다. 천둥 번개가 치며 소쩍새가 울었다. 번개가 몇 번 꼬리를 길게 빛을 뿌리더니 후두둑 처마 끝에 비가 떨어졌다. 그러고는 곧 추적추적 느리게 비가 왔다. 하루 종일 걸어 발바닥이 딱딱해졌으나 잠이 잘 오지 않았다.

율수현위직을 내려놓고 종남산에 들어가 박학굉사과 시험을 준비하던 때가 문득 생각나서 쓸쓸해졌다. 여비가 다 떨어져 여기저기 글 품팔이를 하며 살아가던 날들이 생생하게 살아나 더욱 밤이 고적했다. 그때의 막막하고 외로운 심경을 이곳 시골 객사에서 다시 느끼게 되다니 새삼스럽게 그 시절이 사무쳤다.

치원은 그 시절 고달픈 마음을 노래했던 시를 읊으며 잠이 들었다. 다음 날 새벽에 치원은 길을 나섰다. 바닷가를 걷거나 들판을 걸었다. 언덕을 걷거나 숲길을 걸었다. 산길에 접어들어 능선을 넘었다. 점점 길이 가팔라졌다. 물집이 생겨 바늘로 따고 천으로 발가락을 감았다. 조금씩 추워졌다. 머루와 다래를 따 먹고 떨어진 잣송이를 까먹으며 주막에서 잤다.

주막은 길을 떠나는 사람들로 복잡했다. 장사꾼들이었다. 바다에서 나는 해산물을 말에 가득 싣고 내륙으로 들어가는 사람들과 내륙의 쌀과 무명포를 나귀에 싣고 바다 고을로 가려는 사람들이 뒤엉켜 객방은 소란했다.

"이 짓도 이제는 못 해 먹겠소."

"댁도 당했소?"

"말도 마시오. 벌써 몇 번째인지 모르겠소."

"큰일이오. 나라가 이 지경이니. 나라님은 뭐 하시나. 도적 떼는 난리 치는데."

"우리 백성들만 죽어나지. 정치인들이야 즈들 배부르면 그만이지."

"세빠지게 발품 팔아 장사하면 뭐 하나. 도적들 아가리에 갖다 바치는데."

"우째 도적이 그리 많소."

"어찌 아오. 농사짓던 백성들이 죄 산적이 되었다 하오."

"관리들이 어찌나 못되게 구는지. 없는 살림에 세금을 내라고 엄포를 놓아대니 배겨나겠소."

"배 타고 당나라로 건너가야겠소."

"당나라 망한 거 소식 못 들었소."

"이러다가 이 나라도 무너질 거요."

"이러다 견훤과 궁예에게 넘어가겠소."

"쉿, 누가 들으면 어쩌려고 그러오."

"이래 죽으나 저래 죽으나 마찬가진데 들으라지."

그들이 주고받는 말을 치원은 얼떨결에 듣게 되었다. 일부러 들으려고 한 게 아니라 그들의 언성이 워낙 높았다. 그 목소리에는 분노가 가득 차서 작은 계기라도 있으면 터져버릴 것 같았다. 견훤이 남쪽을 차지하여 후백제라 일컬은 지도 십여 년이 지났다. 궁예는 또 어떠한가. 고구려의 옛 땅을 점거하여 철원에 죽치고 있었는데 젊은 왕건에게 밀려나 백성들이 그를 처단한 사건은 안팎으로 동요를 일으켰다. 나라가 이 지경이 되도록 뭐 하고 있었나 자괴감이 몰려왔다. 치원은 왕을 도와 진심으로 나라를 굳건히 하는데 힘을 보태고 싶었다. 치원이 듣고 보고 경험한 많은 것들은 무용지물이 되었고 폐기되었으며 그는 잊혀졌다. 이 땅 구석구석 산하를 걸으며 백성들의 삶이 피폐해지고 곳곳에 도적이 득실대는 현실을 목도하며 치원은 속세를 떠나 어디론가 깊이 숨고 싶었다. 그런 심경이 더욱 간절했다. 숲과 계곡을 물들인 단풍들, 들판과 언덕을 물들인 야생화, 기름지고 풍요로운 땅…… 아름다운 산하가 신음하고 있었다. 이 좋은 땅을, 이 좋은 나라를 이 지경이 되도록 만든 왕과 귀족들이 원망스러웠다. 아무도 치원을 원하지 않았다. '계원필경집'을 몰래몰래 들여다본 귀족들이 있었음을 치원은 알았지만 그들의 이중적인 태도는 이 나라를 벼랑으로 몰고 있었다.

"이 나라를 어찌할꼬."

치원은 깊은 한숨을 내쉬었다. 제국이 무너짐을 목도한 그는 이제 천년 왕국이 저물어감을 감지하였다. 치원은 다시 길을 떠났다. 물집이 생긴 발을 무명천으로 싸매고 산길로 접어들었다.

치원은 지리산 쌍계사에 들렀다. 대웅전 마당에 세워진 〈진감선사대공탑비〉는 치원이 당에서 귀국하자마자 왕명을 받들어 젊은 나이에 쓴 글이었다. 신라의 고승인 진감선사 혜소를 추모하여 그의 고귀한 삶을 표현한 글은 치원의 격조 있는 필치에 고스란히 담겼다. 치원은 봇짐을 진 채로 그 비문을 나지막하게 읊었다. 여전히 그의 가슴에 스며드는 비문의 내용을 되짚어 보았다. 현묘한 도를 전해준 진감선사 일대기는 다시 보아도 새겨볼 만한 글이었다.

도(道)는 사람에게서 멀리 있지 않고 도를 찾는 사람에게는 국경이 없는 법이라는 말씀, 굳이 불법이나 유학을 배우러 외국에 가지 않아도 된다는 말씀은 치원에게 와닿았다. 치원은 서해를 건너 장안으로 가던 일을 떠올렸다. 서쪽으로 큰 바다를 건너 수차례 통역을 거쳐 공부하러 갈 때 제 목숨을 위태로이 작은 배에 붙이고도 마음은 중국에 가 있다는 선사의 말씀은 치원을 비롯한 유학생 모두를 위한 고언이었다. 치원은 흔들리는 배 위에 있던 날들을 기억했다. 선사는 설파했다. 석가모니의 가르침과 주공(周公) 및 공자의 가르침은 그 출발점은 다르지만 귀착점은 하나라는 것, 지극한 가르침을 배우면서도 이 둘을 함께 받아들이지 못함은 사람들이 두 가지를 동시에 받아들이지 못함이라 했다. 진감선사의 행적은 치원의 붓끝에 고스란히 살아났다.

쌍계사에서 하루를 묵은 치원은 해인사로 발길을 돌렸다. 길은 멀고 날은 금세 저물었다. 천천히 길을 가며 치원은 젊은 날 그의 생생한 필치로 선사의 행적을 추모했던 글을 되짚어 보았다. 선사와 같은 분이 이 시대에 살아 왕을 인도하고 나라를 위해 도움을 준다면 얼마나 큰 복인가. 치원은 씁쓸한 심경을 안고 먼 길을 갔다.

낭혜화상의 본가는 성골에 뿌리를 두었다. 그는 상서로운 연꽃을 받아 태어났으며 오백 년 만에 이 땅에 태어나 열세 살에 속세를 떠났다. 화엄이 불법의 큰길로 이끌어 배를 타고 큰 바다에 뜬 인물이었다. 그는 당나라를 두루 다녔으며 스승이 죽은 후 떠돌아다녔다고 전해졌다. 그의 고행은 따를 자가 없었고 고승들도 모두 감탄했다.

낭혜화상이 신라로 돌아온 건 하늘이 내린 복이었다. 봉새가 훌륭한 모습으로 나타나니 뭇 새들이 다투어 뒤따르는 형국이었다. 그는 나라에 가르침을 펼치고 성주사에서 주지를 했다. 여러 절에도 머물며 가르침을 전했는데 사람들이 그의 법어를 들으러 모여들었다. 낭혜화상은 이른 나이에 열반에 들었다. 사리탑은 푸른 산속에 한 점 자리했고 비석은 푸른 절벽 아래에 고즈넉이 서 있었다. 그의 형체는 사라졌으나 이제 비문으로 남아 후세 사람들에게 가르침을 주었다. 지금 옛날 일을 돌아보는 것은 오늘을 사는 후인들이 그의 행적을 알게 함이었다. 이제 꼬리를 이어 문전 성시였던 그의 자취는 사라지고 가시풀만 돋는 세월이 되었다. 치원은 부질없이 글로나마 그의 일대기를 새겨 넣은 일에 전심을 다했다.

지증대사는 말하기를 공자는 인에 의지하고 덕에 기대었으며 노자는 흰 것을 알면서도 검은 것을 지켰다고 하였다. 두 교(敎)만이 천하의 법으로 일컬어져 석가의 가르침은 그와 겨루기 어려웠지만 십만 리 밖 서역의 거울이 되었고 일천 년 뒤 동방의 촛불이 되었다고 했다.

계림은 금오산의 곁에 있어서 예부터 선인(仙人)과 유자(儒者)에 비범한 이 많았는데 세월이 흘러 불교가 전래되어 공(空)과 색(色)을 분변케 되었다. 지증대사는 현계산의 불제자들을 향해 말했다. 열두 인연이 헛된 꿈이 아닌데 무엇 때문에 온갖 고생 하며 설산을 넘으며 무엇 때문에 문자에 의지하는가를. 어떤 이들은 멀리서 배우고 고생 끝에 왔지만 그는 고요히 앉아서 도를 깨쳤다. 그는 잘못된 이념을 갖지 말고 심전(心田)을 잘못 일구지 말며 부질없이 헛된 공덕 논하지 말고 마음을 어디에 머물지 말라고 가르쳤다. 덕행의 향기는 사방에 치자꽃 향기처럼 퍼졌고 지혜로운 교화는 나라를 편안케 한다는 그의 말은 백성들에게 감화를 주었다. 그리하여 그는 임금의 부름을 받아 궁궐에 들어가 물에 비친 달이 곧 마음이라고 하며 선(禪)을 깨우쳤다.

지증대사가 궁궐에 머무르는 것을 좋아했는지 알 수는 없지만 치원은 썩은 선비의 붓으로 대사의 정상(情狀)을 들추기 부끄럽다고 적었다. 지증 대사의 발자취가 빛나 탑에 이름을 새길 만한데 재주가 모자라 글짓기가 어렵다고 겸손해했다. 치원은 선열(禪悅)에 흠뻑 취하려거든 이 산중에 와 탑의 비명(碑銘)을 보기 바란다고 마무리를 지었다.

우리나라에 현묘한 도가 있으니 이를 풍유라 한다. 이 도의 근원은 선사(仙史)라는 책에 잘 설명되어 있는바 시로 유교 · 도교 · 불교의 3교를 포함하고 있어 뭇 중생을 올바르게 감화시킨다. 집에서 부모에게 효도하고 밖에서 나라에 충성하는 것은 노나라 공자의 뜻과 같고 무위에 머물며 말 없는 가르침을 행하는 것은 주나라 노자의 요체와 같으며 모든 악행을 멀리하고 모든 선행을 받들어 행함은 천축국 석가의 교화와 같다 … 치원은 난랑비(鸞郎碑) 서문을 지으며 화랑의 도와 고매한 인품을 그려보았다.

치원은 왕의 명을 받아 스님들의 높은 덕과 위대한 업적을 기술했다. 한창 혈기 왕성한 젊은 날 그의 마음이 너른 바다에 닿아 뻗어나갈 기세일 때였으므로 선사들의 행적은 감화를 주었다. 위대한 선사들의 발자취를 따라 이곳저곳 방랑하며 떠돌던 치원은 해인사에 있는 형을 떠올렸다.

입동을 앞둔 어느 날 치원은 형 현준이 기거하는 해인사에 발을 들였다. 그곳에서 치원은 희랑과 결언을 만나 회포를 풀었다. 월성을 떠난 지 스무날 남짓 될 시점이었다. 치원은 현준 스님이 마련해준 편한 복장으로 바꿔 입고 해인사 뒷방 독서당에 칩거했다. 귀국 후 십여 년간의 행적이 한순간의 바람처럼 지나가 버린 세월이었다. 삼베옷을 입고 장안에 갔다가 비단옷으로 돌아온 치원에게 십여 년의 나날은 회한이 가득한 세월이었다. 불혹에 이른 그는 늙은이가 된 듯 머리카락이 희어지고 수염이 백발로 변했다. 중앙과 지방을 전전하며 그가 이룩한 것은 무엇이었던가. 치원은 하루 종일 책을 읽었다. 다행히 희랑과 결언이 장안에서 가져온 서책이 있었고 그 이전에 유학승들이 모은 경전과 사상집이 있어서 치원은 맘껏 서책에 파묻힐 수 있었다. 서책을 보는 틈틈이 붓을 들어 시와 산문을 썼다.

가야산의 겨울은 일찍 찾아왔다. 스님들이 두 팔을 걷어붙이고 울력에 나서서 배추를 소금에 절였다. 무와 배추를 굴속에 보관하고 산나물을 말려 비축하는 겨울걷이가 끝나자마자 인동의 깊은 밤이 찾아왔다. 동지섣달의 바람은 매서웠다. 문풍지가 떠는 밤 치원은 화로를 방안에 들여놓고 시를 썼다.

치원은 시를 짓고 드러누워 천장을 보며 자유로운 영혼을 누렸다. 가끔 들여다보던 희랑과 결언도 발을 끊었고 장안의 소식을 궁금해하던 학승들도 오지 않았다. 비로소 치원은 혼자가 되었다.

계곡 바위 꼭대기에는 소나무 한 그루가 학을 품고 있었다. 구름 한 자락이 그 가지 사이로 은근슬쩍 발을 걸쳤다. 해인사 뒷방에 은거하던 노스님이 어느 날 홀연히 사라지더니 바위 꼭대기에 가부좌를 틀고 앉아 고목이 되려 하였다. 학승과 상좌가 노스님을 찾아 헤매다가 고목이 된 노스님을 보고는 허리를 깊이 숙여 조아렸다. 치원은 그 일을 가슴에 깊이 새겨두었다. 따로 시 한 편을 적어두기까지 했다.

겨울바람이 매섭게 문풍지를 흔들었다. 치원은 이날따라 대기가 불안정하고 마음이 심란하여 서책이 눈에 들어오지 않았다. 밤 부엉이 소리가 더욱 처연했다. 문밖에서 발걸음 소리가 들려 치원이 방문을 열었다. 현준이 문밖에 서 있었다. 등잔불이 깜박였다. 오랜만에 형님을 마주한 치원은 반가움에 미소가 피어나며 한동안 찾아주지 않았음을 은근슬쩍 내비쳤다.

"스님, 그간 적조했습니다."

"아우님이야 홀로 지냄을 원치 않았던가."

"스님이 제 마음속을 들여다보시는군요."

"고운이 괜히 고운(孤雲)이겠나."

"야심한 밤에 어쩐 일이십니까."

"아우님을 한 번 봐야 하지 않겠나."

치원은 현준이 뭔가 할 말을 숨기고 있음을 알았다. 침묵 사이로 찬바람소리가 들렸다.

"진성왕께서 승하하셨네."

"이런 변고가? 그예 먼 곳으로 떠나셨단 말씀입니까."

"그렇다네."

"이렇게 빨리 등하(登遐)하실 줄 몰랐습니다."

치원은 깜박이는 등잔불을 하염없이 바라보았다. 누구보다 자신의 개혁을 지지하고 밀어주었던 왕이었다. 오랜 타국 생활을 마치고 치원이 배에서 내렸을 때는 봄풀이 막 돋을 때였다. 춘분을 앞둔 시점이라 새들은 지저귀고 막 긴 잠에서 깨어난 개구리 떼가 시끄럽게 울며 농부가 황소를 몰아 밭을 갈 때였다. 장안에서의 경험이 응집된 결과물인 문집은 헌강왕에게 바쳐졌으나 본격적으로 그의 야심과 우국충정을 알아준 이는 진성왕이었다. 그러나 치원은 품계에서 한계가 있었다. 육두품으로서 아찬 벼슬을 했으니 진성왕의 배려였고 힘을 보태달라는 무언의 신호였다. 현준과 치원은 아무 말 없이 등잔불을 바라보았다.

진성왕이 황산에 묻히던 날 치원은 짐을 쌌다. 해인사 중창 불사의 기문과 신라 국가 재건의 호국 의지를 담은 화엄 승전을 찬술한 글, 시와 산문, 유교 불교 도교에 대한 그의 성찰이 담긴 두루마리는 묵직했다. 치원은 두루마리를 서안(書案)에 올려두었다. 그러고는 마지막으로 그가 독서당에서 쓴 시를 펼쳐보고는 바닥에 펼쳐 놓았다. 진즉 태웠어야 할 일이었다. 무슨 미련이 남아 여태 짊어지고 다녔는지 치원은 부끄러움이 순간 몰려왔다. 치원은 현준에게 마지막 그의 흔적을 남겼다.

치원은 진성왕이 묻힌 황산을 향해 허리를 깊이 숙여 절을 했다. 독서당 편액을 올려다본 그는 아무에게도 고하지 않고 길을 떠났다. 치원의 등 뒤로 동지섣달의 북풍이 휘몰아치며 계곡의 바위를 흔들었다. 소나무 가지가 부러지는 소리가 났다. 이후 그는 여기저기 떠돌았다. 그가 가는 곳마다 흔적이 남았는데 바위에 글을 새기거나 이름이 남겨졌다. 구름을 벗삼아 새소리를 들으며 계곡의 폭포수를 음악 삼아 하릴없이 바위에 글을 남겼다. 가슴에 품었던 못다 이룬 꿈과 욕망을 바윗돌을 파면서 잊었다.

해인사에서 그가 사라진 후 가야산으로 은거하여 신선이 되었다는 소문이 돌았다. 또 어떤 이는 포구에서 배를 기다리는 모습을 보았다는 이도 있었다. 바람이 전한 소문에는 치원이 장안성에서 만난 낭자와의 약속을 지키기 위해 산동성으로 가는 배를 탔다는 말도 있었다. 해인사에서 나온 치원의 행적을 아는 이는 아무도 없었다. 소문만이 무성하게 떠돌았다. 그 이야기 중에는 어쩌면 진실이 숨어 있을 것이었다. 어린 나이에 부모 슬하를 떠나 먼 이국에서 보낸 외롭고 고독한 시간들, 그는 홀로 견디어 냈고 홀로 이겨냈을뿐더러 신라에서의 역할을 기대했을 것이었다. 그 모든 것들이 헛된 꿈이었음을 알고 치원은 세상으로부터 숨어버렸다. 치원이 금천사 주지 스님이나 절벽 위에 홀로 사는 스님에게 쓴 시처럼 그도 어쩌면 아스라한 낭떠러지에서 세상을 내려다보며 열반에 들었을지도 모를 일이었다.

2. 이규보 – 은미희

부친 이윤수는 규보의 얼굴을 빤히 바라보며 물었다. 그 시선이 날카로웠다.

"이번 시험은 치르지 않은 걸로 하고 다시 내년에 도전하겠다는 겁니다."

규보는 직선으로 날아오는 아버지의 시선이 부담스러운 듯 그 시선을 피해 자신의 무릎 끝을 내려다보았다.

"무르다니? 그런 경우는 없다. 어찌 너 편하자고 나라의 질서를 흔든단 말이더냐."

부친의 음성에 실망감과 함께 노여움이 묻어있었다. 규보는 아무 말도 할 수 없었다.

사람들은 예부시에서 겨우 합격한 그를 두고 노골적으로 놀려댔다. 이전보다 조롱의 강도가 더 진하고 셌다. 그러면 그렇지. 국자감시에서 장원급제해 깜짝 놀랐지 뭐야. 이제야 이 자의 본 실력이 나온 거지. 뭐. 동진사, 딱 그 수준이지.

그 말들이 가시처럼 온 몸에 박혔다. 규보는 온 몸에 박히는 그 말들을 털어내려는 듯 이춤을 추었다. 그러면서 항변하듯 말했다. 이봐, 예부시 성적은 비록 최하위이지만 그래도 국자감시에서는 장원급제하지 않았는가? 그게 내 실력이라고! 그런 규보를 두고 사람들은 고개를 돌리고 웃었다. 그 웃음이 더 아팠다. 그래, 그러라지. 어디 마음껏 웃어보라지. 언젠가는 그 웃음에 찬바람이 돌게 만들어줄 테니. 규보는 이춤을 추면서 스스로에게 다짐하고, 다짐하고, 또 다짐했다.

이제 모든 시험을 통과했으니 관직에 등용될 일만 남았다.

규보는 조정에서 부르길 기다렸다. 하지만 하루, 이틀, 한 달, 두 달, 시간이 지나도 조정에서는 소식이 없었다. 언젠가는, 언젠가는, 부르겠지. 규보는 그렇게 자신을 다독이며 술과 함께 하루하루를 보냈다.

그렇게 시간은 속절없이 흘러가고 있었다. 하지만 여전히 조정에서는 감감무소식이었다.

"동문들은 모두 제 길을 찾아 꿈을 펼치며 사는데 나만 홀로 뒤처졌구나. 젊었던 옛 모습은 점점 사라지는데 세월만 자꾸 흐르는구나."

규보는 흘러가는 구름을 보며 한탄하듯 내뱉었다. 들이키는 술맛이 썼다.

그렇게 규보가 번번이 등용에서 제외된 데는 예부시의 성적이 좋지 않은 탓도 있었지만 무엇보다 중앙문벌 귀족출신이 아닌, 한미한 가문출신인 이유가 더 컸다. 게다가 사회는 무신들이 칼로 이룬 정권이라 일정한 체계보다는 인맥을 통한 등용이 더 잦았다.

차라리 듣지 않고 보지 않으면 마음도 고요해질 것이다. 구름과 벗하고서 구름과 내기를 하며 구름을 닮을 일이다.

규보는 내친김에 천마산으로 들어가 백운거사를 자처했다.

인저는 그곳에서 세간에 떠도는 이야기들을 모아 한 권의 책으로 정리했다. 고려의 근원인 고구려 이야기. 그 고구려 건국의 이야기, 주몽의 이야기. 그 웅대하고 신화 같은 이야기. 동명왕편이었다.

저 또한 처음에는 믿을 수 없었다. 그저 귀신이거나 환상이라 생각했었다. 하지만 읽고 또 읽다보니까, 그것은 삿된 귀신 따위의 이야기가 아니라 신의 이야기였다. 동명왕의 기개, 동명왕의 전설. 큭 그 신령스러운 세계와 이야기는 바로 고려의 근원에 관한 이야기였고, 규보 자신의 이야기였다.

지금은 비록 무신들의 칼 아래서 백성들의 삶은 참담하게 망가져버렸지만 그럴수록 고려인이라는 자긍심을 심어주고, 몰락한 문신들에게 자부심을 일깨워주기 위해 시작한 일이었다. 고려가 어떤 나라던가? 청자와 능라직물은 중국의 그것을 넘어서는 세계 최고의 것이 아니던가? 어찌 그 것뿐이던가. 인쇄술은 또 어떻고. 그 모든 총화의 걸작들은 아무리 대국이어도 감히 따라할 수 없고, 흉내낼 수 없는 것들이었다. 그러니 그들은 고려에서 유행하는 것을 따라하고, 고려의 것을 따라하는 것을 가리켜 '고려풍'이라 했다. 그런 고려의 웅대한 기상과 섬세한 예술적 재능과 감각, 그 모든 것들을 사람들에게 환기시켜주고 싶었다. 봐라, 지금은 비록 암담하나, 고려는 이런 나라였다고 다시 일러주고 확인시켜주고 싶었다.

하고보니 좋았다. 그 시절, 고려의 근원인 고구려를 다시 세우는 일. 웅대한 고구려의 기상과, 대국으로 통하는 이웃나라와 대등하게 어깨를 겨루던 그 당당함을 다시 떠올리고 기록으로 남기는 일. 무엇보다 의미가 있었고, 규보는 그런 자신이 스스로 대견하기까지 했다.

스물여섯 살, 규보는 그렇게 동명왕편 이야기를 쓰면서 관직에 나가길 기다렸지만 여전히 조정의 부름은 없었다.

그 사이 규보는 결혼을 하고 처소를 앵계초당으로 옮겼다.

극심한 생활고는 규보와 가족들을 괴롭혔다. 식솔의 생계를 책임져야 할 가장이 스스로 백운거사를 자처할 때 가족들은 허기에 시달렸다. 얼굴빛은 노랗게 떴고, 못 먹어 부황까지 들렸다. 그 부기가, 잘 먹어 오른 살처럼 보였지만 그 거짓 살집은 조금씩 조금씩 가족들의 생명을 좀먹어 들어가고 있었다.

애써, 모른 척 했다. 언젠가는 조정에서 자신을 부를 날이 오겠지. 그래, 그때가 되면 지금의 가난은 애틋한 반추거리가 될 것이다. 스스로 다독이며 가족들에게 미래를 기약했지만, 딸은 기다려주지 않았다. 네 살 딸이 덜컥 병에 걸린 것이다.

규보의 부인은 꺼으꺼으, 숨이 잘린 울음으로 아이의 병을 걱정했지만 종내는 곤궁한 형편에 제대로 약 한 번 써보지 못하고 자식이 숨을 거두는 것을 무력하게 지켜보고 있어야만 했다. 새벽을 기다렸다가 정화수 떠놓고 비손을 한 부인의 정성은 무위로 돌아갔다.

규보는 충격과 함께 깊은 탄식을 내뱉었다.

"살아남는 자가 강한 자이다. 이제 나는 삶으로써 시를 보여주겠다. 시로 출세하겠다."

규보는 벼루를 끌어당겼다. 슥슥, 먹 갈리는 소리가 여느 때와 달랐다. 슥슥. 먹 갈리는 소리가 칼 가는 소리처럼 진중하고도 비장했고, 어느 순간 그 소리가 칼이 바람을 가르는 소리보다 더 서늘하게 들렸다.

한참동안 말없이 먹을 갈던 규보는 어느 순간 뚝, 멈추더니 잠시 눈을 감았다. 규보가 간 것은 먹이 아니었다. 벼루에 담겨있는 시꺼멓고도 진한 저 그을음의 정체는 소나무를 태워 만든 재가루가 아니라 자식을 잃고 새까맣게 타들어간 규보의 마음을 갈아낸 것이었다.

규보는 먹을 내려놓고 한동안 적묵하게 앉아 생각을 가다듬고 호흡을 가다듬었다. 그리고 이어 흡, 눈을 뜨더니 붓을 잡았다. 그리고 단숨에 써 내려갔다.

"골짜기서 나온 꾀꼬리 아직 그대로 나직이 돌면서 차츰 큰 나무에 내립니다. 금림의 버들에 의탁하고자 하오니 원컨대 긴 가지 하나를 빌려주시옵소서."

규보가 국자감시를 치렀을 때, 좌주(시험 총감독)였던 유공권에게 보내는 편지였다. 그는 당시 장원급제 했던 자신을 모른 척 저버리지는 않을 것이다. 규보는 스스로 추천하는 일이 민망하거나 부끄럽지 않았다. 당장의 삶 앞에서 부끄러움은 사치였고, 방기였다.

하지만 아직 때가 아니었던 모양이었다. 유공권의 추천을 받은 왕은 규보에 대한 세간의 평판을 듣고자 했다.

왕에게 보고되는 내용들이 참담했다. 미치광이. 기동, 신동, 고려의 이백이라는 말은 미치광이라는 말에 묻혀 빛을 잃었고, 그런 세상의 평판은 규보의 등용을 방해했다. 왕(명종)은 당연히 규보에게 관직을 내리지 않았다.

규보는 낙담했지만 좌절하지는 않았다. 쇠는 담금질 할수록 더 강해지는 것처럼 시련은 사람을 더 단단히 키우는 법. 저 역시 그럴 것이다. 이 시련에 더 깊어지고, 감각을 벼리고, 지혜를 구하며, 공부를 게을리 하지 않을 것이다. 규보는 그것이 지금 당장 자신이 해야 할 일이라고 생각했다. 하지만 여전히 그 가는 길에 빠지지 않는 것이 술이었다.

그런 규보와는 달리 남편을 바라보는 부인의 낯빛은 나날이 굳어가고 수척해갔다. 규보는 자신의 얼굴에 와 닿는 부인의 시선을 의식하고 고개 돌려 바라보면 그녀는 황급히 규보의 시선을 피했다. 저를 바라보는 부인의 시선 속에 원망과 책망이 섞여있음을 규보는 알았다. 자식을 잃는 것으로도 부족하나요? 이러다 우리 가족 모두 죽을 거예요. 아내의 소리 없는 원망이었다. 소리가 없음으로 그 원망은 더 깊숙이 규보의 가슴에 박혔다.

부인의 그 원망어린 시선 때문만은 아니었다. 규보가 다시 판이부사 조영인에게 벼슬을 구하는 편지를 쓴 것은.

규보는 조영인만이 아니라 임유와 최당, 최선에게도 관직을 구하는 구직시를 보냈다. 지방관이라도 좋으니 시험 삼아 벼슬을 내려 달라는 청원이자 청탁이었다. 규보는 작은 인연이라도 있다면 주저하지 않고 구직시를 보냈다.

조영인의 막내아들 조충은 같은 해 규보와 급제동기였고, 임유는 규보가 급제한 해 동지공거(부책임자)였으며, 최선과는 같은 급제 동기였고, 최당은 최선과 형제지간이었다. 그렇게 규보가 인연을 강조하며 편지를 보낸 이 네 명의 인물들은 최충헌에 의해 요직에 임명된 세도가들이었다. 왕은 있었으나 실제 권력은 최충헌의 손과 입에 있었다. 최충헌은 권력을 탐하던 동생 최충수를 제거하고 명종까지 폐위시킨 뒤 신종을 옹립한 무신이었다. 그 위세가 왕보다 크고 높았다.

칼이 칼을 부르고, 칼이 칼을 낳고 있었다. 나라에 한번 씩 변고가 있을 때마다 권력의 중심은 이동했고, 왕의 지근거리에서 아첨하고 권세를 부리는 면면들이 바뀌었다. 그 와중에 큰 매형은 귀양을 갔고, 지공거였던 유공권마저 사망했다. 예부시의 시험 감독관을 지공거라 불렀는데, 좌주 (총감독관)가 실시한 과거에서 급제한 자는 문생이라 불렀다. 그만큼 좌주와 문생은 혈연으로 맺어진 부자에 비교될 만큼 관계가 끈끈했다. 지공거는 자신의 문생을 벼슬에 천거함으로써 자신들만의 문벌을 형성하고, 이를 집단화하고 권력화했다. 그런 유공권이 세상을 떴으니 규보에게는 조정으로 나아갈 수 있는 든든한 통로가 사라졌다는 말과 같았다.

유공권만이 아니었다. 이렇게 저렇게 저를 이끌어줄 사람들이 차례로 세상을 떠났고 설상가상으로 자신에게 집안의 가운을 걸었던 아버지마저 세상을 떠났다. 처지가 이렇다보니 규보로서도 더 이상 손 놓고 기다릴 수만은 없었던 것이다.

부끄럽지 않았다. 살기 위해서는, 살아야 하기 위해서는, 저를 바라보고 저를 따르는 아이들을 위해서는. 세상의 경영도 당장에 살아남아야 할 수 있는 것이다. 그러니 구직시를 보내는 것이 무어 부끄러울 일인가.

버팀목이 돼 줄 아버지도 없고, 저를 끌어줄 스승도 없는 이 헛헛한 세상에서 자신이 어떻게 해야 살아남을 수 있는지 규보는 알았다. 스스로가 저를 저자거리의 물건처럼 내놓지 않으면 안 된다는 사실을 규보는 알았다. 그 엄혹한 현실 앞에서 규보는 자존심을 내려놓았다. 과거의 신동이라는 영광은 아무런 도움도 되지 않았다. 당장의 무력함 앞에서는.

자존. 이제 스스로 살아야 했고, 살아내야 했다.

다행히 이들 네 명의 재상은 규보를 모른 체 하지 않았다. 그들은 규보를 지방관으로 추천했고, 왕도 마지못해 허락했다. 하지만 거기까지였다. 딱 거기까지. 상소문을 다루는 장주승선이 왕의 문장이 들어있는 교지를 가로채 이조에 보내지 않음으로써 모든 것을 무위로 만들어버렸다. 왕의 교지마저도 한갓 승선의 행위에 힘을 잃어버리는 세상이었다.

글쎄. 그게 말이야. 전령에게 보내려고 탁자 위에 놓아두었는데 감쪽같이 사라져버렸지 뭐야. 내 생각해도 귀신이 곡할 노릇이란 말일세. 그게 스스로 날개가 달려 하늘로 솟았거나 땅으로 꺼지지는 않았을 텐데, 그게 사라지다니. 도무지 이해할 수 없는 일이 일어났단 말일세.

장주승선은 능글맞은 표정으로 교지를 잃어버렸다고 거짓핑계를 댔다.

그 어투에 비아냥과 조롱의 웃음기도 섞여 있었다. 이 장주승선은 최충헌의 최측근으로 평소에 이규보에게 나쁜 감정을 가지고 있었다.

추천 상소를 올린 네 명의 재상들은 자신들에게 불똥이 튈까봐 이 장주승선의 위법을 모른 체했다.

"한갓 장주승선이 왕의 교시를 무시하다니, 이게 과연 옳은 일입니까?"

규보가 답답한 마음에 따져 물었지만 네 명의 재상들은 난감한 표정으로 답했다.

"낸들 어쩌겠나? 그가 우리보다 더 힘이 세니……"

규보는 입안이 깔깔했다. 그리고 썼다. 물도 썼고, 밥알도 썼고, 입안에 괴는 침도 썼다. 그리고 술도 썼다. 그래, 그러라지. 하지만 언젠가 이 일에 대한 책임은 져야할 것이다. 내심 다지는 결기 역시 쓰고도 썼다.

사실 규보는 그 사이 벼슬살이를 해보지 않은 것은 아니었다. 잠깐, 아주 잠깐. 과거에 급제한 지 십 년 만에, 나이 서른둘에, 사록겸장서기(司錄兼掌書記)라는 하급관리로 전주목에 부임해 녹봉을 먹기도 했다. 하지만 그 또한 오래가지 않았다. 일 년 삼개 월, 녹봉을 먹는 시간이 있었지만 재물을 탐하는 상관의 잘못을 간언하다 높은 사람들의 눈 밖에 나 겨우 얻은 관직마저 잃어버린 것이다.

그리고 또 한 번.

경상도 지역에서 김사미와 효심의 난이 일어났는데, 다급해진 조정에서는 과거에는 급제했지만 아직 임관되지 못한 사람 중에서 종군 문관을 뽑아 토벌군으로 보냈다. 다들 암암리에 무신정권에 반발하거나 목숨부지가 어려워 눈치만 보고 있을 때 이규보는 자원해 전장으로 떠났다.

"나는 비록 유약하고 겁이 많은 겁쟁이지만 나라에 어려운 일이 있을 때에 회피하는 것은 장부가 아니다. 그러니 나는 기꺼이 나라의 부름에 응할 것이다."

규보는 저를 말리는 문우들에게나 사람들에게 의연한 표정으로 답했다. 그 어투가 마치 꾸짖는 듯 했다. 나라의 위기 앞에 개인의 안위가 무슨 소용이란 말인가. 하지만 이규보 역시 그들의 심정을 모르지 않았다. 선왕 시절, 보현원에서 무신의 난이 일어났을 때 문신들을 모두 몰살시키려 든 것이 무신들이었으니 그들 앞에 나서는 일 자체가 문신들에게는 또 다른 두려움 이었던 것이다. 게다가 이번 김사미와 효심의 난도 그런 무신에 저항해 일어난 문신의 난이나 다름없었으니 문사들이 움직이려 들지 않는 것은 당연한 일이었다.

"이 사람아. 우리는 자네가 걱정돼서 말리는 게야. 지난 번 저들이 보여 줬던 극악무도한 짓을 자네도 모르지 않은가?"

"저들은 문신들을 몰살시켜야 한다며 벌게진 눈으로 집집마다 뒤지고 다녔지. 지금도 문신들의 목숨을 파리목숨처럼 여기니 거기서 공을 세운다 한들 자네에게 하등 도움이 되지 않을 걸세."

규보는 단호하게 그들의 걱정을 물리쳤다.

"내 개인의 영광과 명예를 위해서 하는 게 아닐세. 나라가 있어야 명예도 있는 법. 나라가 위태로운데 개인의 안위가 무슨 소용이란 말인가."

그들은 더는 규보를 말리지 못했다. 그렇게 규보는 전장으로 떠나왔고, 관리의 삶을 살았고, 녹봉을 받았다.

그곳에서 이규보는 문장으로 군사들을 격려하고, 전황을 조정에 알렸으며, 전적을 기록했다. 칼과 창을 들고 전장에서 적과 싸우는 것이 무관의 일이라면 병사들을 격려하고, 전황을 알리고, 전투를 기록하는 것은 문관의 일이었다.

그렇게 일 년 정도 병마녹사겸수제로 반란군을 토벌하는데 공을 세우고 돌아왔지만 다른 사람처럼 벼슬이나 포상을 받지는 못했다. 다른 사람들은 공을 따져 상을 받고 관직을 제수 받는데, 규보만이 그 논의에서 제외된 채 다시 백운거사의 삶으로 돌아올 수밖에 없었다.

애초 포상을 바라고 떠나간 전장이 아니었으므로 아쉽지는 않았으나 입맛이 쓴 것은 어쩌지 못했다.

극심한 생활고 탓이었을 것이다. 불혹에 이르렀을 때 이미 규보의 외모는 노인의 그것이었다. 서른 무렵부터 살쩍(관자놀이와 귀 사이에 난 머리털)이 하얗게 세기 시작하더니 이마와 입가에는 깊은 주름까지 자리하기 시작했다. 하지만 규보는 나날이 변해가는 외모에 마음을 쓸 여력이 없었다. 옛 문우와 동문들이 저마다 관직에 나아가 자신의 삶을 살 때 여전히 저는 하루하루가 불안했고, 관직의 말석이라도 얻을 수 있을까하여 여기저기 구직시를 보내고 다녔다. 규보는 그런 자신이 한심하기 그지없었다.

아내와 자식보기가 민망했다. 아비로서, 지아비로서 든든한 지붕이 돼줘야 하는데 현실은 녹록치 않았다. 나이 마흔. 세상의 유혹으로부터 자신을 지킬 줄 안다는 불혹의 나이에 이르렀지만 규보의 삶은 여전히 뿌리째 흔들리고 있었다.

규보는 그때 한 가지 소식을 전해 들었다.

당대의 집권자였던 최충헌이 새 모정을 지었는데 문재가 넘치는 몇 사람을 불러 그곳에 올릴 기(그 일과 관련한 기록을 남김으로써 뜻을 더하는 일)를 짓게 한 것이다. 문재가 넘치는 몇 명의 인물. 규보도 그 중 한사람이었다.

최충헌이 누구이던가. 그는 명종을 폐위시키고 신종을 왕위에 세운 인물이었다. 거기에 그치지 않고 신종이 병을 얻자 아들인 희종에게 왕위를 물려주었지만 그 희종이 자신, 최충헌을 암살하려하자 희종을 폐하고 다시 명종의 아들인 왕오를 왕위에 올린 인물이었다. 왕의 운명이 하나같이 최충헌의 손안에 있었다. 그러니 최충헌이 곧 나라였고, 법이었다.

　　그 역시 처음에는 문신이었다. 하지만 붓을 버리고 칼을 쥔 인물이 최충헌이었다. 그의 눈에만 들 수 있다면, 그의 곁에 갈 수만 있다면, 아낌없이 자신의 문재를 그를 위해 쓰리라. 허사라도 좋았고, 간언이라도 좋았다.

　　규보는 이 기회를 놓치고 싶지 않았다. 세상을 바꾸기 위해서는 무릇 힘을 가져야 하는 법. 지금은 잘못된 세상을 충고하고 바로잡기 보다는 먼저 힘을 가져야 할 때였다.

　　규보는 마음을 가다듬고 시흥을 돋웠다. 아니, 그것은 시흥이 아니었다. 최고 권력자의 눈에 들기 위해 그가 좋아할 만한 글자들을 모아 조합했고, 그 글자의 조합들이 새로운 이상향을 만들 수 있도록 배열했다. 하다 보니, 시흥이 일고, 시심이 묻어났다.

　　규보가 시를 짓는 것이 아니라 시가 규보를 움직였다.

　　한 사람의 눈에 들기 위해 지은 시였지만 그래도 규보는 시심에 제 마음을 맡겼고, 그 돋는 흥취를 써내려갔다.

　　규보가 내민 시를 보고 최충헌의 입가가 크게 벌어졌다.

　　"오호라. 역시 고려의 이백이라더니 과장된 말은 아니로구나. 정자는 날개가 달린 듯 봉황이 나는 것 같으니 / 누가 지었겠는가 / 우리 진강후(최충헌을 일컬음)의 어짐이로다 / 잔치를 베푸는데 술이 샘같이 나오고 잔을 받들어 권하니 객은 천명이로다 / 잔 들어 만수무강을 비노니 산천이 변한다 해도 정자는 옮겨지지 않으리."

　　최충헌은 규보가 써 올린 모정기의 끝부분을 큰소리로 읽어 내려갔다.

규보는 그 소리에 얼굴이 화끈 달아올랐지만 머리를 조아리며 최충헌의 말이 끝나기만을 기다렸다.

결과는 일등이었다. 하지만 규보의 시를 마음에 들어 했으면서도 최충헌은 그를 가까이 두기 망설였다.

"한미한 가문이야. 어디 그런 출신을 관리로 쓰겠느냐. 그저 상이나 두둑이 내리면 족할 일이다."

"아닙니다. 아버님. 규보는 비록 한미한 가문 출신이지만 가까이 두고 부리시면 분명 아버님께 큰 도움이 될 것입니다. 게다가 지금은 규보처럼 문장에 능한 관리가 필요합니다. 지금 궁 안에는 자기 이름도 쓸 줄 모르는 무신들만 있다 보니 외교문서를 쓰고 읽어낼 만한 사람이 없어요. 그러니 한 번 시험 삼아서라도 가까이 두고 일을 맡겨보시지요. 다른 아첨꾼들과는 다를 것입니다."

평소 규보를 눈여겨보고 있던 최우는 아버지 최충헌에게 적극적으로 규보를 곁에 두도록 추천했다.

"흠. 그렇단 말이지. 듣고 보니 네 말도 틀린 말이 아니다. 그럼 시험 삼아 관직을 주고 지켜보도록 하마."

아들의 말에 최충헌은 규보를 한림원의 관리로 임명했다. 한림원은 국왕의 문서를 짓는 자리였다. 하지만 그 또한 임시직이었다.

규보는 관직을 얻었다는 것도 중요했지만 그보다는 최충헌의 눈에 들었다는 것이 더욱 의미가 있었다.

마침내 길이 열렸다. 규보의 시를 마음에 들어 한 최충헌은 일이 있을 때마다 그를 불러 시를 짓게 했고, 그에 대한 포상으로 관직을 하사했다. 그때, 그때, 최충헌이 내린 관직은 지금의 자리를 넘어서는 것이었다. 최우의 도움덕분이었다.

"이 나라 최고의 문장가가 바로 자네 아닌가. 그런 사람이 초야에 묻혀 백운거사로 살아가다니. 그건 자네만이 아니라 이 나라, 고려의 손해야. 그러지 않은가?"

최우는 제대로 된 관직을 얻지 못한 규보를 안타까워했고, 세 살 아래 규보를 살뜰히 챙겼다.

사십 세, 불혹의 나이에 최충헌이 지은 모정기를 써서 직한림원 권보에 임명되더니 이듬해에는 한림원의 정규직으로 발령을 받았다. 이어 사십오 세에는 천우위 녹사 참군사가 되고, 겸직한림원이 되더니 또다시 이듬해 사십육 세에는 사재승으로 승진했고, 사십팔 세에는 우정언지제고가 되었다. 그리고 지천명의 나이에 이르러서는 우사간지제고가 되고 자금어대를 하사받았다.

그 뒤에는 최우가 있었고, 최충헌의 신뢰가 더해졌다.

최충헌의 말은 곧 법이었고, 교지였다. 왕은 있었으나 절대권력은 최충헌에게 있었다. 최충헌의 기분에 따라, 최충헌의 필요에 따라 관직은 하사되었고, 그 관직의 나눔은 자신의 권력을 지키는데 이용되었다.

이규보는 최충헌이 원하는 시를 지어 바치고 벼슬의 품계가 높아질 때마다 마음에 괴는 그 감상과 소회들을 즉흥시로 읊었다. 그때 빠지지 않는 것은 술이었다. 술이 시를 괴게 하고, 술이 시를 끌어올렸다. 술이 있어야만 규보는 시심과 시어들을 자아낼 수 있었다.

그런 술에 규보는 선생이란 칭호를 붙이고 술을 주인공으로 한 국선생전을 짓기도 했다.

그 국선생전을 본 최우가 껄껄 웃으며 규보의 어깨를 힘 있게 움켜쥐었다가 놓았다.

"허허. 국선생전이라. 그리고 보니 자네의 스승이 술이었구먼. 하긴 누가 자네를 가르치겠는가. 천하의 이규보를. 역시 자네는 삼혹호 선생이라 불릴 만 해."

삼혹호. 술과 시와 거문고를 좋아한다는 뜻이었다. 그 별칭이 규보는 싫지 않았다. 술과 시와 거문고가 빚어내는 무형의 실체가 시이고, 그 시가 바로 자신이라는 사실을 규보는 즐겁게 받아들였다.

"자, 오늘 이렇게 자네를 부른 건 자네의 평가를 받고 싶어서일세. 어떤가, 천하의 기동께서 선생의 마음으로 한번 봐주시게나. 방금 쓴 글씨네."

최우가 탁자를 가리키며 말했다. 탁자 위에는 큰 종이가 펼쳐져 있었는데, 그 안에는 방금 쓴 듯 아직 먹물도 마르지 않은 글자들이 쓰여 있었다. 글자체가 활달하고 기개가 넘쳤다. 그 글자를 가리켜 보이는 최우의 표정이 의기양양했다.

최우가 쓴 글을 읽는 규보의 얼굴이 미묘하게 흔들렸다.

"왜? 아직 멀었는가?"

최우가 규보의 기색을 살피며 물었다.

"아닙니다. 명필입니다. 참으로 명필입니다. 찬찬이 볼수록 글자가 신묘하기 이를 데 없고, 그 글자에 어진 기운이 스며있는데 묘하게 힘이 느껴집니다. 감히 신품사현이라 일컬을만합니다."

규보는 망설임 없이 이야기했다.

"그런가? 과연 그런가? 헌데 신품사현이라니. 누가 신품사현이란 말인가?"

"신라시대의 김생과 고려의 탄연, 유신에 더해 지금 제 눈 앞에 계신 분이 나머지 그 한 분이십니다."

"신품사현이라. 허허허허. 신품사현이라……"

이규보의 말에 최우는 호탕하게 웃었다. 웃음 속에 깊은 공명이 있었다. 그만큼 흡족하고 기쁘다는 뜻이었다.

"그래. 자네가 그리 높이 쳐주니 기분이 좋구만. 헌데 오래전부터 묻고 싶은 말이 있었네. 자네의 작품은 다른 사람과 뭔가 다른 게 있어. 그게 뭔가? 왜 그대는 다른 사람처럼 시류에 따르지 않는가?"

최우가 사뭇 궁금하다는 듯 물었다.

"시란 무릇 자신의 생각과 감흥을 하는 드러내는 일이지요. 십인십색, 그 생각과 감흥은 사람마다 다 다를 터인데, 시를 짓는다는 사람들의 시들을 보면 죽은 선현들의 이름이나 문장들을 빌어 와 자신의 것 인양 읊어대는 것이 태반입니다. 옛날 것이 좋다 여기고, 그들의 표현들을 차용해 와 자랑스럽게 읊는 시들이 어찌 좋은 시가 될 수 있겠습니까? 그저 귀신의 시지요. 고문은 고문으로 존재해야 합니다. 그 고문은 당시의 향기지요. 굳이 지나간 그 향기를 끌어와 의미를 덧입힌들 그 향기가 사라지겠습니까? 시는 순수하게 자신의 언어로, 자신의 생각으로, 자신의 감흥으로 이루어진 것이라야 진정한 시이지요. 그래야 새로운 맛도 느낄 수 있지요."

규보는 진중한 어조로 이야기했다. 그랬다. 그것이 시였다. 자신의 생각과 감흥을 표현하는 것. 이미 죽어 귀신이 된 옛날의 언어와 생각을 따르는 것이 아니라.

"옳거니! 과연 고려의 이백이로구나. 그런 자네가 내 곁에 있다니 참으로 든든하구나. 앞으로도 계속해서 나를 도와다오."

"과찬이십니다."

최우의 말에 이규보는 고개를 조아렸다.

자신의 이름도 쓰지 못하는 무신들이 태반인데, 그나마 최우는 글자를 깨우치고 쓸 줄도 알았으며 제법 시를 짓는 흉내도 냈다.

사람들은 그런 최우의 곁에서 우의 혀와 입노릇을 하는 이규보를 향해 모로 눈을 뜨며 수군거렸다.

"저자는 기회주의자야. 문신으로서의 자존심은 어디다 두고 무신들의 앞잡이 노릇이나 하는지. 쯧!"

옛날 규보랑 함께 시를 지으며 세월을 보냈던 죽림고회의 사람들도, 상명재의 동문들도 그런 규보를 향해 날선 말들을 쏟아냈다. 하지만 규보는 자신에게 모아지는 그런 비난과 조롱들을 모르쇠로 일관했다. 자신이 품은 뜻을 펼치고, 엉망으로 흐트러져 버린 고려를 살리기 위해서는 그 어떤 모욕도 참아내리라, 결기만 세웠다.

그 모욕이 견디기 어려울 때, 스스로 부끄러울 때, 규보는 술을 마셨다. 술에 취해, 술에 저를 맡기고 견디다보면 세상 비난과 조롱들은 술에 쓸려나가고 어느새 시름이 사라졌다. 그렇다고 전혀 부침이 없었던 것도 아니었다. 잠깐, 아주 잠깐, 유배를 간 적도 있었다. 팔관회 의례를 둘러싸고 한 관리의 잘못을 눈감아주었다는 이유로 계양으로 밀려난 것이다. 그간 규보를 질투한 사람들은 이때다 싶어 규보를 몰아세웠고, 최충헌은 그를 지방의 한직으로 내쳤다.

규보는 그때 그 유배의 길을 잊지 않았다. 권력의 중심에서 멀어진다는 것은 관리에게 있어 죽음이나 마찬가지였다. 언제 다시 돌아올 지 기약도 없었다. 눈에서 멀어지면 마음도 멀어지는 법. 억울했다.

가는 길도 순탄치 않았다. 하필 가는 날, 폭풍이 몰아쳤다. 나뭇가지를 찢어 젖힐 듯 몰아치는 폭풍이 규보의 마음풍경과 같았다. 초목들이 그 폭풍에 허리 꺾으며 울고, 날것들은 날개를 접고 어디론가 숨어들어 보이지 않았다. 모든 것이 그 폭풍 속에서 뒤까불며 요동을 치고 있었다.

의연하게 그 폭풍이 휘몰아치는 길을 가면서도 규보는 옛 성현들을 떠올리며 담담해지려 애썼다. 무릇 벼슬아치라면 이런 고난은 한번쯤 겪기 마련. 삶이 어찌 순탄하기만 하겠는가. 그러니 동요하거나 분노하거나 원망하거나 미움을 갖지 말자, 스스로 다독이며 결기를 세웠다.

하지만 조강(임진강과 한강이 합류하는 곳)에 이르렀을 때는 어쩔 수 없이 규보도 두려울 수밖에 없었다. 폭풍 속에 조강이 몸을 뒤채며 일어났고, 물살도 셌다. 물결이 검게 출렁였다. 하지만 티를 낼 수 없었다. 무섭다, 뒤로 물러날 수 없었다. 물러나면 항명이었고, 무섭다, 티를 내면 아랫것들에게 얕잡아 보일 수 있음이었다.

규보는 그 폭풍 속의 강을 건넜다. 넘실거리는 물결에 배는 일엽편주로 흔들렸다. 배가 흔들릴 때마다 몸이 흔들렸고, 두려움에 점령당한 마음도 흔들렸다. 답호자락이 물에 젖어 무겁게 처져 내렸다. 차라리 눈을 감자. 눈을 감고 술에 취한 듯 생각하자. 이 흔들림은 술이 만들어낸 것이라 여기자, 생각했다. 그렇게 얼마나 시간이 지났을까, 마침내 배는 건너편 강가에 무사히 도착했다. 안도감에 저도 모르게 깊은 날숨이 빠져나왔다. 조마조마함에 명치끝에 모아졌던 두려움이 그 날숨에 섞여 풀려나왔다.

규보는 바람에 연신 몸을 뒤집는 강가에 배를 대고 언덕에 올랐다. 언덕에 올라 폭풍 몰아치는 강을 바라보니 만감이 들었다.

무사히 건너왔다는 안도감에 그 폭풍 몰아치는 조강이 시적으로 보였다. 나쁘지 않는 징조였다. 일체유심조. 모든 것은 마음이 빚어낸다는데, 같은 풍경도 마음 먹기에 이렇듯 다르게 보이는구나.

그렇게 강가에서 벗어나 언덕에 오르니 아전들이 규보를 맞이하러 나와있었다. 헝클어진 머리를 단속하고, 옷 매무새를 가다듬고 그들의 인사를 받으니 비로소 계양이 눈에 들어왔다. 그래, 이곳에서 한가하게 여생을 보내면 되지. 그 살얼음판 같은 권력의 세상으로 돌아가려고 애쓸 필요가 뭐 있을까. 백운거사라는 별칭답게 머무는 곳이 집이고, 삶터지 않겠는가. 그러니 이곳도 나쁘지 않다. 아니, 오히려 번다한 왕궁의 삶보다 나을지도 모른다.

규보는 마음을 다잡았다.

하지만 계양에서의 삶은 오래가지 않았다.

권력은 생물이었다. 최충헌의 건강이 약해지고 그가 지녔던 권력은 최우에게로 옮겨왔다. 권력의 암투에 주변을 경계하던 최우는 암살을 염려해 아버지 최충헌의 병문안마저 삼가면서 권력을 탐하는 동생을 제거하고 아버지 최충헌으로부터 권력을 이어받아 권력의 자리를 지켰다.

하지만 현실은 결코 녹록하지 않았다. 몽골은 끊임없이 고려를 침략했고, 거듭되는 정변으로 국력이 약해질 대로 약해진 고려는 몽골군의 침략에 전전긍긍하고 있었다. 무신의 나라였지만 정작 막강한 군사조직 하나 없는 것이 고려의 형편이었다.

그러니 몽골군이 쳐들어왔을 때 제대로 된 전투를 해볼 수 없었다. 최우가 거느린 가병인 야별초가 몽골군과 대치하기도 했지만 전투라고 부르기에는 민망할 정도였다. 나라에서는 몽골군이 나타나면 알아서 스스로 몸을 피하라는 국령만 하달했다.

알아서 몸을 피하라.

이 말처럼 또 허무한 말이 없었다.

사방에 백성들의 주검이 쌓여갔다. 굶주림에 죽어나간 백성들도 많았고, 몽골군들은 장난처럼 고려인들을 죽이고는 그들의 사체를 유린했다. 곳곳이 시취로 고약했다.

탄핵당해 개성을 떠나있던 이규보는 이듬해에 다시 개성으로 돌아왔다. 아버지에게서 권력을 이양 받은 최우가 그를 다시 불러들였던 것이다.

최우는 아버지 최충헌이 죽자 그간 억눌려있던 문신들이 왕실의 인사권을 장악하려하자 발 빠르게 자신의 집에 정방과 서방을 두고 왕실로부터 모든 인사권을 빼앗아왔다. 그는 정방에서 관리의 임명과 해임, 승진과 좌천 같은 모든 인사행정을 다루었고, 서방에서는 숙위와 문한을 담당했다. 최우의 정방과 서방은 불만이 많은 문사들을 포섭하기 위한 기구였는데, 문신과 문사들은 최우의 비호아래 숙위에서 먹고 자고 마시며 생의 한때를 보냈다.

규보는 그 정방과 서방의 가장 큰 수혜자였다. 무신들은 그런 문사들을 보며 눈을 흘기고 미간을 구겼지만 최우의 권력아래서는 눈빛을 조절하고 얼굴빛을 해야 했다.

규보는 알았다. 최우가 왜 그렇게 문사들을 관리하고 가까이 두려 하는지.

정변으로 무인들이 정권을 잡은 뒤 문신들은 모두 축출되고 배척되었는데. 그런 까닭에 국가사무나 외교문서를 담당할 유능한 관리가 존재하지 않았던 것이다. 자신의 이름도 쓸 줄 모르고 글도 읽을 줄 모르는 무신들이 태반이라 외교문서를 다룰 줄도, 쓸 줄도, 읽을 줄도 몰랐던 것이다.

최우는 뒤늦게 이를 깨닫고 자신의 집에 서방을 두고 문사들을 감시하며 적절히 활용했다. 적들과 전투를 치루는 것도 중요했지만 적들을 회유하는 것도 그에 못지않게 중요했다. 민심도 달래야 했다. 그러기 위해서는 문장가가 필요했다.

구월 육일, 바람 속에 소슬한 기운이 묻어있던 날, 그보다 더 서늘한 이야기가 백성들 사시에서 어지럽게 소용돌이쳤다. 압록강 건너에 진을 치고 있던 몽골군이 곧 쳐들어올 것이라는 흉흉한 소문이었다. 백성들은 금방이라도 피난을 갈 수 있도록 단봇짐을 싸놓고 밤잠을 설쳐가며 전전긍긍했다. 물을 건너온 바람 속에도 시취가 섞여 있는 듯했다.

말이 말을 낳고, 말이 불안을 낳고, 불안이 조정에 대한 불만을 낳았다. 이대로 두면 언제 다시 폭동이 일어날지 몰랐다.

오랑캐 종족이 완악하다지만
어떻게 물을 뛰어건너랴
저들도 건널 수 없음을 알기에
와서 진치고 시위만 한다오
누가 물에 들어가라 명령하겠느냐
물에 들어가면 곧 다 죽을 텐데
어리석은 백성들아 놀라지 말고
안심하고 단잠이나 자거라
그들은 응당 저절로 물러가리니

나라가 어찌 갑자기 무너지겠는가

虜種雖云頑(로종수운완)
安能飛渡水(안능비도수)
彼亦知未能(피역지미능)
來以耀兵耳(래이요병이)
誰能諭到水(수능유도수)
到水卽皆死(도수즉개사)
愚民且莫驚(우민차막경)
高枕甘爾寐(고침감이매)
行當自退歸(행당자퇴귀)
國業寧遽已(국업영거이)

규보는 시를 지어 백성들을 안심시켰다.

하지만 그 시를 본 규보의 아들 함이 아버지 이규보에게 물었다. 그런 아들 함의 표정이 어두웠다.

"아버님. 세상이 흉흉합니다. 백성들은 어리석지 않습니다. 그들의 삶은 이미 다 망가졌습니다. 야차 같은 몽골군들이 나타날 때마다 살림살이란 살림살이는 죄다 부수어지고 곡식이란 곡식은 다 빼앗겼습니다. 그것도 모자라 그들은 대낮에도 거리낌 없이 부녀자들을 겁탈하고 하나도 남겨두지 않으려 사람의 기름을 부어 불을 지르지요. 심지어 살점을 나누어 먹기도 합니다. 곳곳에 시체가 볏단처럼 쌓여가고 노예로 부리기 위해 닥치는 대로 잡아가고 있는데, 어찌 안심하고 단잠이나 자라고 그러십니까?"

규보는 따지듯 묻는 아들의 말에 무거운 표정으로 대답했다.

"그럼 어쩌겠느냐. 몽골군이 쳐들어오고 있으니 어서 도망가라고 하랴? 그렇지 않아도 두려움과 무서움에 떨고 있는데, 거기다 더 공포감마저 심어 줄 수는 없지 않겠느냐? 설령 도망치라고 한들 그들이 숨을 곳이 어디 있겠으며 또 숨는다고 해서 그 걱정이 사라지는 것도 아니지 않느냐? 부모가 두려움에 떠는 아이들에게 괜찮다, 괜찮다, 안심시키는 일과 같은 게야."

규보의 말에 아들의 표정이 더 굳어지고 어두워졌다. 규보 역시 자신의 무력함에 저절로 깊은 탄식이 터져 나왔다.

규보는 알았다. 무슨 일이든 사전에 예방하고 방비책을 세우면 더 큰 손실을 줄일 수 있다는 것을. 하지만 당장에 할 수 있는 것이 아무ᄼ것도 없었다. 조정이나 백성들이나.

시 월, 어느 날, 고막을 뒤흔드는 우레에 규보는 자신의 속마음을 시로 적었다.

하늘이 오랑캐들을 풀어놓아 피해가 심한데
이 겨울에 천둥 번개는 또 웬말인가
하지만 만일 오랑캐의 머리에 벼락을 친다면
비록 때 아닌 때이지만 알맞은 때라 하겠네

天放驕兒毒已彌(천방교아독이미)
當冬震電又奚爲(당동진전우해위)
翻然若向胡頭擊(번연약향호두격)
縱曰非時可曰時(종왈비시가왈시)

시로 번개하다, 였다.

그 와중에도 규보는 승진에 승진을 거듭했다. 시 한 수 지을 때마다 관직의 품계는 높아졌고, 그가 해야 할 역할도 늘어났다.

몽골의 군대는 여전히 고려를 괴롭히고 있었다. 그 수위와 빈도도 높아지고 잦아졌다. 왕은 어떻게든 몽골과 강화를 맺고 싶어 했지만 최우는 몽골군의 침략으로 인한 나라의 불안을 자신의 권력을 유지하는데 이용했다. 하지만 몽골의 위협 앞에서는 최우의 고민도 깊었다.

이규보는 최우에게 강화천도를 건의했다.

"도읍을 강화도로 옮기시는 것이 좋을 듯 합니다. 강화도는 사방이 바다라 천연의 요새지요. 몽골군은 초원에서 훈련한 군대라 바다에는 취약할 수밖에 없습니다. 말을 타고 바다를 건널 수는 없으니까요. 조정이 건재해야 백성도 편안하고, 또 뒷일을 도모할 수 있습니다. 그러니 당장 조정을 안전한 곳으로 옮기셔야 합니다."

"허허. 도읍을 옮기는 일이 어디 여염집 이사하는 것도 아니고……"

끙. 최우의 신음이 깊고도 흥감스러웠다.

"하는 수 없지요. 하지만 하셔야 합니다. 고려의 존망이 달린 일입니다. 그리고 강화도로 천도하고 난 뒤 팔만대장경을 만들어 부처님께 바친다면 불력의 힘으로 몽골군을 물리칠 수 있을 겁니다. 그러니 주저하지 마시고 강화도로 천도하셔야 합니다."

규보는 신하들의 극심한 반대에도 굽히지 않고 강화도 천도를 고집했다.

다른 사람들은 규보의 말에 반대했다. 천도라니. 도읍을 옮기는 일은 물길을 돌리는 일과 같았다.

하지만 개경의 상황은 갈수록 나빠지고 있었다. 사실 당시에 개경은 몽골군에 포위당해 있는 거나 마찬가지였다. 그렇다보니 최우로서도 더 이상 고민만 하고 있을 수는 없었다.

최우는 마지못해 강화도로 도읍을 옮긴 뒤 성을 쌓고 몽골군의 침입에 대비했다.

천도란 예부터 하늘 오르기만큼 어려운 건데
공 굴리듯 하루아침에 옮겨왔네
청하의 계획 그토록 서둘지 않았더라면
삼한은 벌써 오랑캐 땅 되었으리
백치 금성에 한 줄기 강이 둘렀으니
공력을 비교하면 어느 것이 나은가
천만의 호기가 새처럼 난다 해도
지척의 푸른 물결 건너지는 못하리
강산 안팎에 집이 가득 들어찼네
옛 서울 좋은 경치 이에 어찌 더할손가
강물이 금성보다 나은 줄 안다면
덕이 강물보다 나은 줄도 알아야 하리

遷都自古上天難(천도자고상천난)

一旦移來似轉丸(일단이래사전환)

不是淸河謀大早(불시청하모대早)

三韓曾已化胡蠻(삼한증이화호만)

百雉金城一帶河(백치금성일대하)

較量功力孰爲多(교량공력숙위다)

萬千胡騎如飛鳥(만천호기여비조)

咫尺蒼波略未過(지척창파략미과)

表裏江山坐萬家(표리강산좌만가)

舊京形勝復何加(구경형승부하가)

已知河勝金城固(이지하승금성고)

且更諳他德勝河(차경암타덕승하)

규보의 시는 백성들의 마음을 움직이지 못하고 원성만 샀다. 게다가 강화도 천도는 몽골군을 더 자극했고, 개경을 버리고 강화도로 도망간 왕과 조정에 분노해 백성들은 민란을 일으키기도 했다. 몽골군 역시 강화도 천도에 불만을 품고 금방이라도 바다를 건너 쳐들어올 것만 같았다.

최우는 가병을 이끌고 나가 서경에서 일어난 반란을 토벌한 뒤 규보의 말을 좇아 팔만대장경을 만들기 시작했다.

팔만대장경을 만들 때, 다시 저항에 부딪쳤다.

"풍전등화의 위기에서 팔만대장경이라니요! 이럴 때일수록 병사를 모으고 훈련을 시켜야 하지요."

불만에 찬 무관들의 음성이 쩌렁쩌렁 대들보를 울렸다. 마음에 든 화 때문인지 그들의 얼굴이 벌겋게 달아올라 있었다.

"지금 당장 병사를 모으고 훈련을 시키는 일도 중요하나 군사를 훈련하는 것을 저들이 보면 가만있지 않을 것입니다. 그러니 어쩔 도리가 없습니다. 따져보면 팔만대장경은 일종의 위장이나 다름없습니다. 거기에 우리의 염원을 담는다면 그 정성이 부처님께 닿아 분명 저들이 물러날 것입니다."

"그 위장이 얼마나 가겠습니까? 이 자의 말을 들으시렵니까?"

눈을 부라리며 규보를 바라보는 그들의 시선에는 살기가 가득했다.

최우는 무신들과 이규보의 언쟁을 난감한 표정으로 듣고 있다가 무겁게 입을 열었다.

"정말, 팔만대장경을 만들면 이 나라를 지킬 수 있을까?"

미심쩍음만큼이나 얼굴빛이 어두웠다.

"선대의 일을 잊으셨습니까? 거란의 침입이 있었을 당시 나라에서는 대장경을 만들었지요. 부처님의 힘으로 나라를 지키고자 무려 칠십 년 동안이나 이어간 나라의 큰일이었습니다. 그때 어땠습니까? 야차 같던 거란도 조용하고, 또 강감찬 장군의 활약도 대단해 나라가 안정을 이루었습니다.

역사가 이미 증명한 셈이지요. 그러니 지체하지 말고 대장경 만드는 일에 들어가야 합니다. 저들이 또 언제 마음을 바꿔 쳐들어올지 모르니까요. 한시가 급합니다."

"이 자의 말을 무시하십시오."

무관들은 규보의 말을 막았다.

"지금 당장 고려가 할 수 있는 일은 팔만대장경을 만들어 부처님의 공력으로 저들을 막는 수밖에 없습니다."

방점을 찍듯 이규보는 힘주어 말했다.

최우는 이규보의 말에 말없이 고개를 끄덕였다. 그리고 한동안 깊은 생각에 잠겨있더니 이윽고 입을 열었다.

"당장 시행하라. 기도하는 마음으로 정성을 다하라. 나라의 국운을 걸고 하는 일이니만큼 모든 것을 허투루 하지 마라!"

결단을 내리는 최우의 표정이 비장했다.

"천도하느라 비용도 만만치 않을 텐데. 지금 나라의 곳간이 텅 비었습니다. 대장경 만드는 일이 한두 푼으로 해결되는 일도 아닌데 그 비용을 어찌 감당하려고 그러십니까? 게다가 백성들의 삶도 말이 아닙니다."

"그것은 걱정하지 말라. 대장경 만드는 데 소요되는 비용은 최 씨 가문에서 나올 것이다."

나라의 재정을 염려하는 또 다른 무관의 말에 최우는 모든 비용을 자신의 가문에서 감당하겠노라고 약조했다.

자신이 내겠다는 약조에 반대하던 무관들은 끙, 신음을 삼키며 입을 다물었다.

"너는 지체하지 말고 어서 가서 팔만대장경을 만들라!"

최우의 명령에 모든 시선이 규보에게로 모아졌다. 규보는 절을 하고 백관들이 시립해있는 그 어전 앞에서 물러났다. 왕은 있었으되 허수아비였다.

모든 게 정성이면 통하는 법. 몸을 정결케 하고, 의식은 진중히.

"엎드려 빌건데 부처님께 간절히 빕니다. 이 마음을 받아주시어 부디 신통한 힘으로 오랑캐들을 물리쳐주시고 두 번 다시 비속하고 추한 저들의 무리가 이 땅을 밟지 않게 하여주십시오……."

규보는 팔만대장경 축조에 들어가기에 앞서 나라의 마음과 축원을 담았다.

나라를 일으키는 대역사였다.

몽골에서는 여전히 무리한 조건들을 내세우면서 자신들의 요구를 들어주지 않으면 당장에라도 군사를 일으켜 강화도로 쳐들어오겠다고 협박했다.

최우가 어두운 낯빛으로 규보를 불러 물었다.

"팔만대장경일은 어떻게 되고 있느냐?"

"한 자 한 자, 공력을 들여 하다보니 일이 좀 더딥니다. 하지만 하늘은 그런 정성을 아실 것입니다."

"그래, 그래야. 헌데 걱정이구나. 아무래도 몽골군이 심상치 않은데 어떻게 하면 좋겠느냐?"

최우의 어깨가 유난히 처져 보이는 것이 당장 걸치고 있는 의관도 무거운 것처럼 보였다.

"저보다 더 잘 아시겠지만 병법 가운데는 상대의 심리를 이용한 전략이라는 것이 있습니다. 상대의 마음을 움직여 전세를 유리하게 이끌어가는 것이지요. 제가 몽골의 도 황제께 편지를 쓰겠습니다."

규보는 근심으로 가득한 최우와 달리 담담한 표정으로 대답했다.

"편지를 쓰겠다니? 뭐라 쓴단 말이냐? 그래 썼다 한들 그게 통할까? 그 자는 잔인한 자이다."

뜬금없이 편지라니. 도대체 이 자가 무슨 말을 하는 건가, 최우는 미심

쩍어하는 표정으로 규보를 바라보았다.

"당장에 뭐라도 해보야지요."

규보는 여전히 심상한 어조로 대답했다.

"편지로 적을 물리친다…… 그게 과연 가능한 일일까…… 하긴 지금으로서는 달리 할 수 있는 일도 없으니……그래, 자신은 있는가?"

"해보겠습니다."

규보는 비장한 어조로 대답했다.

규보는 돌아와 촛불 하나 켜고 적묵하게 서안을 앞에 두고 앉았다. 그리고 술 한 잔 정성스럽게 들이켰다. 자신의 편지하나에 고려의 국운이 걸려있으니 건성으로 대할 문제가 아니었다. 황제의 마음을 움직여야 했으므로 자신이 도 황제가 되어야했다. 도 황제가 되어 문제를 바라봐야했다.

한참 깊은 생각에 사로잡혀 있던 규보는 슥슥, 먹을 갈았다. 그 밤에 먹 갈리는 소리가 천지만물이 움직이는 소리처럼 들렸다.

"(고려가) 병사를 더 내어 만노(萬奴)를 토벌하자고 하시는데 이 구석진 곳에 있는 소국이 감당하기 어렵습니다. 더구나 대군이 휩쓸고 간 뒤라 남은 백성이 얼마나 되겠습니까? 굶주림과 질병으로 인하여 거의 다 죽어버린 데다가 산 자도 부상당해 쓸 만하지 않습니다. 그러므로 천병(天兵)을 도울 만한 힘이 없사와 어쩔 수 없이 황제의 명을 어기게 되었습니다. 고로 그 죄는 비록 피할 수 없으나 그 정상은 용서받음직 하옵니다."

진정표는 효과가 있었다. 규보의 글에 감동한 몽골의 도 황제는 몽골군 장수에게 병사를 거두어 돌아오라고 명령했고, 살리타이는 수십만의 병사를 이끌고 자신의 나라로 되돌아갔다.

이 소식을 전해들은 최우는 크게 기뻐하며 이규보의 손을 덥석 잡았다.

"역시. 내가 사람을 잘 본 게야. 그대가 틀림없이 큰일을 해내리라 일찌 감치 알아봤지. 아버님이 자네를 가까이 두기 주저할 때, 내가 강하게 그 대를 밀어붙이지 않았던가? 나는 그때 확신이 있었지. 자네가 필요하다는 것을. 그때 아버님의 뜻을 좇아 자네를 내쳤더라면 어땠을까, 생각만으로 도 아찔하네."

최우는 지금의 상황을 모두 자신의 공으로 돌렸다. 이규보는 그런 최우 의 간단없는 칭찬에 고개를 조아리며 감사해 했다.

"이 일을 어찌 제가 한 일이겠습니까? 진양후(최우의 관직명)께서 하신 일이지요. 게다가 저들도 필시 계산이 있었을 터. 모두 뒷날을 보고 물러 난 것이겠지요. 그래도 당장에 전투의 부담감으로부터 벗어날 수 있어 다 행이라 생각합니다."

"겸양의 태도라니. 이래서 내가 그대를 더 좋아하는 것 아니겠소?"

최우는 목젖이 보이도록 호탕하게 웃어 젖혔다.

간단없이 이어지는 최우의 칭찬의 말에 같이 있던 무신들의 표정이 굳 어졌다. 저 자를 그냥 두면 위험해. 더 커지기 전에 제거해야해. 그들은 눈빛과 눈빛으로 말했다. 하지만 최우의 보호와 신뢰와 애정이 장벽처럼 둘러쳐져있어 저들도 어쩌지 못했다. 규보는 알았다. 여기서 자신이 어떻 게 해야 목숨을 부지하고 이제껏 누려왔던 복록들을 계속해서 누릴 수 있 는지.

"여기 계신 모든 장수와 대신들의 몫도 있습니다. 모두 다 자신들의 자 리에서 수고해주셔서 오늘의 성과를 이룰 수 있었습니다."

이규보는 다시 머리를 조아리며 최우의 계속되는 상찬을 저들에게 나 누어 주었다. 규보의 그런 생각지도 않은 말에 무신들은 흠흠, 얼굴빛을 감추며 화를 삭였다. 그 잔기침에 눈빛에 들어있던 살기와 독기들이 풀려 나갔다.

붓이 칼을 물리치는 일, 칼보다 더 힘을 가진 것은 붓이라는 사실을 알리는 일. 규보가 그토록 꿈꾸었던 일이 현실로 드러난 것이다.

왕은 그 공을 기려 또다시 높은 관직을 내렸다. 모든 것을 뛰어넘는 파격적인 인사였고, 특혜였다.

규보는 갈수록 눈이 침침했다. 귀도 잘 들리지 않았고 사물의 윤곽도 흐릿해졌다. 잘 보이고, 잘 들리던 것들이 잘 보이지 않고, 잘 들리지 않자 규보는 살날이 얼마 남지 않았음을 직감했다. 게다가 몸도 좋지 않다. 자꾸만 여기저기 아픈 것이 수명이 얼마 남지 않았음을 증거했다. 고희. 오래 살았음이다. 됐다. 이 정도면. 너무 과분했다.

그러다 문득 자신의 내부에서 한 가지 질문이 가시처럼 솟구쳤다.

규보로 이름을 바꾸기 전, 그 젊은 날의 인저가 규보에게 물었다.

시는 너에게 무엇이냐? 그 옛날 자유롭던 네 영혼과 시들은 어디로 가고 지금은 이렇듯 권력의 충성스러운 신하가 되어 시를 권력의 도구로 사용하느냐?

그 질문에 규보는 뜨끔했다.

기실 규보는 자신에게 향하는 세상의 비난과 비판을 모르지 않았다. 앞잡이, 간신……하지만 뭐라 해도 좋았다. 글자도 모르는 까막눈이 정권에서 누군가는 나서서 해야 할 일이었다. 제대로 교육도 받지 못하고 힘만 믿고 날뛰다가 어느 날 문득 권력을 잡은 무신들에게 모르쇠로 앉아 나라를 맡겨놓을 수 없는 일이었다.

아! 규보는 저도 모르게 신음 같은 탄식을 내질렀다. 그 탄식이 깊고도 흥감스러웠다,

하나의 생각이 죽비처럼 규보를 때렸기 때문이었다.

그 옛날, 천방지축, 세상을 갈지자 걸음으로 걸을 때, 자신의 재주만 믿고 세상을 자신의 아랫길로 여길 때, 죽림칠현에 들어오라는 선배들의 권

유를 받았을 때, 누가 왕융일지 모른다는 그 오만하고 방자한 물음으로 선배들을 도발할 때, 자신은 얼마나 오만했던가. 생각해보니 왕융같은 자는 바로 자신이었구나. 그 누구도 아닌. 그 돌연한 각성에 규보는 자신의 얼굴이 뜨듯하게 달아오르는 것을 느꼈다.

아니야, 아니다. 규보는 고개를 세차게 내저었다. 자신은 왕융처럼 인색하지도 않았고, 왕융처럼 업무는 모르쇠로 굴며 재물만 탐하지도 않았고, 왕융처럼 탐욕스럽지 않았다. 왕융처럼 자두에 구멍을 뚫어 내준 그런 비열하고 야비한 짓은 하지 않았다.

변명하듯 규보는 혼잣말로 중얼거렸다. 그 혼잣말이, 그 중얼거림이 마치 신음처럼 들렸다.

높은 관직에 오르며 호사를 누렸지만 본성이 바뀐 것은 아니었다. 탐욕스러움이 왕융의 본성이라면 자신은 시를 좋아하고 구름의 자유를 갈망하는 시객이었을 뿐이다. 시를 짓는 나그네. 백운거사. 구름처럼 어디 매인 데 없이 흘러가는 시객. 그것이 자신이었다. 그 가는 길에 관직을 얻고 호사를 누렸을 뿐이다. 그 호사로 자신의 본성이 바뀐 것은 아니었다. 사물을 담아내는 거울이 때가 끼었다고 해서 사물을 비추는 그 본성과 본질이 달라지지 않듯, 관직을 얻고 호사를 누렸다고 해서 자신의 본성이 달라진 건 아니었다.

기실 자신은 권력자에게에게만 충성했던 것은 아니었다고 규보는 스스로에게 변명했다. 힘이 있는 자만이 세상 경영을 할 수 있듯, 자신에게 주어진 힘으로 백성의 편에 서서 백성의 삶을 위한 적도 많았다고 스스로에게 항변했다.

나라가 어려움에 처했을 때, 의식주를 국령으로 정해 강제하려 했을 때, 규보는 강력하게 반대했었다. 어찌 먹고 마실 권리마저도 국가가 나서서 통제할 수 있을까.

비 맞으며 논 가운데 엎드려 김매니
형용이 추하고 새카매 어찌 사람의 형상이리오
왕손과 공자들아 경시하거나 모욕하지 마라
부귀하고 호사스런 것이 우리들로부터 나오니

새 곡식이 새파랗게 아직도 밭에 있는데
현의 아전과 관리는 이미 세금 징수하네
힘써 농사지어 나라를 부유케 하는 건 우리인데
어째서 괴롭게 서로들 침범하여 살갗을 벗겨 가는가

帶雨鋤禾伏畝中(대우서화복무중)
形容醜黑豈人容(형용추흑기인용)
王孫公子休輕侮(왕손공자휴경모)
富貴豪奢出自儂(부귀호사출자농)

新穀靑靑猶在畝(신곡청청유재무)
縣胥官吏已徵租(현서관리이징조)
力耕富國關吾輩(력경부국관오배)
何苦相侵剝及膚(하고상침박급부)

  농민이 밭을 갈지 않으면 먹을 것도 없을 터. 규보는 농민 편에 서서
국령을 폐지해 줄 것을 주장했고, 어부들을 위해서는 꼬박 한 해를 강화바
닷가에 움막을 짓고 살며 바닷물이 나고 드는 시간을 측정했다. 규보는
이를 노래로 만들어 어부들이 부르게 만들었고, 그 노래 덕분에 물때를
맞추지 못해 목숨을 잃는 어부들도 줄었다.
  규보는 이렇듯 자신의 시들은 사람에 관한 것이었노라고, 스스로에게

말했다. 시도, 학문도, 사람을 위해서였다고. 권력자든, 힘없는 농부든, 어부든. 시가 향하는 곳은 사람이었다고.

하지만 규보는 저도 모르게 고개를 가로저었다.

이제 됐다. 이만하면. 할 만큼 했다. 여기가 멈추어야 할 자리다. 이제 자신의 역할은 여기서 끝이었다. 게다가 몸도 좋지 않았다. Ⅴ이제 예전처럼 시가 자유로워야 했다. 그 시에 매어둔 고삐를 풀어줄 차례였다. 지금은.

규보는 천천히 먹을 갈았다. 느릿느릿. 그 모양이 진중하기 그지없었다. 왕에게 올릴 상소문을 쓰기 위해서였다. 내용은 이러했다. 이제 자신은 모든 관직에서 떠나겠다는 것. 몸에 든 병으로 움직임이 힘들다는 것. 그러니 윤허해달라는 것이었다.

한 해 한 해, 아니, 계절이 바뀔 때마다, 그것도 아니, 하루하루, 몸이 달라지는 것을 느꼈다. 의식은 아직 명징한데, 몸이 자꾸 느려졌다. 오래 쓴 몸이 닳아 아팠다.

몸에 든 병이 오래된 친구처럼 여겨지기까지 했다.

하지만 왕은 그런 규보의 청을 받아 들여 주지 않았다. 왕(고종)은 가까운 측근을 보내 일을 계속하라고 타이르기까지 했다. 하지만 규보는 뜻을 굽히지 않고 은퇴를 청했다.

그 옛날 불혹의 나이에는 관직을 구하는 시를 쓰느라 마음이 어수선했는데, 이제는 관직을 그만두기 위해 시를 쓰는구나. 허허. 인생이란 참 알 수 없는 것이다. 허허. 규보의 탄식 같은 웃음이 헛헛하고도 공허했다.

모든 게 뜬구름 같았다. 규보는 알았다. 이 무신의 정권도 오래가지 못하리라는 사실을. 얼마나 많은 사람들이 무고하게 칼에 목숨을 잃었던가. 그 목숨들이 이승을 떠나지 못하고 냉산일혼으로 조정의 주변을 맴돌고 있었다. 그들의 원한이 깊고도 깊었다.

병을 참칭해 관직에서 물러나겠다는 규보의 간청에 왕은 마지못해 허락을 했다. 하지만 집에서 업무를 보도록 했다. 규보는 그것까지 거절할 수 없었다.

한 번 앓아 온 지 이미 삼 년
병으로 누운 채 나라의 록만 썩힌다
물러나 쉬려 해도 허락하지 않으니
하늘이 나를 매우 슬프게 하는구나.

一嬰沈療度三秋(일영침채도삼추)
臥腐公家俸祿優(와부공가봉록우)
乞退欲休君不頷(걸퇴욕휴군부함)
天將使我大休休(천장사아대휴휴)

규보는 이제 온전히 자신에게 집중하고 싶었다. 이제까지의 번다한 삶에서 벗어나 자신이 좋아하는 것을 하고, 저를 자유롭게 놓아두고 싶었다. 이제 자신에게 주어진 삶의 시간들이 얼마 남아있는지 규보는 알지 못했다. 그 시간들을 이제 온전히 자신에게 주고 싶었다. 수신제가치국평천하. 수신과 평천하는 하지 못했으나 이제 앞으로는 자신에게 주어진 모든 의무와 책임에서 벗어나 좋아하는 술이나 마시며 남은 시간을 살고 싶었다.

죽어 이름을 남긴들, 살아 생전 마시는 탁주 한 사발에 비기겠는가.

죽고 나면 모든 것이 헛것이지 않겠는가? 명예와 부귀도 살아있을 때 누리는 호사인 게지 죽고 나면 귀신이 무얼 알까. 명예와 부귀가 생전의 호사인 것처럼 술도 살아 있을 때 마셔야 제격이다. 오장육부를 타고 내려가는 그 짜릿함과 알싸함이라니. 오감으로 느껴지는 술의 향취는 살아서만 느낄 수 있는 호사였다.

아픈 몸으로 술을 마시는 규보를 아들은 걱정했다.

규보는 불콰해진 얼굴로 아들의 걱정을 무질렀다.

"죽어 제상 잘 차리려하지 말고 살아 있을 때 술상이나 한 번 더 올리렴. 그게 나를 위한 거다"

> 조용히 앉아 스스로 생각해 보니
> 살아서 한 잔 술로 목을 축이는 것만 못하네
> 내 입으로 아들과 조카를 위해(향해) 말하노니
> 이 늙은이가 너희를 괴롭힐 날이 얼마나 오래 이겠는가
> 꼭 고기(신선한) 안주를 내놓으려 말고
> 단지 술상이나 부지런히 차려 주려무나

> 靜坐自思量(정좌자사량)
> 不若生前一杯濡(부약생전일배유)
> 我口爲向子姪噵(아구위향자질도)
> 吾老何嘗溷汝久(오로하상혼여구)
> 不必繫鮮爲(부필계선위)
> 但可勤置酒(단가근치주)

규보는 자신의 아이들이 부귀영화를 좇기 보다는 안빈낙도의 삶을 살 것을 일러주고 싶었다. 네 명의 아들들, 관, 함, 징, 제. 그리고 듬직한 손주 익배에게. 평생을 권력에 충성하며 살아온 아비를 닮지 말고 자신들의 인생을 위해 살라고 말해주고 싶었다. 그것이 노년에 이르러서야 깨달은 삶의 지혜였고, 권력의 주변에서 신의와 충성을 다하며 살아온 자신이 얻은 소회였다.

생각해보면 백운거사 시절이 자유로웠고 맑았다. 오솔길 사이를 흐르

는 작은 물길처럼 맑고도 청량했다. 물길이 막히면 휘돌아나가면 그뿐. 청 빈하면 영혼도 맑은 법이었다. 규보는 아이들이 이처럼 자유롭게 살기를 바랐다. 구름처럼, 바람처럼. 새처럼. 자유롭게, 그렇게. 살아보니 부귀영 화는 한바탕 꿈에 불과한 것. 그러니 가난하게 사는 것도 나쁘지 않았다.

규보는 지난날 구직시를 쓰듯 아이들에게 남길 유훈시를 쓰기 시작했 다.

촉제자(囑諸子). 아들들에게 부탁한다는 뜻이었다.

집 가난하여 나누어 줄 물건 없고
대그릇과 표주박 쓰다 남은 질그릇 뿐이란다
광주리에 가득한 금옥은 씀씀이에 따라 없어지나니
자손에게 청백한 행실 당부함만 못하리

家貧無物得支分(가빈무물득지분)
唯是簞瓢老瓦盆(유시점표노와분)
金玉滿籯隨手散(금옥만영수수산)
不如淸白付兒孫(불여청백부아손)

이른네 살, 규보는 길을 떠났다. 다시는 돌아올 수 없는 저승으로의 길 을 떠난 것이다. 하지만 그가 영영 간 것은 아니었다. 그가 남긴 시가 오 롯이 그를 대신했다.

3. 김시습 – 엄광용

1

새벽에 싸리비 자국 선명하도록 쓸어놓은 요사채 마당으로 눈부신 햇살이 부서져 내리고 있었다. 방금 절간 동쪽 능선을 넘어온 아침 해가 산 그늘을 거둬들이면서 이슬로 젖은 모래땅을 소금처럼 하얗게 증발시키고 있었다.

절간에는 오래도록 암자를 지켜온 노승과 중도 아니고 속도 아닌 초부(樵夫) 같은 사내가 머무르고 있었다. 사내의 경우 산에 가서 나무도 해오고 공양간에서 음식도 조리하며 절간 살림을 도맡아서 하니, '불목하니'라고 부르면 틀림없었다. 그런데 활짝 문을 열어놓은 요사채 승방에서 마당을 내려다보는 그의 눈빛에는, 고요한 가운데 날카롭게 찌르는 그 무엇이 바늘 끝처럼 번뜩이고 있었다. 엊그제 절을 찾은 보살로부터 저잣거리의 소문을 듣고부터 그의 눈빛은 눈알이 벌겋도록 분노로 이글이글 타올랐다. 석삼년을 절간에 머물고 있었지만, 그는 저잣거리의 세상을 그처럼 시퍼렇게 곤두선 눈길로 직시하고 있었다. 그 불목하니가 바로 다름 아닌 김시습(金時習)이었다.

금빛 햇살이 쏟아져 내리는 요사채 마당을 바라보던 김시습은, 이내 눈길을 돌려 바랑에 주섬주섬 물건들을 싸기 시작했다. 챙길 것은 거의 없었다. 그가 입산할 때 가져온 낡은 의복 한 벌과 글쓰기에 필요한 붓 몇 자루가 전부였다. 벼루와 먹과 종이는 저잣거리에 나가면 얼마든지 구할 수 있었다. 그러나 그가 오래도록 사용한 크고 작은 붓들은 그 붓대마다 손에서 나온 기름때가 묻어 있어 매우 반들거렸는데, 그만큼 애착이 가서 함부로 버리지 못했다.

그때 마침 요사채 마당 가운데로 그림자 하나가 들어섰다. 삼각산(三角山, 북한산) 중흥사(重興寺) 주지였다. 노승은 키도 크지 않은 데다 허리까지 구부정한 데 반하여, 사선으로 비낀 햇살을 받은 그의 그림자가 제법 길게 마당을 먹어들고 있었다.

염천의 기온은 이른 아침부터 숨통을 틀어막았다. 김시습은 바랑을 꾸리다 말고 소매로 이마의 땀을 씻어내다가, 문득 요사채 마당의 인기척에 놀라 흘낏 뒤를 돌아다보았다. 거기, 노승이 뒷짐을 짚은 꾸부정한 자세로서 있었다.

"설잠아, 가져갈 짐은 다 꾸렸느냐?"

노승은 햇볕이 내리는 마당에 박아두었던 시선을 가만히 들어 올려 김시습을 바라보았다.

"짐이랄 게 뭐 있겠습니까? 올 때 빈손으로 왔으니 갈 때 빈손으로 갈수밖에요."

김시습은 노승을 바로 쳐다보지 못했다. 그는 불과 3년 전에 봉두난발한 모습으로 삼각산 중흥사를 찾아왔던 기억을 떠올리지 않을 수 없었다. 노승은 그때 그를 불목하니 삼아 며칠 두고 보더니, 삭도로 말끔하게 머리를 밀어준 후 '설잠(雪岑)'이란 법명을 지어주었다. '하얀 눈이 쌓인 높은 산봉우리'란 의미는 짐짓 '만년설'을 연상케 하였다. 그가 왜 입산했는지 잘 아는 노승이 심려 끝에 지어준, 곡진함이 짙게 배어 있는 법명이었다. 입산할 때의 결심이 편벽된 세상에 대한 불만으로 가득했다면, 입적할 때까지 절간 사람으로 오로지하며 불문에 들어 정진하길 바랐던 것이다. 그런데 상좌 노릇도 제대로 못 하고 그저 불목하니로 절간 살림만 맡다가 겨우 3년을 채운 후에 하산하겠다고 하니, 그에게 기대를 걸었던 노승의 심사가 이리저리 꼬여 실로 복잡할 수밖에 없었다.

김시습이 입산을 하게 된 것은, 그러니까 계유년(1453년)에 수양대군이 조카인 어린 임금(端宗)을 내쫓고 그 자리를 차지한 직후였다. 어려서부터 '오세신동'이란 별호가 붙을 정도로 시문에 능한 천재였지만, 그는 시류를 잘 못 타고나 일찌감치 입신출세와는 거리가 먼 인생을 살아야만 했다. 그가 과거시험을 준비하고 있던 열다섯 살 되던 해에 모친이 세상을 떠났고, 시묘살이 3년을 전후해서 그를 돌봐주던 외조모까지 타계하였다. 때마침 친부는 재혼하였는데, 김시습은 새로 들어온 계모와 성격이 잘 맞지 않았다. 결국 그는 남효례(南孝禮)의 딸을 아내로 맞아 따로 살림을 차렸다. 하지만 아내와의 결혼 생활도 그다지 행복하지 못했다.

그 무렵에 즈음하여, 문종(文宗)이 재위 2년 만에 지병을 앓다 세상을 떠났다. 그리고 바로 그의 열두 살 난 어린 아들이 새로 임금이 되었을 때, 김시습은 과거시험에 처음으로 응했으나 그만 낙방하고 말았다. '오세신동' 소리를 듣던 그로서는 그 낙방의 고배가 청천벽력 같은 좌절감으로 다가왔다. 그러나 그는 시묘살이하는 동안 제대로 서책을 가까이하지 못한 것이 크게 후회되어, 마음을 다잡고 다시 공부에 정진하려고 결심을 단단히 했다.

그런데 바로 그해에 수양대군이 계유정란(癸酉靖亂)을 일으켜 어린 임금을 쫓아내고 그 자리를 차지하였다. 이에 분개한 김시습은 서책을 불태우고 삼각산 중흥사로 들어가 머리를 깎고 중도 아니고 속도 아닌 불목하니 생활을 하게 되었다.

하필이면 김시습이 다섯 살 때부터 스승으로 모셨던 이계전(李季甸)이 계유정난 일등 공신이 되었다는 소식을 접하자, 그는 과거시험이고 뭐고 세상이 모두 싫어졌다. 세상이 거꾸로 돌아가도 오직 출세를 하고 봐야겠다는 스승의 처신에 정나미가 떨어져 구역질이 날 정도였다.

이계전은 고려 말 삼은(三隱)의 한 사람인 목은(牧隱) 이색(李穡)의 손자였다. 조부는 고려 말 충신으로 초개같이 정의를 지켰으나, 그 손자는 세상과 야합하여 어린 임금을 몰아내는 데 일조하였다. 같은 피가 흐르는 조손(祖孫) 관계지만, 세상을 바라보는 잣대와 마음이 움직이는 결행의 자세가 이처럼 천양지차로 달랐다.

김시습은 조상 대대로 무반직을 지내는 한미한 집안에서 태어났다. 태어날 당시 집이 성균관 인근에 있었는데, 그는 태어난 지 여덟 달 만에 글을 알았다고 한다. 어려서부터 신동으로 소문이 나자 이웃에 살던 유생 최치운(崔致雲)이 『논어(論語)』에 나오는 '학이시습지(學而時習之), 불역열호(不亦說乎)', 즉 '배우고 때로 익히면 또한 기쁘지 아니한가'라는 대목에서 '시습(時習)'을 따다 그의 이름을 지어주었다. 그가 어린 나이에도 불구하고 시문에 능하다는 소문이 입에서 입으로 퍼져나가 마침내 임금(世宗)이 있는 궁궐에까지 알려졌다.

임금은 다섯 살짜리 김시습을 궁궐로 불러 얼마나 시문을 잘 짓는지 시험해보기로 하였다. 당시 나이 칠순을 넘긴 노정승 허조(許稠)가 임금의 명을 받고 김시습의 한시 짓는 실력을 시험해보기 위해 운(韻)을 불렀다.

"늙을 노(老) 자를 이용해서 한시를 지어보아라."

허조의 말이 떨어지기 무섭게 김시습은 다음과 같이 시구를 읊었다.

"노목개화심불노(老木開花心不老)!"

즉, '늙은 나무에 꽃이 피었으니 마음은 늙지 않았네'란 뜻이었다. 즉흥적으로 읊은 시가 그러하니, 임금은 물론 그 자리에 참석한 왕자들과 노정승 허조를 비롯한 대신들이 모두들 놀라 한동안 입을 다물지 못했다.

이때 임금은 김시습에게 여러 필의 비단을 상으로 하사하였다. 다섯 살 어린아이로선 비단 한 필도 가져가기 힘든데, 그 여러 필이나 되는 것을 어찌하나 보고자 했던 것이다. 그런데 그때 그는 여러 필의 비단을 풀어 그 끝을 차례로 묶은 후 허리에 두르고 질질 끌면서 편전을 나섰다고 한다.

임금을 위시한 왕실 가족과 대신들은 김시습의 그런 행동을 직접 목격하고 두 번 놀라지 않을 수 없었다. 그들이 볼 때 어린 나이에도 불구하고 시문의 천재일 뿐 아니라 머리도 비상하게 돌아갔던 것이다.

그때부터 김시습은 '오세신동'이란 별호를 얻었는데, 때마침 이웃해 살던 집현전 학사 이계전이 스승을 자처하여 그에게 『중용(中庸)』, 『대학(大學)』 등 성리학의 기본 경전을 가르쳤다. 그는 이계전에게서 사서삼경을 익혔고, 당대 시문으로 이름난 조수(趙須)로부터는 정통 한시를 배웠다.

절간에서도 이러한 소문을 일찍부터 들어 중흥사 노승은 입산한 김시습에게 애써 '설잠'이란 법명까지 지어주어 상좌로 삼고자 했다. 장차 그가 불법을 익히면 큰 쓰임이 있을 거라 생각해, 그 결심을 만년설처럼 변치 말고 지키라는 의미로 가슴에 새겨 담도록 했던 것이다.

김시습이 그런 노승의 뜻을 모를 리 없었다. 다시 저잣거리로 내려가자니, 그는 노승이 지어준 '설잠'이란 법명조차 부끄러워 그 앞에서 얼굴을 들 수가 없었다. 만년설처럼 영원히 눈 쌓인 산으로 우뚝 서라고 했지만, 불과 출가한 지 3년 만에 하산하려고 하니 차마 노승을 마주 바라보지 못했다.

"정녕 하산을 하겠다니 말릴 수가 없구나. 저잣거리에 가면 긴히 쓰일 것이니, 빈 바랑에 챙겨 넣어라."

노승의 카랑카랑한 목소리가 들리더니 요사채 뜰로 철거덩, 하는 소리와 함께 무언가 묵직한 것이 떨어졌다. 뒷짐을 지고 있던 노승이 손을 풀어 던진 것은 엽전 꾸러미였다.

"네에? 스님, 이것은?"

벌떡 일어나 뜰로 내려온 김시습은, 거기에 떨어진 엽전 꾸러미를 집어들었다. 묵직했다. 순간, 그는 도무지 그 엽전 꾸러미의 진의가 무엇인지 알 수가 없어 눈만 휘둥그레 뜬 채 노승을 바라보았다.

"네가 올 때는 빈손으로 왔다만, 갈 때 빈손으로 보낼 수는 없느니라. 저승에 갈 때 노비가 드는 것도 모르느냐? 아무리 가난한 절간이지만 사자(死者)들의 노비는 챙겨야 할 것 아니겠느냐."

"하지만, 절 살림도 여의찮은데 이런 큰돈을……?"

김시습은 엽전 꾸러미를 든 채 어찌할 바를 몰랐다.

"이놈아! 그동안 시줏돈을 알뜰히 모아 법당에 부처님을 조상(彫像)해 금물을 입혀 모시려 했다. 그러나 간밤에 가만 생각해 보니 부처님 조상에

이 돈을 들이는 것보다 네놈이 하는 일에 쓰이는 것이 옳다 여겨 벽장 속에 갈무리해두었던 것을 가져왔느니라. 이 모두가 부처님의 뜻 아니겠느냐? 따로 인사를 차릴 것 없으니 바로 떠나도록 해라. 저잣거리에 내려가면 돈의문(敦義門, 서대문) 밖 무악재 밑에 사는 염장이 박가를 찾아가거라."

노승은 그러더니 몸을 휙 돌려 꾸부정한 뒷모습을 보이며 법당으로 향했다. 뒤도 돌아보지 않고 걸어가는 그의 굽은 등을 바라보던 김시습의 눈에, 순간 자신도 모르는 사이 성글한 이슬이 맺혔다.

전날 저녁 김시습이 노승을 대면하고 하산하겠다는 결심을 밝혔을 때 청천벽력을 치듯 버럭 소리를 지르던 그 모습이 떠올랐다.

"어제 저잣거리에서 올라온 보살로부터 충신들이 군기감 앞에서 거열형에 처해졌다 들었사옵니다. 그 인사들의 목을 장대에 매달아 사흘 동안 효수를 한다고 하니, 이 어찌 통탄할 일이 아니겠사옵니까? 스님, 이 설잠의 하산을 허락해주십시오."

김시습은 노승 앞에 무릎을 꿇고 간절하게 호소하였다.

"네, 이놈! 일찍이 성리학으로 공부를 다쳤다기에 불가에 들면 장차 큰 그릇이 될까 싶어 아무 의심 없이 바리때를 주었거늘, 네놈에게는 그 그릇이 그처럼 천박하더냐? 종이 쪼가리보다 가볍단 말이더냐?"

노승의 벼락같은 호통에 김시습은 부르르 몸을 떨었다. 그 떨림은 보기에 따라 여러 가지로 해석할 수 있는데, 죄스러움과 분노와 슬픔이 하나로 엉켜 빚어낸 몸부림에 다름 아니었다.

"스님, 저 억울한 넋들은 누가 달래주겠사옵니까? 수양의 일파들이 무서워 누구도 그 시신들을 거둘 사람이 없을 것이옵니다. 주제넘지만 이 몸이 하산하여 죽은 영혼이나마 달랠 수 있도록 허락해 주십시오."

"허헛, 참! 네가 딴에는 깊은 뜻을 품고 그동안 즐겨 읽던 경서들을 불태우고 입산했다 들었다만, 이젠 불경마저 불태운 채 하산할 모양이로구나!"

"스님, 어찌 그런 말씀을 하시옵니까? 제 마음속의 불심은 영원히 변하지 않을 것이옵니다. 비록 가사를 벗고 저잣거리의 옷을 입는다 하더라도 죽을 때까지 오로지 마음속에 심어둔 불심의 잉걸불을 꺼뜨리지 않겠사옵니다."

그 순간, 김시습의 눈물이 흘러 방바닥으로 뚝뚝 떨어졌다.

"……진정, 그러하냐?"

노승의 분노 가득했던 목소리는 어느 사이 낮게 잦아들었고, 눈길조차 다정다감해져 있었다.

"……스님!"

"식자우환(識字憂患)이라 했느니라. 너는 너무 많이 아는 것이 탈이다. 절간에 들 때는 그 모든 것을 버리고 왔어야 하는데, 너는 아는 것을 행하는 것이 바람직한 유생의 자세임을 아직도 견지하고 있구나. 내 어찌 네가 하려는 일을 막을 수 있겠느냐? 차라리 글 모르는 나무꾼 동자를 제자로 삼느니만 못하다는 걸 이제야 깨달았다. 아마도 너는 반승반속(半僧半俗)의 삶을 떠나지 못할 것이다. 그것도 잘만 하면 널리 세상을 이롭게 하고, 저잣거리 인생들에게 위안을 줄 만한 일이니 내 굳이 말리지는 않겠다."

노승은 이렇게 김시습에게 하산을 허락하였다.

요사채 뜰에 엽전 꾸러미를 던져놓은 노승이 법당으로 사라지는 뒷모습을 한동안 바라보다가, 김시습은 자신도 모르는 사이에 허리를 깊이 꺾었다. 그의 마음을 알아준 노승의 깊은 우물 속 같은 마음을 충분히 헤아리고도 남았기에, 참고 참았던 눈물이 다시금 두 볼을 타고 주르르 흘러내렸다.

바랑에 엽전 꾸러미를 갈무리한 김시습은, 마침내 그것을 등에 걸머지고 중흥사의 산문을 나섰다. 입산할 때 가벼운 몸이었는데, 하산할 때는 엽전 꾸러미가 든 바랑 때문에 등에서 제법 묵직함이 느껴졌다. 허청거리는 발걸음이 그다지 가볍지 않은 것은, 등에 짊어진 무게만큼이나 앞으로 펼쳐질 그의 인생이 매우 버거울 것이라는 예감 때문이었다.

2

하산한 김시습은 가장 먼저 숭례문 밖 너른 들을 찾아가, 멀찍이 서서 머리가 장대에 매달려 효수된 여섯 구의 시신들을 둘러보았다. 장대 앞에는 몸통과 팔다리가 온통 뒤엉킨 채 두서없이 널브러져 있었는데, 무더운 날씨 탓에 시신들의 썩는 냄새가 바람결에 묻어왔다. 그것을 구경하는 사람들은 모두들 코를 움켜쥐었다.

누가 누구의 몸통이고 팔다리인지 구분이 안 가는 시신들을 보는 순간, 김시습은 측은지심을 느끼지 않을 수 없었다. 그의 코끝으로도 시체 썩는 냄새가 감지되었지만, 그보다도 먼저 대체 어찌하여야 시신들을 수습해 장례를 치러야 할지 난감해 머릿속이 짚수세미처럼 복잡해졌다. 한동안 이런저런 생각에 몰두하다 보니, 구경꾼들처럼 코를 틀어막는 행위야말로 사치에 지나지 않는 일임을 깨달았다.

김시습은 그런 근심을 마음속에 심은 채 한숨을 안으로 삼키며 무거운 발걸음을 돌렸다. 중흥사 주지가 염장이 박가를 찾아가 보라는 그 깊은 뜻을 이제야 이해할 수 있을 것 같았다. 그러나 그는 염장이보다 먼저 사공을 찾기 위해 한강의 용산진 나루터로 향했다.

며칠 염천의 날씨가 지속되더니, 오후로 접어들면서 저 멀리 관악산 너머에서 마른번개가 치고 점차 먹구름이 몰려들었다. 한여름의 날씨는 그렇게 변덕이 심했다. 한강 둔치 앞의 용산진 나루터에 서서 구름 속으로 잠깐 드러났다 사라지는 해를 바라보던 김시습은, 때마침 선착장에 배를 대는 사공에게로 다가갔다.

"오늘 밤늦게도 배를 부릴 수 있겠나?"

사공은, 삿갓을 썼으나 가사 차림으로 등에 바랑을 걸머진 김시습을 외로 꼰 눈을 들어 흘깃 쳐다보았다. 그 차림이나 말본새로 보아 도무지 믿음성이 가지 않았던 것이다.

"늦은 밤에는 곤란한뎁쇼? 잠을 자야 낮에 일을 하니까요."

이제 사공은 정면으로 바라보고 김시습의 모습을 한참 동안 아래위로 살폈다.

오후 들어 하늘에 먹구름이 드리우기 시작하자, 사공은 하루 일을 일찌감치 끝내고 집으로 막 집으로 들어가려던 참이었다.

"뱃삯은 더 얹어주겠네."

김시습의 말에 사공은 다시 눈길을 더듬어 상대를 꼼꼼하게 살피며 의심스러운 눈길을 던졌다.

"늦은 밤이라면 시각은 언제쯤인지……?"

돈만 많이 준다면야 못 할 것도 없다는 듯 사공은 말하면서도, 자꾸 의심이 가는 듯 고개를 갸우뚱거렸다. 누더기 가사의 차림새로 봐서 돈도 별로 없을 것 같았기 때문이다.

"아마도 자정은 넘어야겠지. 강을 건네주기만 하면 되느니."

상대가 도무지 자신을 믿지 못하는 것 같았으므로 김시습은 바랑에서 엽전 꾸러미를 꺼내, 그중 몇 개의 엽전을 사공의 손아귀에 쥐여주었다.

"그래도 자정은 너무 늦은 시각인데……."

"뱃삯을 세 배로 줄 터이니, 그래도 안 되겠나?"

김시습이 손가락 세 개를 펴 보이자, 그때야 사공의 얼굴색이 환해지며 물었다.

"배에는 사람이 탈 것입니까? 아니면 따로 실을 물건이 있는지요?"

사공은 조심스럽게 김시습의 눈치를 살폈다.

"사람이 열 명 남짓은 될 것이네."

김시습은 여섯 구의 시신을 모실 관들도 사람으로 계산해 인부들까지 합하면 대략 그 정도는 되지 않을까 생각했다. 시신이 든 관을 배에 실을 것이라고 하면, 사공에게 당장 거절을 당할 것이 뻔했기 때문이다.

"오늘 밤 자정에 말입니까?"

"그렇다네."

"오늘 밤에는 비가 올 것 같은데……."

"비가 오더라도 날짜나 시각을 변동할 수가 없네. 꼭 오늘 밤 자정이라야 하네."

김시습은 엽전 꾸러미를 얼른 바랑에 갈무리한 후 돌아섰다.

"저, 스님! 혹시 비가 많이 내리면 뱃삯을 더 주셔야 하는뎁쇼."

사공은 두 눈으로 엽전 꾸러미를 확인한 후여서, 김시습이 맡긴 일을 거절하기 쉽지 않았다. 그는 아마도 배에 탈 사람들이 조정에 죄를 짓고 도망치는 죄수들일지도 모른다고 넘겨짚었다. 그렇지 않고서야 열 명을 헤아리는 사람들이 한꺼번에, 그것도 자정 무렵에 도강을 감행할 리 만무했던 것이다. 그래서 모험을 무릅쓰고 하는 일이므로 뱃삯을 최대한 많이 받아낼 필요가 있다고 머리를 굴렸다.

"성의에 따라 덤을 줄 수도 있겠지."

김시습은 이미 사공의 수작을 꿰뚫어 보고 있었으므로, 그런 여운 남겨 둔 채 다음 예정지로 서둘러 발걸음을 옮겼다.

3

용산진 나루터에서 벗어나 김시습이 다음으로 찾아간 곳은 노승이 일러준 대로 돈의문 밖 무악재 아래 있는 염장이 박가의 집이었다. 걸어서 다녀야 했으므로, 그는 더위 때문에 가사 등줄기로 땀이 흠뻑 배어드는 것을 느꼈다.

해가 서쪽으로 어슷하게 기울고 있었지만 좀처럼 더위는 가실 줄 몰랐다. 무엇에 화가 나서 낯짝이 불콰하게 달아오른 듯, 서산에 걸린 해가 방금 불덩이 속에서 꺼낸 청동거울처럼 시뻘겋게 변해 있었다. 그 붉은 빛이 산자락을 타고 주르르 흘러내렸다.

　김시습은 이리저리 수소문한 끝에 염장이 집을 찾아 들어서며 머리에 썼던 삿갓부터 벗었다. 삭발한 머리나 누더기 가사 차림으로 스님임을 한눈에 알아본 염장이는, 얼떨결에 두 손부터 모았다. 염습은 시신을 씻기고 수의를 입혀 저세상으로 인도하는 일이므로, 굳이 따진다면 영혼을 천도하는 스님의 입장과 크게 무관하지 않았다. 장례를 치를 때 자주 염장이와 스님이 만나게 되는 것은, 죽은 사람의 육신과 영혼을 이승에서 저승으로 인도하는 일이기 때문이었다. 그러므로 염장이는 언제 어디서나 스님을 보면 우선 예의부터 갖추게 되었다.

　"나무관세음보살!"

　김시습도 합장을 하면서 시선을 들어 염장이를 일견하였다.

　"스님께서 이 누추한 곳을 다 찾아주시고……."

　눈길이 마주치자 염장이는 얼른 모았던 두 손을 비비며 김시습의 눈치부터 살폈다.

　"이곳에 다른 이유 때문에 찾아올 일이 있겠는가. 죽은 영혼들의 저승길에 노자라도 보태주러 왔다네."

　김시습은 짊어지고 있던 바랑을 벗어 툇마루에 내려놓았다. 그때 바랑 속에서 엽전 부딪치는 소리가 들렸다. 눈치 빠른 염장이가 그걸 모를 리 없었다. 바랑을 내려놓을 때 철그렁, 소리가 들리는 걸 보면 제법 묵직한 엽전 꾸러미가 들어 있는 것 같았다.

　"어느 절에서 오셨사온지……?"

　염장이는 고개를 갸우뚱거리며 김시습을 쳐다보지 않을 수 없었다.

　"삼각산 중흥사에서 왔네."

　"허면 주지 스님께옵서……?"

　염장이는 전부터 중흥사 주지를 잘 알고 있었다. 그는 노승이 혹 입적한 것은 아닐까, 해서 김시습을 조심스런 눈길로 살폈다.

"그런 것이 아니고, 주지 스님 부탁을 받고 왔다네. 혹시 숭례문 밖에 나가 보셨는가?"

"아아……. 수인들이 효수된……."

"그렇다네. 오늘 늦은 밤에 그 인사들의 시신을 거두어 장례를 모시려고 하네. 저승 가는 노자는 두둑하게 드릴 터이니, 어려운 일이지만 맡아 줄 수 없겠는가?"

김시습의 말에 염장이 박가는 고개를 떨어뜨렸다. 일부러 중흥사 주지가 보냈다면 거절할 수는 없는데, 삼족을 멸하는 역모의 죄를 지어 효수된 시신들을 거두는 것은 나라의 법을 어기는 일이었다. 만약 들키기라도 하는 날이면 죽음을 면치 못할 것은 불을 보는 뻔한 노릇이었다.

"허어, 정말 중흥사 주지 스님께서 소인에게 그 일을 부탁하셨사옵니까?"

염장이는 고개를 번쩍 들고 김시습을 노려보듯 똑바로 쳐다보았다.

"아니라네. 그대를 찾아가 보라 하셨을 뿐, 그 일을 부탁하는 것은 오직 내 의지이니 그렇게 아시게. 주지 스님과는 일절 관계가 없다네."

김시습은 혹여 일이 잘못되어 관가에 알려질 경우, 염장이의 말에서 중흥사 주지가 거론되면 절대로 안 된다는 판단이 섰던 것이다. 만약 그렇게 되기라도 하면 노승은 물론 절간까지도 거덜 날 것이 불을 보듯 뻔한 노릇이기 때문이었다.

"허어, 이것 참!"

염장이는 다시 고개를 숙이며 한숨을 푹 쉬었다.

"저 권력을 탐하는 자들은 그들 스스로 유학자임을 자처하면서 낯부끄러운 줄 모르고 '부관참시(剖棺斬屍)'도 함부로 행하지만, 사람이란 죽으면 귀천(貴賤)과 관계없이 평등해지는 것이네. 어찌 시신을 모독해 죽은 사람의 목을 잘라 효수를 하고, 무덤을 파헤쳐 관속에 든 시신을 꺼내 난장질을 칠 수 있단 말인가? 그대는 시신을 거두어 염을 해서 저승길로 인도하는 일을 하고, 나 같은 중들은 그 죽은 자의 영혼을 달래기 위해 목탁을 두드리며 염불하니, 그 승천을 기원하는 숭고한 행위를 감히 누가 함부로 막을 것인가? 유학자들이 말하기를 임금 왕(王) 자는 하늘·사람·땅을 의미하는 석 삼(三) 자를 세로 기둥으로 연결한 것인데, 즉 임금은 하늘의 말씀을 백성에게 전하고 땅에서 일어난 일을 하늘에 고하는 역할을 맡고 있다 하였네. 죽은 자의 시신을 거두는 일과 영혼을 천도하는 일은, 바로 땅에서 일어난 일을 하늘에 고하는 것과 다름없다는 생각이네. 부디 저 불쌍한 영혼을 천도하는 데 힘을 보태주시게."

김시습의 진정에서 우러나오는 그 말은, 자못 자신의 목소리까지 떨리게 하였다. 죽은 자를 저승으로 인도하는 일이 곧 임금이 하는 일과 다르지 않음을 애써 강조한 것인데, 염장이 박가는 바로 그의 말을 알아들었다.

"스님, 소인이 어찌 그 부탁을 들어드리지 않을 수 있겠습니까? 죽은 사람을 천도하는 일이 바로 소인이 할 일인 것을요. 시신이 여섯 구로 알고 있습니다. 소인 혼자서는 안 되고 운구할 인력이 좀 필요합니다."

불교의 이심전심(以心傳心)은 사람과 사람 사이에 감정의 누선(淚腺)을 건드리는 바로 그 말을 의미하듯이, 염장이 박가의 입에서 튀어나온 말이 그랬다. 순간, 그의 눈에서 주르르 눈물이 흘러내렸던 것이다.

"동원할 수 있는 인력을 찾아보게. 염습을 드시게 한 후 용산진으로 이동해 배로 강을 건너 맞은편 노량진 둔덕 숲속으로 갈 것이네. 노량진에 유택을 마련하기로 한 것은, 강 건너이므로 인적이 드물고 숲이 우거져 암매장이 가능하기 때문일세. 배는 마련해 놨으나, 숭례문에서 용산진까지 시신들을 옮기려면 별도로 달구지도 있어야 하겠지."

김시습은 염장이의 두 볼을 타고 흐르는 눈물에서 일단 굳은 믿음이 생겼다.

"스님, 여섯 분의 시신을 모시는 일은 소인에게 맡겨주십시오. 수의와

관, 거들어 줄 인부들과 달구지까지 차질 없게 준비토록 하겠습니다."

"다만 오늘 밤 인적이 끊긴 늦은 시각에 일을 시작해야 할 터인데, 비가 올 것 같아 걱정이네."

김시습은 용산진 선착장에 배를 부리는 사공을 만나러 갈 때부터 걱정하던 것을 털어놓았다. 관악산 너머에서 마른번개가 치기 시작하더니 점차 먹구름이 한양 도성 위로 몰려들고 있었던 것이다.

"그 점이라면 염려 놓으십시오. 차라리 비가 올 때가 더 유리합니다. 비가 오는 밤이면 귀신이 나타날까 무서워 효시한 주변에 얼쩡거리는 사람이 없을 테니까요. 성문을 닫는 시각인 인정(人定, 밤 10시경) 이후에는 인적이 뚝 끊깁니다. 비가 내리게 되면 파수꾼도 귀신이 무서워 기웃대지 않으니, 이런 때는 궂은 날씨도 적선을 하는 셈 아니겠습니까?"

염장이 박가는 언제 눈물을 흘렸냐는 듯, 얼굴에 웃음기까지 띠며 이죽거렸다.

김시습은 바랑에서 작은 글씨를 쓸 수 있는 가는 붓을 꺼냈다. 염장이에게 먹과 벼루를 가져오라고 해서 여섯 인사들의 성씨와 직책을 쓴 나무로 된 위패를 만들었다. 무주고혼의 영혼들이지만, 나중을 위해 반드시 그 묘소의 주인이 누구인지 알 수 있는 위패가 필요하다고 생각했던 것이다.

"그대를 믿고 가보겠네. 인정 이후 좀 지나서 자시(亥時: 밤 11시~새벽 1시)가 시작될 시각에 숭례문 앞에서 보세. 시신을 매장한 후 제사도 지내야 하니, 간단하게 술과 전 등 제수 음식도 준비해 주게나."

김시습은 다음 행선지로 떠나기 전에 염장이에게도 엽전 한 두름을 쥐여주었다. 비가 오는 늦은 밤중에 궂은일을 하려면 인부 구하기가 쉽지 않을 것이었다. 그때는 삯전을 선불로 주는 것이 유리하다는 것을 그 자신도 잘 알고 있었다.

4

저녁 어스름이 질 무렵 김시습은 돈의문을 통해 성내로 들어가, 그가 어린 시절 살던 곳인 성균관 인근으로 향했다. 그의 발걸음은 어느새 한옥이 즐비한 거리 가운데 위치한 큰 솟을대문 앞에 이르렀다.

바랑에서 목탁을 꺼낸 김시습은 입으로만 그저 웅얼대면서 목탁을 두드렸다. 염불 같지만 누가 들어도 그 발음을 정확하게 알 수 없는, 그저 입안으로 굴리는 소리였다.

목탁 소리에도 대문 안에선 아무런 기척이 없었다. 그저 염불이나 외다 지치면 가려니 싶었던 모양이다. 한참을 기다려도 대문 안에서 기척이 없자, 염불을 뚝 그친 김시습이 벽력같이 소리를 쳤다.

"이리 오너라!"

그 소리에 놀란 하인이 대문을 열더니 휘둥그레 뜬 눈으로 김시습의 위아래를 더듬어 살폈다. 오래도록 대갓집 문지기 노릇을 한 행랑아범인 듯, 상대를 우습게 보고 불뚝 배부터 내미는 그 동작엔 거만이 몸에 배어 있었다. 그가 어린 시절에 본 얼굴인 듯했으나, 이마의 주름과 흰머리가 사뭇 낯설었다.

"어느 놈이기에 감히 여기가 뉘 댁인 줄 알고 '오너라'를 외치느냐?"

분명히 스님이긴 한데 누더기 가사를 걸쳤으니, 탁발하러 다니는 걸승쯤으로 본 모양이었다. 유교를 덕목으로 하는 조선시대 양반가에서는 탁발하는 스님을 그저 밥이나 빌어먹는 거지로 취급하기 일쑤였다. 그만큼 내로라하는 양반가에서는 하인들까지도 탁발승을 우습게 알았다.

"네, 이놈! 병판대감을 만나러 왔다. 어서 안내하지 않고 무엇을 주저대는 것이냐?"

김시습의 호통에 깜짝 놀란 하인이 갑자기 허리를 꺾었다. '병판대감'이라는 소리에 전부터 주인을 잘 아는 인사인 줄 짐작하고 잔뜩 겁부터 집어먹은 것이었다.

"저, 여기가 얼마 전까지는 병판대감 댁이었습니다만……."

하인은 고개를 갸우뚱거렸다.

"얼마 전까지라니? 지금은 병판이 아니란 얘기렷다?"

"네, 얼마 전에 대감님께서 이조판서에 제수되셨기에……."

"그러하면 이제는 이판대감이로구먼. 혼자서 호판, 병판, 이판 두루두루 다 해 먹는구나!"

김시습은 혀를 끌끌 찼다.

"어디서 무슨 일로 오신 뉘시라 전하리까?"

큰소리치는 김시습의 기에 눌려 하인이 두 손을 비루하게 비벼대며 조심스레 물었다.

"정처 없이 떠도는 돌중에게 행선지를 물어선 뭘 하겠느냐? 그냥 이판대감께 오세(五世)가 왔다고 전하여라."

김시습의 삿갓 속 눈빛이 범상치 않은 데다, '오세'라는 말에 하인은 화급하게 허리를 굽실거린 다음 대문 안으로 사라졌다. 그가 기억하기에 어린 시절 '오세신동'이라고 해서 주인 대감 집을 드나들던 학동이 있었는데, 삿갓을 쓴 스님의 행장을 보고서는 어린 시절 모습을 상상하기 어려웠다. 그래서 하인은 긴가민가하면서 고개를 갸우뚱거릴 수밖에 없었다.

잠시 후, 다시 나온 하인이 김시습을 정중하게 모시고 사랑채에 이르렀다.

사랑채 마루에 나와 있던 이조판서 이계전이 김시습을 보자 반갑게 맞았다.

"어서 오너라."

"스승님……!"

김시습은 깊숙이 얼굴을 가렸던 삿갓을 벗고 이계전을 향해 허리를 꺾었다. 대문 앞에서 하인을 향해 큰소리를 치긴 했으나, 정작 옛 스승을 만나자 저절로 고개부터 수그러졌던 것이다.

"들어가자."

이계전이 사랑방에 들어가 좌정하자, 뒤따라 들어온 김시습이 큰절을 올렸다.

김시습의 삭발한 머리를 바라보며 절을 받던 이계전은 이내 민망한 눈을 천장으로 향했다. 살다 보니 스님의 절을 다 받아볼 때가 있다는 그런 허허로운 표정이 역력했다. 그 스치는 눈빛에선 언뜻 연민의 정이 묻어 나왔다.

"스승님 모습은 예전과 여일한데, 어찌 저택의 솟을대문은 더 높아진 것 같습니다."

절을 하고 나서 이계전과 마주한 김시습의 말이 그랬다.

"……시시비비(是是非非)를 논하자고 온 것이냐?"

뜸을 들이듯 천천히 입을 연 이계전의 눈빛은 제법 날카로웠다.

"시시비비는 차후로 따져도 좋겠지만……. 병조판서, 아니 이제는 이조판서가 되셨다고 들었습니다. 아무튼 대감께 긴히 도움을 요청할 일이 있어 이렇게 체면불고(體面不顧)하고 찾아왔습니다."

"무엇이라? 부탁하는 자의 언사가 어찌 그러한가?"

이계전은 불쾌했지만, 애써 참고 하인을 불러 저녁 식사를 겸한 술상을 들이게 하였다.

"스승님, 어찌 불자에게 술을……?"

김시습은 갑자기 소리를 낮추며 양손을 마주 잡아 가슴 아래에 두며 깍듯이 예의를 갖추었다.

"그대 모습을 보아하니, 반승반속에 다름 아니거늘……. 내게는 술이지만, 스님에겐 곡차가 되겠지? 아직 식사 전일 테니, 겸사겸사해서 한 잔 하세. 이런 자리가 아니고 어찌 스님과 곡차 한 잔 나누겠는가?"

이계전도 소리를 낮추고 다시 자상한 눈빛이 되어 김시습을 바라보았다.

스승과 제자의 만남이지만, 두 사람 사이는 그리 원만하지 못했다.

실상 김시습이 스승 이계전을 만난 지는 10년 가까운 세월이 흘렀다. 그가 세상을 하직한 모친의 시묘살이를 하기 2년 전부터 스승의 집을 찾지 않은 까닭이었다. 집현전 학사였던 이계전이 왕명 출납을 전담하는 부서인 승정원의 동부승지에 제수되었기 때문이다. 동부승지는 승정원에서 형조 사무를 관장하는 업무를 맡고 있어, 집현전 학사로 있을 때보다 궁궐에 머물 때가 더 많았다. 그만큼 형조 사무의 일정이 바쁘게 돌아갔다.

"십 년이면 강산도 변한다는데, 동부승지에 제수되신 후 벌써 그만한 세월이 흘렀습니다. 그 십 년 세월 동안 강산은 변한 게 없으나, 세상은 참으로 많이 달라진 것 같습니다."

스승 앞이지만, 김시습은 스스럼없이 어깃장 놓는 말 일색으로 나갔다.

"변한 것은 세상이 아니라 그대일세그려. 어찌 전도유망했던 유생이 불씨(佛氏, 석가)의 제자가 되었단 말인가?"

이계전의 김시습을 바라보는 시선이 다시 팽팽하게 당겨졌다.

"세상이 거꾸로 가는데, 속세에 사는 사람인들 변하지 않을 리 있겠습니까?"

"거꾸로 가는 세상이라? 으흠, 그대가 속세를 떠난 것이 오로지 세상 탓이란 말인가?"

"아까 스승님께서 반승반속이라 하셨는데, 자의 반 타의 반이라 할 수 있겠지요. 허나 이제 입산 3년 만에 다시 속세로 내려왔으니, 세상 탓만 하며 살 수도 없게 되었습니다."

김시습은 자신도 모르는 사이 말끝에 한숨을 빼어 물었다.

여기서 잠시 두 사람의 말이 끊겼다. 한 상 그득하게 잘 차려진 저녁 식사를 겸한 술상이 들어왔던 것이다.

"마침 나도 저녁을 먹으려던 참일세. 그대가 왔으니 오랜만에 겸상도 해보는구먼!"

이계전은 술병을 들어 김시습에게 잔을 권했다.

"스승님, 제가 먼저 따라야 하는데."

"아닐세, 그대는 오늘 손님으로 왔으니 당연히 주인인 내가 접대를 해야지."

이렇게 두 사람이 식사를 하면서 술잔을 주고받는 사이 잠시 세상에 대한 설전(舌戰)은 잊은 듯했다. 그러나 술이 몇 순배 돌고 나자 다시 세상 이야기가 도마 위에 올랐다.

"어쩌다 스승님과 이런 이야기를 나누게 되었는지 모르지만, 제가 입산을 하게 된 것은 하루아침에 세상이 바뀐 계유년의 일 때문이었습니다. 그 일로 스승님께선 일등 공신이 되셨지만, 저는 과거시험이고 뭐고 속세를 떠나 세상일을 잊고 살기로 했지요."

김시습은 어차피 스승에게도 따질 것은 따져야 한다고 생각했다.

"이 세상 모든 일이 그렇듯, 손의 주인은 하나인데 그 등과 바닥이 다르다는 것일세. 손등이든 손바닥이든 하나의 손일진대, 무엇이 옳고 그른 것이겠는가?"

술기운이겠지만, 이계전의 얼굴은 약간 불쾌하게 달아올라 있었다. 계유년의 일이 주마등처럼 그의 뇌리를 스쳤던 것이다.

이계전의 조부 이색은 둘째 아들을 권근(權近)의 딸과 결혼시켰다. 고려 말 신진사대부로 두 사람이 서로 노선을 달리하긴 했지만, 원래 권근은 이색의 문하였다. 그런 스승과 제자 관계가 인연이 되어 사돈을 맺은 것인데, 이색의 둘째 아들과 권근의 딸 사이에서 태어난 자식이 바로 이계전이었다. 권근의 둘째 아들은 권제(權踶)였고, 권제의 둘째 아들은 권람(權擥)이었다. 이계전과 외사촌간인 권람은 수양대군의 오른팔인 한명회(韓明澮)와 가까운 사이로, 계유정난을 주도적으로 이끈 인물이었다. 이때 이계전도 12년 차이가 나는 띠동갑인 외사촌 동생 권람의 권유로 수양대군을 임금으로 추대하는 데 앞장섰고, 그 덕에 일등 공신이 될 수 있었다. 결국

수양대군과 가까웠던 신숙주(申叔舟)와 더불어 그는, 같이 집현전 학사로 있던 많은 성리학자와 달리 수양대군의 편에 서서 정란공신(靖難功臣)이 되었다. 그러한 저간의 사정에 대하여, 이계전은 같은 손이지만 손등과 손바닥의 다름을 비유적으로 표현했던 것이다.

"손등 위에 올라앉으면 세상에서 미끄러져 추락하고, 손바닥 안에 들어가면 세상을 움켜쥐어 호령하는 것 아니겠습니까?"

"그래서 그대는 손등 위에 올라앉아 입산을 했다는 얘긴가? 입산을 했으면 불씨의 세계에선 등선(登仙)과 다름없는 일인데, 어찌 다시 저잣거리로 내려와 이리 헤매고 있는 것인가?"

"스승님께선 제가 반승반속임을 진즉에 알아보셨지 않사옵니까? 절에 기도하러 온 어느 보살에게 들었는데, 손등 위에 올라앉았다 미끄러져 졸지에 무주고혼(無主孤魂)이 된 영혼들이 있다고 하더군요. 제가 그 인사들의 시신을 천도하려고 하산해 이렇게 저잣거리를 헤매고 있는 것 아니겠습니까?"

김시습은 취기보다 자기 이야기에 취해 눈물까지 글썽였다. 목울대를 넘어오는 목소리가 꺽지게 들려오는 것을 보고, 이계전도 곧 그와 같은 심사를 읽어냈다.

"그래서……, 내게 찾아온 목적이 무엇인가?"

"스승님께선 이제 도승지, 병조판서를 거쳐 이조판서가 되지 않으셨습니까? 오늘 밤 제가 그 무주고혼들을 천도해주려고 합니다. 얼마 전까지 병판이셨으니, 숭례문 밖에서 시끄러운 귀신놀이가 벌어지더라도 숙위병이나 순라꾼들로 하여금 모르는 체하도록 해달라는 부탁을 드리러 왔습니다. 아무리 비바람이 불어도 무주고혼들을 천도하려면 횃불을 밝혀야 하고, 시신을 수습하는데도 시간이 좀 걸리니까요."

김시습의 눈에서 시퍼런 불길이 일었다.

"그것이 반역에 해당하는 것을 모르고 하는 소린가? 내가 어찌 그것을 눈감아줄 수 있다고 생각하는가?"

이계전도 더 이상 참고 견딜 수가 없는지 언성을 높였다.

"인경이 울리면 사대문을 모두 닫습니다. 하지만 숭례문 안에서 숙직하는 숙위병과 순라꾼들이 염려되옵니다. 대감께서 당직 별관에게 술과 안주를 하사하여 그들을 위로해 준다면, 그 사이 무탈하게 시신들을 수습할 수 있지 않겠사옵니까? 얼마 전까지 병판이셨으니, 그들에게 수고한다며 술 한 통 보내는 것이 큰 흠이 되는 일은 아닐 것입니다."

"이 저녁에 그대가 이 몸을 보자고 찾아온 게 비단 그뿐인가?"

이계전이 다시 소리를 낮추어 연민의 정이 듬뿍 묻어나는 소리로 물었다.

"네, 그렇게만 해주신다면 무주고혼들을 천도한 후 홀가분한 몸으로 한양 땅을 떠날 수 있을 것 같습니다."

"그대의 결심이 정녕 그러하다니, 나로선 그것을 막을 재간이 없을 것 같네. 허나 한양 땅을 떠나 대체 어디로 가겠다는 건가?"

"이리저리 떠돌 뿐 정처는 없습니다."

"내 보니 그대가 진정 하산을 한 것은 맞는 것 같고, 후일 마음이 정리되거든 다시 나를 찾아오게. 그대의 말처럼 세상이 바뀐 것을 다시 뒤집을 수는 없는 노릇이고, 나와 함께 앞으로 좋은 일을 해보도록 함이 어떠한가?"

이계전이 김시습의 손을 잡아 왔다.

불퉁가지 같은 성질의 김시습으로선 당장 손을 빼고 싶었으나, 스승이 먼저 손을 놓기 전에는 그럴 수가 없었다. 그래서 손이 잡힌 채로 말을 받았다.

"바깥세상이나 실컷 구경하다 어느 깊은 산속에 들어가 토굴 생활이나 하렵니다."

"토굴에 들어가 무얼 하게?"

"비뚤어진 세상을 이리 비틀고 저리 꼬면서 잔뜩 비웃어 주는 글이나 쓰렵니다."

"허, 허허헛!"

이계전은 너무 허탈하여 웃음밖에 튀어나오지 않았다.

"그럼 저는 이만 물러가겠습니다. 숙위병이나 술라꾼들도 숭례문 밖 불빛을 보면 귀신들의 혼령이 떠도는 줄 알고 잔뜩 겁부터 먹겠지요. 더구나 비가 내리는 자정 무렵이면, 그 불빛을 보고 귀신 울음소리가 들려오는 것 같아 저들도 눈과 귀를 막을 것이옵니다."

김시습은 바랑을 짊어졌다.

"오늘 자네가 부탁한 것은 들어주겠네만, 소문은 내지 않도록 하게. 그리고 내 말을 잊지 말게. 후일 한양 땅에 오면 반드시 나를 찾아오게나. 일찍이 세종대왕께서 자네의 글재주를 알아보았고, 나 역시 자원해서 제자로 거두어들였네. 앞으로 자네가 할 일이 많이 있을 걸세."

이계전은 제자 김시습과 아쉬운 작별을 하였다.

5

한양 도성안팎의 하늘을 점령한 습한 대기가 강 건너오는 바람을 만나 가는 빗줄기를 만들었다. 한강에서 무럭무럭 피어오른 안개가 바람결에 숭례문 밖 들판을 뒤덮어오면서 어둠은 더욱 짙어졌다.

자시가 시작될 무렵, 송진기름을 잔뜩 머금은 솜뭉치에 불을 붙여 든 염장이 박가와 그 일행이 여섯 명의 머리가 효수되어 걸린 장대 앞으로 모여들었다. 일행은 염장이를 포함해서 넷이었다. 그들이 끌고 온 소달구지에는 검은 옷칠을 한 관들이 실려 있었다.

"다들 오셨는가?"

어둠 속에서 김시습이 불쑥 횃불 가운데로 모습을 드러냈다. 그는 일찌 감치 와서 숭례문 안 숙위병과 순라꾼들의 동태를 살피며 자시가 되기를 기다리고 있었다.

인정이 울릴 무렵쯤 되어 숙위병과 순라꾼들은 앉거니 서거니 해서 두 패로 모여 술추렴을 하고 있었다. 이조판서 이계전이 보낸 술을 마시고 있는 것이 틀림없었다.

김시습은 숭례문 밖에 숨어 문틈으로 그들의 일거수일투족을 몰래 엿 보느라 가랑비에 옷이 젖는 줄도 몰랐다. 그렇게 한식경을 밖에서 서성이 다 보니, 옷이 흠뻑 젖어 걸을 때마다 가사 자락이 자꾸 치적거리며 정강 이에 들러붙었다.

"스님, 날씨가 아주 그만입니다. 이렇게 비가 오는 날에는 감시하는 자 들이 있을 수 없으니 일하기에 딱입니다요."

"그래도 횃불 없이는 일이 안 되니, 성안에서 불빛을 보면 이상하게 생 각할 걸세."

김시습은 숙위병과 순라꾼들이 술을 마시고 제정신을 차리지 못할 것 이므로 적이 안심은 되지만, 혹시 다른 눈이 있을까 염려되어 조용히 일을 진행하라는 뜻에서 특히 주의를 주었다.

염장이의 지시에 따라 인부들은 효시된 순서대로 장대를 뽑아 고인의 머리부터 확인하였다. 우선 횃불을 가까이 비춰 머리의 주인이 누구인지 정확하게 알아야만 했다.

머리의 주인을 감식하는 것은 오직 김시습만 가능한 일이었다. 염장이 와 인부들이야 누가 누구인지 구분할 수 없으니, 그가 직접 횃불을 가까이 대고 일일이 살펴볼 수밖에 없었다. 헝클어진 머리의 두상을 보면서 그의 입에서는 울먹임 섞인 신음부터 흘러나왔다.

김시습은 열두 살 때 스승 이계전이 동부승지가 되면서 시문에 능한 조 수에게 한시를 배울 때의 기억을 떠올렸다. 스승 조수는 한유(韓愈)의 글에 정통한 문인으로, 그러한 재주를 아낀 임금(世宗)은 그를 성균관 사예(司藝)로 천거하였다. 성균관을 거쳐 노후로 접어든 후에, 그는 집현전 학사들에게 시문을 가르치는 스승이 되었다.

김시습이 조수에게 한시를 배우게 된 것은, 바로 스승이 집현전 학사들을 지도할 때였다. 그래서 스승을 따라 집현전에 자주 드나들었고, 성삼문(成三問)·이개(李塏)·유성원(柳誠源)·박팽년(朴彭年)·하위지(河緯地) 등 학사들과 시회에 참여하는 기회가 많았다. 그래서 열두 살의 어린 나이 때부터 집현전 학사들을 스승처럼 우러러보며 시문을 익히는 데 탐닉했다.

효수당한 여섯 충신 중 무신인 유응부(俞應孚)만 얼굴을 몰랐다. 김시습은 집현전 학사 다섯 충신의 얼굴을 모두 기억할 수 있었으므로, 나머지 낯모르는 인물이 유응부라고 판단하면 틀림없을 것이라고 생각했다.

이들 집현전 학사들이 중심이 되어 상왕으로 물러난 어린 임금을 복위시키기로 결사한 것은, 수양대군이 왕위를 찬탈한 지 3년째 되던 1454년(세조 2년)의 일이었다. 당시 집현전 학사로 결사에 가담한 주요 인물은 성삼문·이개·유성원·박팽년·하위지 5명 이외에 김질(金礩)이 있었다. 그리고 무관 유응부는 성삼문의 부친 성승(成勝)과 함께 별운검(別雲劍)의 직책을 맡고 있었는데, 이는 칼을 차고 임금 옆에 서 있는 호위무사를 일컬었다. 비밀 결사를 실행하기로 한 것은 창덕궁 광연전에서 명나라 사신을 초청한 연회를 베푸는 날이었는데, 이때 기회를 봐서 별운검 성승과 유응부가 들고 있던 칼로 임금인 수양대군과 세자를 살해하기로 돼 있었다. 그런데 하필이면 그날 세자가 질병으로 참석지 않는 바람에 연회장으로 나오지 못하게 되자, 임금은 운검을 세우지 못하도록 조처했다. 세자의 병과 운검은 관련이 없는데 갑자기 그런 명을 내린 것은, 도무지 그 이유를 알 수 없는 일이었다.

이렇게 되자 별운검 유응부는 거사 일을 늦추면 기밀이 새어나갈 수 있으니 내친김에 임금을 죽이자고 했으나, 집현전 학사 성삼문과 박팽년은 후일을 기약하자고 말렸다. 만약 창덕궁 연회장에서 임금을 죽이면, 경복궁에 있던 세자가 그 변고를 듣고 군사를 동원해 쳐들어올 경우 심각한 위급상태에 처할 수도 있었기 때문이다. 반드시 임금과 세자를 한자리에서 죽여야만 거사에 성공할 수 있다고 두 사람은 유응부를 설득했다.

그런데 유응부의 기우(杞憂)는 곧 현실로 드러났다. 같이 거사를 도모하기로 한 집현전 학사 김질이 계획대로 일이 진행되지 않게 되자 잔뜩 겁을 집어먹고, 시 우찬성(右贊成)으로 있던 장인 정창손(鄭昌孫)에게 달려가 모의 사실을 알렸다. 이때 정창손은 곧바로 임금에게 달려가 상왕(端宗)의 복위를 모의 사실을 고변했고, 졸지에 거사를 도모하려고 했던 집현전 학사를 포함한 인사들이 모두 붙잡혀 모진 고문을 당했다.

이로 인하여 문신인 성삼문·이개·유성원·박팽년·하위지 등 집현전 학사들과 무신인 별운검 유응부를 포함한 6명은 거열형에 처해진 후 그 목을 효시토록 하는 형벌이 내려졌다. 이 밖에도 성삼문의 친부인 별운검 성승을 비롯하여, 모의에 연루된 김문기(金文起)·박쟁(朴崝)·권자신(權自愼)·윤영손(尹令孫)·허조(許慥) 등도 거열형에 처하여져 참혹한 죽임을 당했다. 다만 이들은 주동자들은 아니라고 판결이 내려져, 목이 잘려 만인 환시리에 장대에 걸리는 효수형만은 면할 수 있었다.

이때 단종 복위를 모의한 여섯 명의 신하 중 유성원은 잡히기 전에 집에서 칼로 목을 찔러 자결하였고, 박팽년은 모진 고문 끝에 사망했다. 그러나 이들의 시신도 군기시 앞에 끌려 나와 거열형에 처해졌으며, 그 목이 숭례문 밖에 효시 되었다.

어린 임금 상왕의 복위 주모자가 된 여섯 신하는 거열형을 처해진 다음 목이 베어져 장대에 높게 매달렸고, 그 여러 갈래로 찢긴 몸통과 사지는 장대 밑에 아무렇게나 버려져 있었다. 목은 얼굴이 있으니 그 주인을 알아볼 수 있었으나, 몸통이나 사지는 어느 것이 누구의 것인지 도무지 분간하기 어려울 정도였다.

"실로 난감한 일이로고!"

염장이 박가는 장대에서 내린 수인들의 목을 놓고 각기 떨어져 나가 흩어져 있는 몸통과 사지를 제 주인에 맞게 찾아 맞추려다 말고 한숨부터 쉬었다.

거열형은 산 사람의 사지에 줄을 묶어 말에 매달아 채찍질을 가해 동시에 사방으로 뛰어 나가게 하여 몸통을 찢어 죽이는 잔인한 형벌이었다. 사지가 찢겨 나갔으나 몸통에 머리는 붙어 있으므로, 목을 쳐서 장대에 매달아 효수를 시키니 두 번 죽이는 일에 다름 아니었다. 이렇게 머리와 몸통이 따로 놀고, 사지가 제각각 흩어져 그 주인을 찾을 방도가 없으니 아무리 시신을 많이 다룬 염장이라 하더라도 고개를 휘휘 내두를 수밖에 없는 노릇이었다.

"그래도 어찌 됐든 시신을 맞추어봐야 도리가 아니겠는가?"

김시습도 횃불에 드러난 현장이 너무 처참하여 이미 썩어 들어가기 시작해 냄새가 등천하는 시신들을 보자 슬픔보다는 분노가 먼저 치밀어 올랐다. 횃불의 뜨거움만큼이나 그의 눈으로 몰린 분노의 불길도 못지않았다. 그래도 애써 그는 분노를 안으로 삭이며 염장이 박가를 구슬리지 않을 수 없었다.

"방법이 없는 것은 아니나, 시간이 많이 지체될 것이옵니다. 일단 머리와 몸통 부분부터 맞추어 보지요. 칼이 지나간 자국과 목의 굵기를 비교해 보면, 머리와 제 몸통은 찾아 맞출 수 있을 겁니다."

염장이 박가는 먼저 성삼문의 머리에 맞는 몸통을 찾기 위해 시신들이 무더기로 엉켜 있는 곳으로 횃불을 두루 비추었다.

"그리 해보도록 하는 수밖에 없겠지."

김시습도 염장이가 비추는 횃불을 따라 눈길을 옮기며 머리에 해당하는 몸통을 찾기에 바빴다.

겨우겨우 여섯 구의 머리와 몸통이 제 주인을 찾게 되자, 이번에는 따로 놀고 있는 팔다리를 맞추는 작업에 착수하였다. 일단 팔다리는 사람마다 길이가 조금씩 달랐으므로, 같은 크기를 쌍으로 맞추어 놓은 후 그 주인을 찾아보기로 하였다.

여러 사람이 나서서 찾다 보니 팔다리를 쌍으로 맞추는 것은 어렵지 않게 해결되었다. 그러나 이번에는 그 팔다리의 주인을 찾는 일이 문제였다. 찢겨 나간 팔다리와 몸통의 부위를 직접 대어 보며 겨우겨우 시신 한 구씩 맞춰나가는 데는 시간이 꽤 걸렸다. 각 시신의 팔다리까지 맞춰지는 대로 염장이는 미리 준비해 온 큰 바늘과 명주실로 각기 떨어져 나간 시신의 부위를 꿰매는 일에 매달렸다. 그리고 나머지 인부들은 아직 팔다리 주인을 찾지 못한 시신들을 맞추기 위해 횃불을 이리저리 비추며 분주하게 움직였다.

오밤중에 험악하게 훼손된 시신을 다루는 일이라 인부들도 처음에는 잔뜩 겁을 집어먹었으나, 나중에는 일에 몰두하다 보니 이마에도 땀이 줄줄 흘러내렸다. 이슬비까지 내리는 바람에 등줄기가 흠뻑 젖은 가운데, 옷이 몸에 친친 감기는 것을 감수하면서 일을 하자니 마음만 급하고 자꾸 헛손질하며 더듬거리기 일쑤였다. 그나마 다행인 것은 일에 집중하다 보니 겁은 어느새 사라지고, 시신을 한 구 한 구가 맞춰질 때마다 어떤 희열감까지 생기는 것이었다.

"우와, 시신 한 구 완성이다!"

"이제야 제 짝을 찾았네!"

인부들은 작은 소리였지만, 희열에 가득 차서 외쳤다.

아마 그러한 모습을 누군가 멀리 어디서 보고 있다면, 이승이 아닌 저승에서 벌어지는 귀신 놀음으로 착각할지도 몰랐다. 시신을 수습하는 장면을 일일이 점검하면서 김시습은 그런 생각을 하고 있었다.

시신의 머리와 몸통과 팔다리가 다 맞춰지고, 염장이가 바늘과 실로 꿰매 염습을 하는 데는 그 과정상 시간이 오래 지체될 수밖에 없었다. 애당초 시신을 목욕시키는 일은 생각지도 못했으나, 그나마 이슬비가 내려 하늘이 그 일을 도와주었다.

"서둘러야 하겠네."

일이 어느 정도 수습되자, 김시습은 용산진 나루터에서 배를 대고 기다리고 있을 사공에 생각이 미쳤다.

"이제 수의를 입힌 후 칠성판 위에 시신을 올려 관에 모시면 됩니다. 얘들아, 빨리 움직여라. 나는 수의를 입힐 테니, 그 시신을 차례대로 너희들은 칠성판에 올려 단단히 묶은 후 각기 관에 모시도록 해라."

염장이의 말에 인부들이 이젠 제법 일에 가락이 붙어 척척 손발을 맞추었다.

드디어 관에 든 시신 여섯 구를 달구지에 싣고 소가 끄는 가운데, 진창과 구렁을 만날 때는 인부들이 좌우와 뒤에서 밀면서 용산진으로 향했다.

6

용산진은 한강에서 올라오는 안개 때문에 한 치 앞을 내다보기 어려울 정도로 어둠에 짙게 싸여 있었다.

"여보게, 사공!"

김시습이 나루터로 나가 사공을 불렀다.

"어찌 이리 늦으셨사옵니까?"

비를 피해 배 안에서 대기하고 있던 사공이 나루터로 나서며 볼 부은 소리로 투덜거렸다.

"일이 그리되었네. 어서 관부터 운구하시게."

김시습은 사공과 인부들에게 동시에 말했다.

"예에? 과, 관이라굽쇼? 사람이 열 명 남짓 된다고 들었지, 관이라는 말은 안 했지 않습니까요?"

사공이 몸을 한쪽으로 피하는 시늉을 하며 우물거리는 소리를 내뱉었고, 막 달구지에서 관을 내리는 인부들을 겁먹은 시선으로 바라보았다.

"관 속에 모신 시신은 사람 아닌가? 사람 사는 일이 오늘내일을 모르는 일이로세. 자네가 지금 산목숨이지만, 며칠 후에 어찌될 지 누가 알겠는가? 이 시신들 역시 며칠 전에는 우리처럼 살아 있던 목숨일세."

김시습은 이미 내친김이라 사공을 닦달하듯 몰아세웠다. 그렇지 않으면 배를 강에 띄우지 않을지도 모르기 때문이었다.

"휴우, 어쩐지 어젯밤 꿈자리가 뒤숭숭하더라니. 제에길, 재수 옴 붙었군!"

사공은 갑자기 닥친 사태를 어찌해야 할지 몰라 여전히 입에 바른 소리로 툴툴거렸다.

"말조심하게. 아직 영혼이 육체를 떠난 것이 아니고 신체 주위를 맴돌고 있으니 사자들에게 예의 갖춰야 하네."

김시습의 이와 같은 말에, 사공의 툴툴거리던 입이 갑자기 벙어리가 된 듯하였다. 그래서 그는 인부들이 달구지에서 내린 관들을 배 안으로 다 옮길 때까지 꿀 먹은 벙어리처럼 그저 바라보고만 있었다. 그 역시 이제는 어찌할 수 없는 상황임을 알고, 이미 마음을 포기한 채 일이 돌아가는 대로 놔둘 수밖에 없었다.

가랑비가 내리는 안개 속을 뚫고 삐걱대며 노 젓는 소리가 강상으로 울려 퍼졌다. 안개 속이지만 사공은 용산진과 노량진을 자주 오간 경험이 있어, 물길을 헤매지 않고 제대로 방향을 잡아 노를 저었다.

마침내 일행은 노량진에 도착했다. 관을 다 내리고 인부들이 모두 노량진 나루터에 올라서자, 배 안에 있던 사공이 김시습을 향해 퉁바리 소리

같은 말을 던졌다.

"이제 뱃삯을 주셔얍죠."

그러자 나루터에 올라선 김시습의 입에서 나직하지만 강압적인 목소리가 배 안으로 떨어졌다.

"아직 일이 끝나지 않을 걸 모르겠는가?"

"네에? 강을 건네주는 것으로 소임을 다한 것 아닌가요? 일이 끝나지 않았다니요?"

"여기 있는 인부들이 장례를 다 치른 후에 다시 강을 건너가야 하지 않겠는가? 그때까지 기다리시게. 뱃삯은 그때 가서 셈해줌세. 약속한 값에 더하여 하루 전세 낸 값을 주면 되지 않겠는가?"

김시습은 등 뒤로 그런 말을 던진 채 인부들을 재촉해 관들을 운구토록 하였다.

미리 봐둔 장소가 아니므로 어둠 속을 헤매며 노량진 언덕 숲속을 헤맨 끝에, 마침내 노량진 나루터와 한강이 잘 바라다보이는 언덕을 장지로 정했다.

"새벽이 되기 전에 일을 끝내야 하니, 어서 빨리 여섯 구의 시신을 모실 산역 작업부터 하세."

김시습은 이때부터 다소 마음이 급해졌다. 정작 숭례문 밖에서 시신 거두는 작업을 할 때는 겁이 없었으나, 막상 강을 건너와 안심이 되는 노량진 언덕까지 오고 나자 도시 마음을 종잡기 어려울 정도로 몸이 후들후들 떨려오는 것이었다. 새벽이 가까워지면서 차가운 야기가 몸속으로 스며들어 그런 것이 아니라, 전신이 혼몽한 상태에서 갑자기 무서운 생각이 그의 내면을 급습해 왔던 것이다.

"나무관세음보살!"

김시습의 입에서 저절로 튀어나온 소리였다.

인부들이 여섯 개의 광(壙)을 파고 차례로 시신을 모시는 산역 작업을 하는 동안, 김시습은 바랑에서 꺼낸 목탁을 두드리며 반야심경을 독송했다. 불심으로 마음을 다스리지 않으면, 자신이 그 자리에 쓰러져 무주고혼이 될지도 모른다는 생각을 하였다.

"관자재보살, 행심반야바라밀다시, 조견오온개공, 도일체고액, 사리자, 색불이공, 공불이색, 색즉시공, 공즉시색……."

명색은 여섯 충신의 영혼을 위로하기 위한 염불이지만, 김시습 자신에게도 마음의 위안이 된다고 스스로 깨닫게 된 것은 거의 동시에 일어난 작용이었다. 죽은 자와 살아 있는 자의 정화작용이 반야심경의 독송을 통해 이루어지는 순간이기도 했다.

"밤중인 데다 여섯 시신을 모시는 일이라 회(灰)로 덮는 작업까지는 할 수 없었습니다. 평토 작업을 할 때 일부러 봉분을 만들지 않았습니다."

염장이 박가의 말에는 일리가 있었다.

"대부분 멸문지화(滅門之禍)를 당했으니, 앞으로 주인 없는 묘역을 누가 돌보겠나? 고생들 했네."

김시습은 염장이의 말을 듣고 염불을 끝냈다.

곧 염장이 박가는 여섯 구의 봉분 없는 평평한 무덤 앞자리 중앙에 한지를 깔고 미리 준비해 온 간단한 제사 음식을 차렸다. 또한 김시습이 붓글씨로 쓴 나무 위패를 제상 위에 올려놓았다.

염장이가 호리병을 들어 술을 따랐고, 김시습은 무덤 앞에 가득 따른 술잔을 들어 고루 뿌렸다. 다시 가득 넘치도록 술을 따라 놓고 그는 절을 하였다. 그때서야 참고 참았던 울음이 목울대를 넘어와 그의 숨통을 막았다.

김시습을 따라 염장이 박가를 위시한 나머지 인부들도 따라서 두 번 절을 올렸다. 그는 여섯 개 무덤 앞에 각기 그 주인을 찾아 나무 위패를 묻었다. 나중에라도 무덤의 주인이 누구인지 알 수 있게 하기 위한 배려였다.

"이것으로 되었네. 이것은 고인들의 저승 가는 노자이니 그대들이 나누어들 쓰게나."

김시습은 바랑에 갈무리해두었던 엽전 꾸러미를 꺼내 염장이 박가에게 건넸다. 다시 노량진 나루터로 내려온 그는 남겨둔 엽전 꾸러미를 배 안에 대기하고 있던 사공에게 던졌다.

"스님, 부디 성불하소서."

염장이 박가가 배 안으로 들어서며 합장을 했다.

"참, 잊을 뻔했네."

김시습은 바랑에 따로 챙겨두었던 노자를 몽땅 꺼내 염장이의 손에 쥐어주었다.

"이건 또 무엇입니까? 아까 노임은 충분히 주셨지 않사옵니까?"

"내가 그걸 미처 생각하지 못했네. 고인들의 묘는 자네들만 알고 있질 않은가? 앞으로 그 누구에도 일절 발설해선 아니 되네. 그리고 해를 넘겨 이맘때쯤 묘소에 와서 술이라도 한잔씩 부었다가 고루 뿌려주게나."

그러한 말을 남긴 후 김시습은 등을 돌렸다.

안개 속을 뚫고 삐걱대며 노 젓는 소리가 점차 멀어져가는 걸 느끼며 김시습은 노량진 둔덕에 한참 동안 서 있었다. 도무지 어디로 가야 할지 알 수 없었다. 새벽이 밝아오는가, 눈앞을 가렸던 안개 속에서 우쭐거리는 나무들의 형상이 아슴아슴하게 드러나기 시작했다. 비는 이미 그쳐 있었고, 어디선가 바람이 불어 한강을 건너가고 있었다. 그는 남쪽으로 발걸음을 옮기다 말고, 언뜻 뒤를 돌아 방금 전 땅속에 묻힌 고혼들의 무덤 자리를 눈 어름으로 헤아려 보았다. 그러나 어느 사이 강안개가 노량의 둔덕까지 자욱하게 점령하여 한 치 앞도 볼 수 없는 지경이었다

7

　김시습은 사육신을 노량진 언덕에 모신 후 무려 10년 가까운 세월 동안 방랑 생활을 하였다. 그는 31세가 되던 해(세조 11년)에 경주 금오산(金鰲山, 남산)에 들어가 토굴을 짓고 오직 글쓰기에 전념했다.

　그런데 김시습이 글을 쓰는 것에 대해 두려워하는 사람들이 있었다. 계유정란으로 공신에 올라 무소불위의 권력을 휘두르는 대신들이었다. 그중에서도 특히 집현전 학사들의 단종 복위 비밀 결사를 폭로한 김질과 그의 장인 정창손은 '도둑이 제 발 저리다'는 옛말이 무색할 정도로 자신들의 입신출세를 비웃는 글이 나올까 노심초사하고 있었다.

　특히 정창손은 분명히 사육신과 관련한 글이 어디선가 굴러 나온다면, 그것은 필시 김시습의 손을 거칠 것으로 생각했다. 그래서 김시습이 10년 세월 방랑을 계속할 때도 그의 일거수일투족을 감시하는 데 게을리하지 않았다.

　그러던 어느 날 김시습이 경주 금오산에 들어가 오로지 글쓰기에 전념한다는 소문을 듣자, 정창손은 은근히 오금이 저려왔다. 그에게는 천만다행으로 바로 위의 형 정흥손(鄭興孫)이 경주부윤으로 있었으므로, 아무도 모르게 수시로 김시습을 감시해달라고 부탁하였다. 당시 정창손은 무소불위의 권력을 휘두르는 영의정의 자리에 있었다. 사실상 셋째 형인 정흥손이 경주부윤이 된 것도 동생 정창손의 배경이 한몫했을 것으로 세간에는 소문이 나 있을 정도였다.

　정창손은 형 정흥손으로 하여금 김시습에게 가끔 수하를 시켜 술과 음식을 접대하도록 하면서, 대체 그가 무슨 내용의 글을 쓰는지 몰래 알아보도록 하였다. 하지만, 그것을 모를 리 없는 김시습이었다.

　당시 김시습이 토굴에 들어앉아 무슨 글을 쓰고 있는지는 아무도 몰랐다. 가끔 경주부윤 정흥손이 보낸 술과 음식을 대하면서, 그것이 곧 쥐약임을 알고 은근히 부아가 치밀어 올랐다. 그렇다고 정흥손의 수하에게 호통을 친 것이 아니라, 그는 천재적인 기발함을 발동시켜 자신의 글을 유희적으로 써서 그 분풀이를 대신하였다.

김시습이 금오산 토굴에서 학문도야에 힘쓰면서 글쓰기를 하고 있다는 소문이 나자 제자가 되고자 찾아오는 자들이 더러 있었는데, 그때마다 모두 호통을 쳐서 내려보내곤 했었다. 그런데 정흥손이 수하를 여러 차례 보내 자신의 일거수일투족을 감시한다는 것을 알게 되자, 그는 어느 날 제자가 되고자 찾아온 젊은 승려 선행(善行)을 선뜻 제자로 받아들였다.

김시습은 몇 번 선문답 같은 대화를 나눈 끝에 선행이 바로 경주부윤 정흥손이 보낸 첩자임을 눈치로 알아챘다. 그는 세상 현실과는 동떨어진 글을 써서, 자신이 자리를 비운 사이에 선행이 몰래 그 글을 필사해 세상에 알려지도록 했다. 그는 제자를 가르치는 입장에서 필사가 가장 큰 공부가 된다며 선행에게 일부러 자기 글을 필사하도록 강조하기까지 했다.

그렇게 김시습이 작전상 심심풀이 삼아 쓴 것이지만, 내용을 둘째로 치더라고 그 글만큼은 문맥이 매끄러운 명문이었다. 글쓰기는 그 사람을 속일 수 없었다. 아무리 여기(餘氣)삼아 쓴 글이라 하더라도, 그 스스로 정서적 여과 과정을 거쳐 군더더기를 걸러내는 기능을 갖고 있어 다른 사람들이 보면 저절로 감탄사가 터져 나올 수밖에 없었다.

김시습이 그렇게 써낸 이야기체 글들이 바로 「만복사저포기(萬福寺樗蒲記)」,「이생규장전(李生窺墻傳)」,「취유부벽정기(醉遊浮碧亭記)」,「용궁부연록(龍宮赴宴錄)」,「남염부주지(南炎浮洲志)」 등이었다. 이 한문소설들은 자유연애를 다룬 주제이거나, 천국·지옥·수궁(水宮) 등 삼계를 다룬 귀신들 이야기였다.

그러나 이처럼 여기로 쓴 소설 이외에 김시습이 진정으로 쓰고자 했던 글들은 어느 순간 끝내 사라지고 말았다. 누가 볼까 두려워 그는 비밀한 장소에 숨겨두었는데, 그것을 없앤 장본인이 정흥손의 첩자 선행의 짓일 것이 분명하나 따져볼 수도 없는 노릇이었다. 이른바, 심증은 가나 물증이 없었던 것이다.

경주 금오산에 7년 가까이 머물렀던 김시습은 거꾸로 된 세상, 잘못된 세상을 한탄하며 다시 방랑의 길에 나섰다. 그때는 이미 세조가 죽고 예종을 거쳐 성종이 왕위를 이은 시기였다.

1471년(성종 2년), 김시습의 나이 37세가 되던 해였다. 그가 한양 땅으로 올라와 육조거리를 걷고 있을 때였다. 때마침 복사꽃이 한창 흐드러지게 피는 봄날 저녁 무렵이었는데, 육조거리에 어느 대신이 탄 사린교가 나타났다.

"쉬이, 물렷거라! 영상대감 행차시다!"

가마꾼들의 외치는 소리에 김시습은 사린교 위를 쳐다보았다. 그 위에다 늙어 흰 수염을 휘날리는 정창손이 거드름을 한껏 피우며 앉아 있었다.

"야, 정창손! 이 늙은이야, 이제 그만 그 자리에서 내려오지 그래!"

김시습이 두 팔을 벌려 사린교 앞을 막아서며 크게 호통을 쳐댔다.

당시 정창손은 팔순의 나이에 접어들었으며, 세조와 예종을 거쳐 두 번씩이나 영의정 자리에 오르는 권세를 누리고 있었다. 김시습은 다 늙은 나이에 영의정이 웬 말이냐며, 스스로 자리를 내놓고 죽을 날이나 기다리라는 뜻에서 그런 부아통 터지는 소리를 질러댔던 것이다.

정창손은 호통을 치는 자가 그보다 나이가 한참 아래인 김시습인 것을 알고 자못 당황하지 않을 수 없었다. 그는 얼른 가마꾼들에게 일러, 앞을 가로막은 김시습을 피해 옆으로 슬쩍 비켜서 가라고 명령했다. 일부러 시비를 거는 상대를 건드려봤자 구설수에만 오를 뿐 이로울 게 없다고 판단했던 것이다.

김시습은 자신의 곁을 지나쳐 가는 사린교 위의 정창손 뒤통수에다 대고

"영상 자리가 그리 좋은가? 벽에 똥칠할 때까지 해 처먹겠군!"

김시습의 껄껄거리는 웃음소리가 막 저녁 해 그림자를 드리우는 육조 거리로 울려 퍼졌다.

4. 허균 - 정라헬

그들 셋이 마음이 통했다고 해도 이상할 건 없었다. 둘 입에서 유교 경전 이름이 동시에 튀어나왔던 때를 맞춰 가사도 멋졌으니까. 유색 도포를 입은 허균의 입꼬리가 묘하게 올라갔다. 넓은 두리소매를 추스르며 오르로 고개를 틀어 멀리 시선을 던졌다. 돌올하게 서 있는, 평양성의 금수산 최고봉은 서북지방 산세가 험난한 것에 비할 바는 못 됐다. 한층 한층 돌땀으로 축성된 성벽을 올려다봐야 했고 대동강이 막혀 있어 더 높게 보였는지 몰랐다. 을밀봉의 을밀대, 그 등성이를 타고 내려와 있는 칠성문, 바위 위에 서 있는 연광정을 지나 앞으로 있는 대동문까지 왔다.

"황성에 비해 우리 누각이 산야와 조화로워 오밀조밀한 미를 지니지."

대꾸가 없는 여인(汝仁), 이재영이 배 바닥에서 시선을 거두지 않았다. 악공들은 공연주를 하면서 서로를 쳐다봤다.

"누정 하나 지어 놓으면 영락없는 모란꽃이네그려. 자웅이 서 있고 큰 꽃잎끼리 감싸 안고 있는…."

그제서야 동물 장식 뱃머리로 시선을 옮긴 여인이 '장강이'부터 다시 하라고 했다. 과하지 않은 타목의 운랑은 단단한 소리로 관서별곡을 이었다. 평양부 서운인 숙야(叔夜)가 당당한 풍채로 뱃전으로 다가온 목선을 저지했다. 전복을 입고 전립을 쓴 예인 둘이 타고 있었다. 기다리게, 하는 말로 부족했던지 구름무늬 장식판까지 두드렸다. 둘은 전복 밑에 치마를 흑백으로 입어 대조를 보였다.

"성인지화라니! 자네 시 「오정기대병가」보다 대상을 한참 격상했어."

여인은 화가 난 듯 벌떡 일어났다. 흔들리는 몸으로 갑판을 왔다갔다했다. '장강이 천연 요새라고 하더라도 병사들 인화만 못하다. 인화는 태평성대에서 가능하다. 그걸 임금이 이루게 했다'는 대목에서 여인의 분통이 터져 나온 거였다.

"관직 누가 먼저 얻는가에 쌀 다섯 말 걸기 어떤가?"

"성가퀴에 불 밝혔어도 날 아직 훤한 게 유감이네."

허균은 무심히 동문서답을 하고 평양부민을 훑어보았다. 횃불을 밝혀서 줄줄이 서 있었다. 일기는 한겨울을 살짝 비켜났어도 온기는 여전히 반가웠다. 그들이 뱃놀이하고 있었던 때는 선조 임금 치하 병오년 정월 그믐께였다.

임진전란으로 강토가 쑥대밭이 돼 복구 안 된 곳이 부지기순데 은덕이라니, 멀리 갈 것 없지. 가리키는 손끝은 부벽루였다. 거기가 어떤 덴가. 그래, 동명왕이 기린 타고 굴로 들어가 조천석에 올라 지상 일 아뢰던데…. 허균이 말을 맺기 전이었다. 심사가 뒤틀려 보이는 여인은 누각 안으로 뛰어가 바닥에 화풀이를 해댔다. 이내 선미로 나가 아, 아 소리를 질러댔다. 숙야가 간발로 먼저 닿아 여인 등을 두드렸다. 능라도에 원한이 있는가. "울혈 같은 것이 시도 때도 없이 올라온다는 걸 내 모르지 않으이."라며 여인 등에 같이 손을 얹었다. 음음, 허균은 구레나룻과 목을 감쌌다. …어제 영명사를 지나다가 잠시 부벽루에 올랐다… 기린마는 가서 돌아오지 않고…. 입에 것을 서로 내주는 둘은 돌아가며 포숙이 되었는데 오늘은 허균이 되었다. 여인은 여전히 반응하지 않았다. 허균은 운랑을 불렀다. 정지상의 시, 「송인(送人)」을 읊을 수 있는지 물었다. 그녀는 분칠해 화사했는데 또 밝게 그럴 수 있다고 했다. …대동강 물이 마르는 날이 있을까요, 이별의 눈물을…. 물속을 뚫을 듯 들여다보고 있는 여인은 임진왜란 때 임금이 피난길에 올랐다는 소식을 듣고 분개했다. 그 감정 골을 메우기는 좀처럼 쉽지 않았다.

그때 북상했던 왜군들이 평양성 자연 해자인 대동강 건너 모래펄에 진을 쳤다. 그에 앞서 임금은 압록강 건너 요동에 갈 계산으로 떠난 후였다. 종묘사직을 보존해야 했던 동궁은 신주를 모시고 다음과 그다음 역원 사이 산골짜기로 숨어들었다. 성안에는 도원수 김명원, 영원 군수 고언백,

벽단 첨사 유경영 등이 남아서 사수해야 했다. 성안에는 백성과 군사를 합쳐서 삼천에서 사천 명가량 되었다. 전운이 감도는 가운데 윗선과 군사들은 차시환혼(借屍還魂), 수상개화(樹上開花) 전술을 본능적으로 행하느라 분주해졌다. 아군은 을밀대 부근 숲에 흰옷을 이리저리 걸쳐두어 수를 부풀렸다(일명 의병(疑兵)). 왜적은 나무칼에 백랍을 입혀 햇빛을 반사해 아군을 교란시켰다. 모래톱에선 조총으로 쏘아대며 세를 과시했다. 아군들은 애기살로 불리는 편전, 화약을 이용한 화전, 작은 대포인 현자통으로 쏘아 대응했다. 조선 정예군은 어둠을 틈타 왜적 진영을 기습하기로 했다. 극도의 불안감 속에 동태 파악과 정찰에 치우쳐 건너야 할 시간을 놓쳐버렸다. 군사들이 능라도를 경유해서 건넜을 땐 이미 새벽이었다. 다행히 적군들은 자고 있었다. 정예군들이 선제공격으로 다수의 적군을 죽였고 말 삼 백여 필을 노획했다. 순수견양(順手牽羊)이었다. 정렬을 가다듬은 적군이 공격을 해대는 생사의 갈림길이었다. 원군이 배를 강기슭에 대야 탈수 있었다. 제갈량, 조조도 이 상황에선 줄행랑을 쳤을 거였다. 매복지에 분산해 대기하고 있을 병력 여력이 없었다. 여기 지리에 밝았던 병사들이 수심이 낮은 왕성탄으로 건너갔다. 잠자리 겹눈같이 촉을 세우고 있었던 왜군은 비밀을 알아챘고 따라 건넜다. 북성과 연결된 최고봉에 올랐던 왜군은 내성, 중성을 감시, 정찰했다. 비어있는 걸 알게 된 그들은 배를 타고 서쪽으로 나아가 입성했다.

　평양성 전투를 여인과 함께 유성룡 대감 지인에게 들었을 때, 허균도 당황스럽긴 일반이었다. 그 성은 고구려 때 축조돼 발해, 고려의 역사가 고스란히 축재돼있는 곳으로 그의 서출 벗들과 같이 여기를 좋아했다. 누대에 오르면 시심이 발동하고 서북 산악 정기를 통틀어 받는데 적소라고 입을 모으곤 했다. 언젠가 시를 잘 외우는 이재영이 이백 시, 「장진주(將進酒)」를 연광정에서 암송했다. 천금을 다 써 버리면 또다시 돌아오기도 하는 법이다. 한 번 마시면 삼백 잔은 마셔야 한다. 진사왕은 한 말에 만금 가는 술을 들고 즐겼다, 등의 시구에서 양을 손으로 표하면서 읊어주었다. 벗들이 그 정기를 통틀어 받을 수 있다고 했던 건 이백의 과장법을 따라했던 거였다. 여기를 임진전란 때 왜적에게 내주었고 정유재란까지 환난의 책임은 전적으로 임금과 위정자에게 있었다. 서출 벗들이 입을 모아 개탄했다. 더군다나 허균은 피란길에 아내와 첫아들을 잃었다. 타고 다녔던 소를 팔아서 관을 사고 옷가지를 찢어 시신을 염했다. 피란지에 아내를 묻어야 했던 허균은 임진왜란을 소재로 한 시를 여러 편 지었다. 「기견(記見)」, 「보공부회고운오수(步工部懷古韻五首)」, 「숙회원민사(宿懷源民舍)」, 「피지연각작팔절(避地連閣作八絶)」 등이 있다.

허균은 문장가로서 현실 참여의 소명을 잊지 않고 살았다. 문치주의 관료로 백성을 만나서 희로애락을 듣고 나누면서 시문으로 지었다. 허균이 잠시 관직에서 물러나 있었을 때였다. 강원도 철원에 갔다가 날이 저물어 민가를 찾았다. 주막에 사는 노파와 인사를 나누다 보니 그녀 남편이 허균의 외갓집에 드나들었던 사람이었다(외가는 강릉이었다.). 노파가 외딴곳에 살게 된 사연을 들려주었다. 그녀는 임진란 피란길에 왜적을 피해 아이를 데리고 덤불에 숨었다. 아이가 소리를 내는 바람에 적에게 끌려갔다. 다음 날 난도질을 당했던 남편과 시모는 시신을 분간할 수 없었다. 까마귀와 솔개가 뜯어치우고 있었다. 도와줄 이 없어 혼자 땅을 파고 뼈를 묻었다. 속을 태우며 산 12년. 아들 소식을 들으니 궁에서 일하고 장가까지 들었다. 재물도 모았으나 찾아오지 않는다. 얼굴을 알아볼 수 없을 것 같다. 어쩌면 아비 묘에 술 한 잔을 올릴 수 있을까, 하는 내용으로 서사시 「노객부원(老客婦怨)」은 지어졌다. 전쟁의 참상이 잘 드러나 있어 누구라도 왜적의 만행에 치를 떨었다. 허균은 그것을 숙야에게 보여주었다. 숙야는 야릇한 표정으로 허균을 한동안 쳐다봤다. 돌변해서 장난기가 묻어나는 얼굴로 말했다.

"백거이 「장한가」 풍조를 닮았네그려."

그렇게 감유해놓고 숙야는 딴짓을 해댔다. 허균은 그의 시를 흉내내지 마라고 따끔하게 말했다.

허균은 기전체 작품, 「장산인전」과 「장생전」에 임진왜란을 넣어서 창작했다. 다른 개인 전기에 비해 두 작품의 주인공은 허구적인 인물이었다. 「장산인전」에 산인의 부친은 상륙을 먹고 귀신을 볼 수 있고 부릴 수 있었다. 나이가 백 살가량 됐어도 마흔 살 정도로밖에 안 보였는데 출가한 뒤에 어떻게 죽었는지 몰랐다. 산인은 부친이 집을 나가면서 주고 간 『옥추경』과 『운화현추』를 수만 번 읽었다. 그러자 귀신을 부릴 수 있었고 학질을 낫게 했다. 그 후 가업인 양의를 그만두고 출가하여 지리산에 들어갔다. 이인(異人)을 만나 연마법을 배우고 수진에 관한 책을 열 권 읽었다. 암자에서 거의 먹지도 않고 삼 년을 보냈다. 그러자 호랑이가 산인에게 하인처럼 복종했고 가마마냥 타고 다녔다. 부친처럼 귀신을 물리칠 수 있었고 잡기도 부릴 줄 알았다. 그는 죽을 때를 미리 알아서 지인에게 화장하라고 일러두었다. 임진왜란이 일어나자 왜적이 칼을 휘저으며 소요산(逍遙山)에 들이닥쳤다. 산인은 앉은 채로 칼에 찔렸는데 피 대신 하얀 기름이 나왔고 쓰러지지 않았다. 우레가 치고 비까지 쏟아지자 왜적들이 질려서 도망갔다, 는 이야기로 지어졌다. 허균은 왜적에 대해 산인 나아가 조선인의 우월성을 부각시키고 싶었는지 몰랐다. 왜적을 두려워 말고 힘을 모아 물리치자는 뜻을 인물에 여러 장치를 하는 등 우회해서 던졌다. 우국충정의 다른 발로였다.

「장생전」의 장생은 비렁뱅이였지만 의협심을 지녔다. 저자에서 구걸한 식량을 본인이 조금 먹고 다른 거지에게 나누어줬다. 한때 더부살이했던 악공 집에 비파를 같이 배우는 계집이 거문고 봉미를 잃어버렸다. 장생이 경복궁 신호문에서 계집을 둘러메고 날아서 몇 겹이나 되는 문으로 들어갔다. 경회루의 상량으로 올라갔더니 두 소년이 있었다. 소년들이 구멍으로 금은보화를 꺼냈고 계집의 봉미를 건네주었다. 임진년에, 술에 취해 다리에서 쓰러져 있었던 장생은 죽어버렸다. 그는 조령을 넘으면서 다정한 벗 홍세희를 만났다. 장생은 "나는 죽지 않았네. 바다 동쪽으로 어떤 나라를 찾아간다네." 하고 말했다. "정유년에는 남쪽으로 오지 말게."라고 했다. 그 후에 홍세희는 이일 장군을 따라서 탄금대 전투에서 왜적을 방어했다. 장생의 말대로 산 위로 달아났다. 손가락 꼽을 정도로 살아남은 사람 중 하나였다. 정유년에 홍세희는 금군으로 있으면서 장생이 했던 말을 잊고 말았다. 남으로 내려와 황석성 전투에서 적군에 맞서 싸우다가 죽었다. 지상의 도인 검선(劍仙), 장생의 예언은 적중했다. 임진, 정유재란의 병화를 내다봤던 거였다. 허균은 여기서 장생이 이상향을 찾아가는 걸로 장치했다.

"스승님 소식을 아는가?"

허균은 기방, 이라고 툭 튀어나와 놀라서 멈췄다. 평양성을 유달리 좋아하시지, 로 순화했다. 허균에게 시를 가르쳐준 손곡 이달 선생을 말했다. 그는 양손을 앞으로 포개어 고개를 숙이며 "조만간 소식을 드려야지"라고 공손히 말했다. 이달은 허균의 둘째 형, 허봉의 막역지우였다. 허균이 열네 살 되던 해에 이달이 허봉을 찾아와 처음 봤다. 그때 명문장가였던 허봉이 이미 이달의 시를 인정하고 있었다. 허봉이 그에게 허균을 위해 즉석에서 시를 지어달라고 했다. 운을 불러주자 시, 「호운(呼韻)」을 지어주었다. 허균은 깜짝 놀라면서 이달을 달리 대했다. 이달은 책을 좋아해 읽지 않은 책이 없을 정도였다. 그의 독서 습벽이 내림처럼 허균에게 이식되었다(물론 허균은 어려서부터 문필에 재능을 보였다.).

처음에 이달은 송나라 시인 소동파 시를 모범으로 삼았다. 어느 날 스승, 사암 박순이 이달에게 다른 시들을 보여주었다. 박순은 과거에 일찍 급제해 청요직을 거쳤고 후에 정승만 내리 십이 년을 했다. 이달의 아버지와 친분이 있었고 뭣보다 가르치는데 서얼을 따지지 않았다. 박순은 성당(盛唐)의 근체시를 모범으로 삼을 것을 가르쳤다. 이달은 허균을 가르치면서 이백의 악부시를 제일 먼저 소개했다. 차차 호방한 풍격이 드러나는 시, 신선 노장사상, 낭만적인 풍류가 드러나는 것을 보여주었다. 두보의 시는 이백과 결이 달랐다. 안사의 난으로 왕조가 환난을 겪으며 백성들이 울부짖는 모습 등을 사실적으로 그렸으나 격조가 높다고 했다. 우국충정이 돋보이는 것들을 보여줬을 무렵이었다. 이달이 연장을 들고 두드리는 체를 해 허균은 긴장했다. 허균은 "대장공입니까?" 하고 물었다. 입성 초라한 이달이 환하게 웃었다. 두보에게선 시를 짓는 태도가 하나의 시라고 했다. 허균은 네, 라고 대답했다. 선생은 뭉텅한 돌로 돌화살을 만들어 냈던 모습을 손으로 그리면서 말했다. 고치고 또 고쳐서 완성에 이르렀던 거라면서였다. 그밖에 자연을 소재로 서정과 조화를 이루었던 왕유, 맹호연의 시들도 좋다고 했다. 백거이는 시도 훌륭했지만 성실성에 혀를 내두를 정도라고 했다. 백거이는 스스로 20권 시문집을 만들었다. 다른 사람이 75권을 엮어주었다.

스승의 가르침을 좇았던 이달은 오랜 기간 근체시를 섭렵했다. 정해진 구에 압운을 달고 성조를 지켰다. 구끼리 대구를 이루어 경쾌한, 성당 풍조로 시를 지을 수 있었다. 당대에 당시(唐詩)를 잘 짓던 최경창, 백광훈과 시사를 결성해 삼당시인으로 유명해졌다.

이달은 출신이 한미했다. 아버지는 영종 첨사 이수함이었고 어머니는 홍주 관기였다. 서얼(庶孼) 중 얼자였던 이달은 서얼금고법에 의해 정시 문과에 응시할 수 없었다. 한때 한리학관이 됐지만 오래하지 못했다. 그 후 무관직이나 중인직에 나갈 뜻도 없이 그저 시를 짓고 살았다. 현생에 대처하는 태도가 나약했고 무책임해 빈약하게 살았으니 범인(凡人)들로부터 무시당하기 일쑤였다. 외모를 꾸미지 않고 살았으니 돌아오는 말 인심이 고약했다. 그랬어도 시를 짓는 재주와 열정이 남달랐다. 허균은 잡기를 (고관들은 한시를 빼고 그렇게 봤다.) 지을 때도 손곡 사부의 시를 향한 태도와 헌신을 모범으로 삼았다. 그래서 허균은 이달 선생 전기인 「손곡산인전」을 지어주었다. 이재영에겐 한참 뒤에 다른 전류와 같이 보여주었다. 그런데 이재영은 품평은 아니 하고 목을 가다듬었다. 어떤 시를 암송하려나 보았다.

> 머리가 하얘질 때까지
> 손곡은 시를 읊었네.
> 백 편 모두 유려해
> 유장경 시에 가깝다네.
> 지금 사람들은 겉만 보고
> 비웃으며 손가락질하지만
> 강물은 만고에 흐르리니
> 어찌 고치게 할 수 있으랴.

허균이 환하게 웃으며 이재영을 얼싸안았다. 둘은 아이마냥 손을 잡고 맴을 돌았다. 이재영이 볼 가득 웃음을 채워서 말했다. "자네 시, 「손곡스승(絶句).7」이 품평이네."라고 했다. 이재영은 「손곡산인전」도 좋지만 「장산인전」처럼 지어보고 싶다고 했다.

"여기서 모일까, 소양강가에서 모일까 왈가불가했었잖나?"

언젠가 허균의 서자 벗들이 모여서 지내자고 한 걸 말했다. 중국 '죽림칠현'을 본떠서 강가에 모여 살자고 했다. 그때 정처 없이 떠도는 이달 선생도 모실까, 하고 허균이 의견을 냈을 때 분분했다. 뭣보다 거사를 도모하기엔 팔도의 중간이 좋다는 의견으로 전환되면서 그 문제는 비켜 갔다. 몇이 현생으로 다른 일이 생기는 바람에 결성 자체가 흐지부지되었다.

"서윤 나으리, 아뢰올 말씀이 있어라."

"뭐냐?"

"양사께오서 후 내달 요동 땅을 밟으실 게란 전갈이어라."

허균은 미간을 모아 군노를 한눈에 넣었다. 전립의 붉은 상모가 흔들리며 얼굴을 들었다. 까맣고 얽어 있었다. 허균은 부챗살이 펴지듯 반색하며 갯가가 고향이더냐, 하고 물었다. 나으리 눈썰미가 점쟁이 저리 가소구만이라. 소인 집은 금강 가차운 함라구만이라. 부안과 가깝구나. 가차운 촌수지라.

"볼일 봤으면 제자리로 돌아가라."

숙야가 엄정히 말했다.

"이 사람 말 중이지 않은가!"

허균은 숙야를 향해 눈을 부릅뜨며 손사래를 쳤다. 군노를 향해선 더 온화한 얼굴을 지어 보였다. 여기까지 어떻게 왔는가, 하고 다정스런 음성으로 물었다. 그렇게 되었어라, 하는 얼굴에 수심이 내려앉았다. 공물 걷는 재주는 남다른데 저 말투가 생선 썩는 내 같이 고약해. 숙야 얼굴에 못마땅한 기색이 역력했다. 허균은 사레들린 듯이 기침을 토해냈다. 근디 허벌나게 고향이 그립구만이라. 임진란 전에 집 나간 형님을 찾아왔었다고 했다. 뒤에 국경 가차이서 봤다고도 하고 평양성 근처서 봤다는 사람도 있었구만이어라. 맨 가차이는 산에서 봤다는 말이었어라. 무슨 일이 터졌던가. 교산(숙야는 그날 기분에 따라 호를 바꾸어 부르니까.) 이 사람, 아랫 것 생활이 뻔하지, 별걸 묻네 그려! 방석에 앉게나. 그사이 전쟁이 터졌고 그가 평양에 도착했을 땐 길에 사람 찾아보기 힘들었다고 했다. 물건이든 음식이든 보이면 약탈하는 자가 임자였다고 했다. 먹이를 찾아 내려온, 눈이 퀭한 사람을 따라서 성을 뒤졌지만, 모래 산처럼 메말라 있었다고. 적군들이 다음 역원을 향해 떠난 지 며칠이 지났다고 했다. 양각도가 보이는 외성 거피문 근처에서였다. 힘이 없어 땅에 널브러져 있었는데 벌떼마냥 주절거리는 소리가 신경에 거슬렸다고 했다. 어떤 부랑자였다. 길동이 나타나라, 하고 나뭇가지를 지팡으로 아는지 두드리더라고 했다. 누군지 물었더니 관아에 숨겨둔 식량을 털어 백성들에게 나눠주는 도적이라고 했다. 그런 사람이라면

본인도 따라가겠다고 했다. 조금을 그러고 있으려니 부랑자가 말했다. 길동이 왜적들 식량을 털지 모르니 찾아가자고 했다. 그는 힘이 없어 걸을 수 없으니 나뭇가지를 잡고 가게 해달라고 했다. 부랑자가 처음엔 힘없이도 째려보더니 아무렇게나 고개를 끄덕였다. 그들은 강에 엎드려 물로 배를 채우고 죽을힘을 다해 정주성에 도착했다. 거기도 전란의 광경은 다르지 않았다. 부랑자가 길동이, 하고 부르며 걸어갔다. 그도 억지로 따라 부르며 걸었다. 그나마 성 옆에서, 밑에서 사람 몇이 와서 모여 있는 곳까지 억지로 가서 둘 다 정신을 잃었다. 온몸에 물세례를 받고 서서히 깨어났다. 사람들이 에워싸고 있었다. 그의 게슴츠레한 눈으로 보아도 위세가 넘치는 대감이 "이걸 먹고 정신 차리게."라고 했다. 이겨진 살점이 간혹 보이는 까만 주먹밥이었다. 둘은 급히 먹다가 되레 목 메여 죽을지 몰랐다. "길동이 어디 있더냐?"라고 대감이 물어도 둘은 눈만 깜빡거렸다. 옆에 부하 몇이 검을 겨누어 답하라고 했다. "쩌기 있다길래 찾아나섰구만이라."라고 부랑자 대신 답을 하자 대감이 엄하게 말했다. "길동이를 찾는 자에겐 양반증을 줄 것이니라."라고 했다. 그가 왜 그러시냐고 물었더니 처음엔 묻는다고 무엄하다고 옆에 호위병이 뭐라고 했다. 대감이 "길동이 왜군 식량과 무기 숨겨둔 델 알려주면 좋으련만." 하고 성벽을 올려다봤다. 그들을 성문을 열어두고 들어가진 않았다, 다른 패잔병이 의기양양해서 말했다. 몸을 숨기고 잠입해 왜적 장수 목을 베오면 전쟁은 이긴 것 아니옵니까, 라고 했다. 옆엔 머리를 너절한 천으로 감싼 패잔병이 말했다. 길동이 왜장 근처에 나타나 분신을 만들어 흩어놓으면 어떨까입쇼, 라고 했다.

"길동을 어찌 그리 상세히 아느냐?"

"쇤네들 댕기 머리 시절에 길동이 놀이를 했습니다요."

근엄한 얼굴에 입꼬리를 살짝 올렸던 대감이 말했다. 길동이 비슷한 사람이라도 데리고 오면 큰 포상을 내리겠다고 했다. 이제부턴 원군으로 올 명나라 군사들 먹일 식량을 모아서 운반하는 일에 참여하라고 했다. 부역에 참여한 사람 이름을 장부에 적었다가 나중에 상을 내리겠다는 거였다. 그는 관에 몸을 담아보고 싶은 뿌리 깊은 소망이 있어 다른 사람보다 몸을 더 썼다고 했다.

"홍길동을 안 단 말이지?"

"야, 그때 알았구만이라."

"길동이 장성 사람인데 동향인 자네는 모르고 평양 사람들이 알고 있었네그려."

허균이 군노의 이름을 물었다. 그의 이야기를 듣느라고 깜빡했다고 했다. 숙야가 그깟 색리 이름을 알려고 하냐면서 통박을 줬다. 허균은 정색하고 사람 일이 아니던가, 자네 문장 짓는 사람이 맞는가, 하고 역정을 냈다. 색리는 함강산이여라, 했다.

"함라 강산에서 태어났다고 딱 도장이 찍혀뿌렸는디. 요로코롬 여서 삐대니께…."

비렁뱅이에서 환골탈태했으면 죽은 듯이 있을 것이지 고향 타령할 땐가!, 숙야가 호통을 쳤다. 함강산은 그러지라이, 라면서도 얼굴엔 수심이 남아 있었다. 전근이 어렵다면 고향에 다녀라도 오게 해주든가. 임진란 이후 못 갔다지 않나.

"말씀 은혜가 금강 앞바다 같구만이라. 성함을 여쭈어도 될까라?"

"어른은 허자 균자를 쓰시네."

허균은 뱃놀이 중 홍길동 아는 군노를 만나는 게 쉬운 일 아니네, 라며 흐뭇한 표정으로 성곽을 올려다봤다. 숙야는 별별 의미를 부여한다며 그런 면이 있었던가, 했다. 곱상한 용모의 여인이 '허균답다', 제목으로 시나 한 수 지어볼까, 라 했다. 완성돼 마음에 들면 북경에서 가져온 방술 관련 책을 한 권 줄 수 있는지 물었다. 허균은 고개를 끄덕였다.

"자네 정말 홍길동을 알아서 관심을 가지는 건가, 아니면 군노에 관심이 있는 건가?"

"둘 다네."

"모대충 우이 빼다박은 군노 놈에게 다정스레 구는 게 허균답네."

"상하 차야 있다지만 나랏일 하게 된 궤적이 같네그려."

뭐! 설마 저놈이랑 날 같은 부류로 보는 건가. 든든한 현직 관리를 형님으로 둔 대감마님이랑 나랑은 같을 수 없단 말이지, 하고 토라지면서 눈시울이 붉어졌다. 기실 여인은 문장 짓는 재능이 출중했으며 유교 경전에 대한 지식도 해박했다. 이달처럼 정시문과에 응시할 수 없었다. 여인의 부친은 외직을 두루 거쳐 중앙에 들어와 장례원 판결사를 세 차례나 했던 이선 대감이었다. 여인은 그의 서자였다. 실력을 갈고닦는 자에겐 기회가 오면 행운 붙잡을 가능성이 높았는가 보았다. 임진왜란 중에 제정된 참급군공 절목이 정유재란 후까지 유효해 여인은 과거를 치를 수 있었다. 그의 나이 마흔여섯 살 무렵이었다. 과거시험에 앞서 여인은 허균에게 전시에 예상되는 문제를 물었다. 허균은 전란 후이니 나라를 부국강병하는 방법에 대해 논하라, 는 걸 예상해 볼 수 있다고 했다. 군사제도는 구체적으로 논해야 한다고 했다. 여인은 난처한 얼굴로 그건 무과에 적합하지 않을까, 했다. 곧 제승방략과 진관제를 비교해 둬야겠다고 수긍했다. 쉿, 이재영이 소리 낮추는 시늉을 했다. 종이에 '인재를 등용하고 양성하는 방법을 논하라'고 쓴 걸 보여주면서 시제로 적당한지 물었다. 고개를 갸우뚱하던 허균이 가만, 하면서 회심의 미소를 지었다.

"그래, 전통 있는 예상 문제지."

여인이 내용이 적혀있는 종이를 내밀었다. 허균 눈에 반듯한 글자가 들어왔다.

…서얼금고법은 태종대왕 15년(1415년)에 서얼 자손은 현직에 사용하지 말라고 명하는 것으로 시작됐다. 우부대언(右副代言) 서선(徐選) 등 육인이 건의문을 올린 이후부터다. 즉 '종친 및 각 품에 서얼 자손에게 현관의 직

임을 맡기지 말아 적첩을 분별하소서'라고 했다. 주동 서선이 이 법을 건의한 이유는 정도전의 노비에게 모욕을 당했기 때문이다. 복수의 묘책을 궁리하다가 상전 정도전이 얼자였던 점을 이용했다. 한 소인배의 악심이 나라 전체에 해를 끼치고 있으니….

금고 내용을 『대전』에 실을 때 강희맹, 안위 등에 의해 심해졌다. 성종 16년(1485년) 경국대전에 반포했다. 그 후 허통을 요구했던 상소 내력도 일목요연하게 정리를 해뒀다.

여인 이재영이 장원을 차지했다. 문과 갑과 일인 급제자로 불렸다. 지음이 홍패를 받았다. 어사화를 꽂은 복두 쓴 모습을 보고 허균은 감격했다. 승문원의 한이학관으로 출발하자 대견스러웠다. 관직은 단계를 밟아 올라갈 것이라고 여인을 미리 위로해줬다. 웬걸, 사헌부에서 출신이 한미하다는 이유로 삭과해야 한다고 임금께 주청을 올렸다. 이 조선 땅에선 재능보다 신분이 출셋길을 좌우했다. 벼슬이 세습 개념이었다. 과거를 치르기 위해 응시 원서를 접수하려면 집안 벼슬 내력을 반드시 기재해야 했다.

"모대충 우인가가 좋은 사람이 아니지라."

함강산이 위축된 얼굴로 물었다. 허균은 고개를 끄덕이다가 저었다. 물론 그는 청면수 양지가 거마비를 마련하려고 검을 팔러 갔을 때 모욕을 준 백정이었다. 여인은 서자라고 무시당했던 걸 군노에게 자연스레 표출했던 걸까. 그와는 생원과를 준비하면서 『맹자』의 '사단 칠정론'을 통째로 외웠다. 남의 불행이나 처지가 안 된 사람을 불쌍히 여겨야 한다는 측은지심은 우리의 실천 덕목이질 않았던가. 허균은 여인에게 험악한 얼굴로 "사과하게, 그렇게 말한 걸!" 하고 소리쳤다. 지지 않겠다는 듯이 여인이 "알아듣지도 못 하는 걸 사과까지 하라고!" 낮은 소리로 대꾸했다. 대감마님 댁 적장자께오선 대접만 받고 다니셨으니 아무런 별일도 아니라는 걸 모르는구만, 이라며 또 비꼬았다. 자네를 지음이라고 했던 말 취소하려네!, 하고 소리를 질렀다. 날 왜 불렀어! 종사관으로 나섰다고 자랑하려고 그랬나!, 하는데 울컥 올라왔던 듯 얼굴이 붉어졌다. 그때 숙야가 팔을 내저으며 저지했다.

"곶감 놀이 하세."

숙야는 여인을 향해 턱짓으로 다시 일깨웠다. 허여멀건 여인 얼굴에 미소가 물수제비 파문처럼 번졌다. 쇤네들은 언제 하오리까. 옆에 예인이 물었다. 숙야가 근엄한 얼굴로 채근했다고 나무랐다. 허균은 "그럴 거 없이 같이 놀자꾸나." 했다. 앗! 대감마님 눈이! 전복 아래 흑색 치마를 입은 예인이 소리쳤다. 뭐 때문에 그러느냐, 허균이 놀라서 물었다. 눈에서 광채가 납니다요. 난 또! 별이 쏟아지는 줄 알았습니다요. 듣기 힘든 찬사로고. 헌데 곶감 놀이를 어떻게 하나요? 운랑보다 눈썹 분장을 지나치게 한 흑치마의 예인이 물었다. 숙야가 힐끗 여인을 쳐다보곤 다시 군노에게 호통을 쳤다. 허균은 그럴 게 아니라 같이 노세, 라고 숙야를 얼렀다. 허균은 우리가 하는 놀이도 기실은 홍길동 놀이 않은가 여인, 라고 했다. 여인이 새침하게 웃으며 고개를 끄덕였다. 함강산은 숙연한 얼굴이 돼 나으리 같은 분은 처음이어라, 라고 했다. 눈물까지 글썽였다. 쇤네 같은 무지렁이가 대감님들 하시는 놀이를 알기나 할까라이, 라 했다. 허균은 놀이에 사람이 많이 필요하네, 라며 손으로 곁에 있는 사람을 거두었다.

"입운룡 공손승."

"표자두 천웅성."

"오늘은 탁탑천왕으로 하세. 양산박에 등극하게 되는 사건으로."

턱짓으로 곁을 가리키는 숙야가 천한 것들이 별호 놀이를 어떻게 한단 말인가, 하고 고약한 얼굴이 돼 최고봉을 쏘아봤다. 허균은 그새 여인에게 눈짓했다. 여인도 눈을 껌뻑이며 조개 옆 마을에 귀신이 출몰했지, 하고 말했다. 이어 『수호전』 책장 넘기는 시늉을 했다. 액막이로 탑을 세웠는데 그게 조개 마을로 옮겨왔지. 조개가 탑을 뽑아와 그의 마을에 세웠지. 별호가 붙게 된 연유를 요약해 주었다. 기가 약하구만 귀신을 무서워한 게, 하고 함강산이 끼어들었다. 이미 상전 둘은 별호에 맞는 몸가짐과 어투로 예행했다. 막상 시범을 보일 땐 대담하고 어울리게 했다. 함강산 이리 오게.

"석갈촌 어부 완씨 삼 형제를 맡기는데 자네들 이의 없지?"

쇤네는 아무것도 몰라라. 허균은 '생신강 강탈'을 모방하는 놀이라고 큰 얼개를 말해주었다. 강은 선단을 말하고 화석강 선단의 전례가 있었다고 했다. 송 휘종의 수석과 꽃, 취미생활을 위해 실어나르던 선단이었다. 그 후에 강은 뇌물짐을 지칭하는 것이라고 가르쳤다. 함라 어부가 폭풍우 속에서도 잡아 온 물고기를 공물, 부역 외에 수취를 당했다, 어떻게 행동할 것인지 생각하라고 했다. 턱을 과장되게 늘어뜨려 과묵한 표정을 지어 조개 흉내를 냈던 숙야가 자네 지금 지나친 말 아닌가, 했다. 눈이 한, 둘이 아니네. 그러게, 지금 난 사행 접대사 임시직이네. 그렇다고 놀이에 저들 눈치를 보라는 말인가. 하던 걸 계속 하세, 라고 당당하게 말했다. 눈을 끔뻑끔뻑했던 숙야가 시작하세, 라며 박수로 유도했다. 여인이 악공에게 활을 뺏어와 어깨에 걸쳤다. 술을 마신 후 기분 좋게 걸어가는 시늉을 했다. 여인과 허균은 '이글이글 태양은 뜨겁고 들판에 곡식은 말랐다. 농부들 근심이 끊이질 않는데 세자와 군주는 부채질 끝없이 한다.' 하고 협력해서 짜맞추어 주었다. 지다성 오용이 술장수로 변장한 걸 여인이 따라했다. 지금 하고 있는 놀이의 뒤엔 북경 대명부의 유수(留守) 양중서(梁中書)가 있었다. 태사(太師) 채경(蔡京)의 사위였다. 장인에게 잘 보이려고 백성들 고혈을 쥐어짜 내 뇌물짐을 꾸렸다. 그렇게 모은 은 십만 관을 동경에 있는 장인에게 운반해 주어야 했다. 양중서를 맡은 허균이 호인다운 표정을 지어서 호송 책임을 관군 제할사 양지에게 맡기노라, 하고 말했다. 무지렁이 완씨 삼형제도 야자대추장수로 변장해 산길을 넘어가야 했다.

함강산이 술에 취한 행동을 걸맞게 해 모두 웃었다.

"검기무 출 두 사람을 합하면 완씨 삼형제가 되네. 남장까지 했으니 되었네."

"쇤네도 시켜주시와요, 저만 없습니다요."

"옳아! 운랑은 평소에 노인 소리도 잘 내니 생신단 집사를 맡게."

책임자 양지까지 약 탄 술을 먹고 정신을 잃었다. 숙야는 은 십만 관을 강탈해 환희에 찬 모습을 지었다. 아차, 여인은 술에서 깨어나 돌이킬 수 없는 일을 당했음을 알고 그길로 도주했다. 은등짐을 짊어졌던 일꾼 무리와 늙은 집사는 술에서 깨어났다. 양지가 없어진 것을 알고 저들과 짜고 저질렀다고 뒤집어씌우자고 했다. 허균이 운랑에게 사악한 표정이 드러나게 연습시켰다. 집사의 보고를 받은 허균은 위세를 가득 실어 양지와 사건에 관계된 강탈자들을 잡아들이라고 했다. 조개가 살고 있었던 촌엔 급시우 송강이 압사(관속)로 있었다. 그는 강탈군 체포영장을 관아에 가지러 가는 즙포사(관속)을 만나 자초지종을 들었다. 송강이 이 사실을 조개에게 먼저 알려줘 피신하게 됐다. 관군의 추격을 받을 강탈자들은 최후의 보루, 호걸들의 운집처 양산박에 가면 됐다. 거기에 가려면 천지 같은 자연해자, 석갈천 호수를 건너야했다. 그곳은 무지렁이 어부로 살고 있었던 완씨 삼형제의 본거지였다. 조개, 공손승 등은 어부의 도움으로 갈대 늪지에서 관군을 무찔렀다. 허균이 일러준 대로 함강산이 칼을 겨누어 하도(관리)에게 말했다. 채경을 잘못 말해 채강이라고 했지만 알아채는 이는 별로 없었다. 채경이 온다고 해도 몸에 수십 개 구멍을 내주겠다, 하고 무지막지하게 말했다. 그때 허균은 후, 숨을 몰아쉬며 숙야에게 눈짓을 했다. "하도 이놈 내 목숨은 살려주겠다. 하지만 이건 교훈이다!" 하며 숙야가 칼로 내려쳤다. 그때 허균이 박수를 쳤다. 그러자 옆에서 같이 박수를 쳤다.

"대감마님 교훈은 뭘 말할까요?"

운랑이 눈을 동그랗게 뜨고 물었다.

"완씨, 아니 숙야가 어찌했나?"

운랑이 내려치는 시늉을 했다.

"그래."

"그럼! 죽었습니까요?"

"한쪽 귀만."

"예!"

운랑은 쓰러질 듯 비틀거렸다. 그때 여인이 박수를 치며 자 자 이제, 하며 이목을 집중시켰다.

"태사공 왈, 운 띄웠네."

여인이 해사한 얼굴로 말했다. 허균이 오늘은 자네에게 양보하겠네, 하고 말했다. 여인이 싱긋 웃으며 "첫 문장은 말하게."라고 했다. 허균은 "그럼 처음만."이라며 목소리를 가다듬었다. "천하에 두려워해야 할 것은 오직 백성뿐이다." 하고 말했다. 함강산이 "옳습니다요," 라고 크게 말했다. 운랑은 대감마님, 하면서 감동했다는 표정을 지었다. 여인이 허균과 눈을 맞추며 백성은 세 유형이 있다고 했다. 지배 체제의 부당한 처사에 불만이 있어도 말을 못 하는 '항민'이 첫째요, 불평을 늘어놓는 '원민'이 둘째, 때를 기다려 항거에 가담하는 '호민'이 셋째였다. 오늘 놀이에서 완씨 형제가 호민에 해당한다고 했다. 허균은 하하하 소리 내 웃었다. 이어 홀로 박수를 쳤는데 옆에선 영문도 모르고 따라 했다. 여인이 말한 「호민론」은 허균이 지어서 그에게 제일 먼저 보여주었다. 그 후 서자 벗들이 돌려보며 읽었다. 허균이 나란히 지었던 「유재론」도 같이 돌려보고 토론했다. 여인이 격문으로 부치자고 했다. 다른 서출 벗들까지 합세해 도원결의라도 하는 줄 알았다.

악공들은 이 분위기에 연주로 동참했다. 갑자기 장엄한 가락이 연주되더니 분위기를 압도했다. 예인들이 검기무를 추려고 중앙에 섰다. 양손에 들고 있는 칼로 한쪽을 올렸다 내렸다 번갈아 했다. 운랑은 흥을 타면서 나름의 춤사위로 가락을 맞췄다. 그녀들의 머리 쓸기와 땅 치는 춤사위가 한동안 이어졌는데 역동적이었다. 검을 가슴 앞에서 돌려대서 무녀의 춤 사위와 비슷한 느낌이 났다. 이제 백치마는 까치발을 떼며 전후진을 했다. 흑치마는 그때까지 검을 가슴 앞에서 돌리고 있었다. 순서를 잊어버렸을 까, 엇갈리는 걸까. 그때였다. 갑자기 흑치마가 허균에게 칼을 겨누었다. 고약한 표정이 돼 "감히 니깟게 평양성을 넘어와!"라고 했다. 허균은 뒤로 나자빠졌다. 숙야는 험악한 얼굴로 흑치마에게 칼을 겨눠서 거두라! 무엄 하다!, 고 고함쳤다. 함강산도 같이 겨눴다. 흑치마는 탈을 쓴 듯 분장한 얼굴로 헤실헤실 웃으며 왜장을 향해 그런 것이옵니다, 라고 했다. 허균은 놀란 가슴을 진정시킨 후 태연한 척 말했다. 눈에서 광채가 난다는 찬사에 대한 답례치곤 혹독하군.

"숙야, 저 사람처럼 본일에 충실하는 예인을 여기서 만났네 그려."

"자네 그런 말이 나오나?"

그 막간에 흑치마가 또 돌변했다. 자신에게 칼을 겨누었다. 모두 놀란 얼굴로 물러섰다.

"쇤네 살아도 살아있는 게 아니옵니다!"

"당장 거두라!"

흑치마는 가까이 오면 찌르고 뛰어들겠다고 했다. 허균은 하얀 얼굴로 무슨 사연으로 그러는게냐, 고 물었다. 쇤네를 사람답게 대해준 대감마님 을 뵌 건만으로 죽어도 여한이 없습니다, 고 했다. 비변사 낭청인 아버지 를 대감마님이라고 불러야 하는 한이 깊다고 했다. 허균은 "너에 마음을 알겠다. 그런 사람이 비단 너뿐이 아니거늘 도리 없는 것이 유감이구나." 하고 한숨을 뱉었다. 어머니는 귀신이 되어서도 노비, 첩에서 벗어날 길 없는 세상이 원망스럽다고 했다. 허균은 항복한다는 듯이 팔을 들고 차츰 다가갔다. 예인은 본인을 향해 칼을 고쳐서 들이댔다. "이래 죽으나 저래 죽으나 한을 풀 길 없사옵니다." 하고 몸을 돌렸다. 함강산이 달려들어 같이 물에 빠지고 말았다. 모두 놀라서 뱃전으로 모여들었다. 대기 중이었던 목선이 빠르게 다가왔다. 딴 군노가 줄을 내렸다. 줄에 의지한 함강산이 흑치마를 배로 밀어 올렸다. 허균은 발을 구르며 초조하게 지켜봤다. 여인은 손깍지를 꼈다 벗었다를 반복했다. 모두 하얀 얼굴이었다.

"숙야, 이 일을 어찌 잊겠소."

"아래것들 조삼모사 하는 언행에 괘념치 마소서."

둘이 갑자기 존댓말을 주고받았다. 운랑이 무슨 봉변이야, 라며 고약한 얼굴로 흑치마를 쏘아봤다. 왕후장상의 씨는 따로 정해져 있어! 너가 그래 본들 요지부동이라고! 서얼, 첩은 뭘 먹고 사니, 이 조선 땅에서. 너가 첩년 딸인 거이 유세 부리네, 라고 으르렁거렸다.

"운랑은 그 말은 어디서 들었느냐?"

이것저것 뱉었던 그녀는 뭘 말하는지 물었다. 왕후장상 하는 말이라고 했더니 대감마님들 노실 때 하는 말을 들었다고 했다. 그때 어!, 라며 여인이 미간을 찌푸렸다가 한참 만에 폈다.

허균은 옹색한 집 옆에서 뒤로 나 있는 길 앞에 있었다. 운하 위로 놓여 있는 다리 같은 두둑길이었다. 그는 유배 중이었다. 사방 눈요기할 게 없어 거기에 서 있곤 했다. 다리는 감실 같이 들어앉아 있는 야산에 닿아 있었다. 이끼가 끼고 층이 진 바위들 사이에 있는 오동나무가 오랜 벗처럼 위안을 줘 보러 나오는 게 버릇이 됐다. 그 꽃은 내자의 속살같이 색이 연하고 고왔다. 그는 금강 아래 함열현에 도착하면서 낯선 환경에 며칠 골머리를 앓았다. 차츰 적막해졌다. 그러나 성리학 규범대로 하지 않으면 경망하다고 그를 탄핵했던 군자들 눈치 볼 필요가 없었다. 문장가로서 과업을 성취하려면 지금 상황이 방패막이가 돼줘 몰입하기 좋은 시기였다.

허균은 그동안 지어 두었던 시문을 시렁에(부엌엔 댓살을 얹지만 여긴 벽과 연결되어 평편하다.) 올려두었다. 하나씩 들어내어 읽고 첨삭하기 시작했다. 이것을 하게 된 건 병오년으로 거슬러 올라갔다. 명나라 사신 주지번이, 신종 황제 장손 탄생에 관한 조서를 받들고 왔었다. 사신을 맞으러 나갔던 원접사 이하 종사관은 그들을 궁궐까지 잘 모시고 와야 했다. 말이 안 통하는 먼 길에 한시를 주고받으며 공감대를 형성해야 했다. 수창 외교의 전통은 세종 때부터 이어졌는데 사신 간에 주고받은 시를 모아서 『황화집』을 엮었다. 나라의 문화적 자존심이 걸려 있었기 때문에 시문에 능한 이가 사행을 맞으러 가야 했다. 그때 허균은 의흥위 대호군 직을 제수받고 나섰다. 허균은 신라 최치원부터 당대 이재영까지의 시 830편을 4권으로 엮고 다시 2본으로 만들어 양사께(형과도급사 양유년도 같이 왔다.) 건넸다. 주지번은 성당 시를 터득한 이달 시를 알아봤다. 특히 그가 「만랑무가」를 칭찬했을 때였다. 허균은 "저는 이태백 「월하독작」 풍격에 닿았다고 봅니다." 하고 말했다. 주지번은 박장대소를 한 것으로 부족했던지 허균의 손을 부여잡았다. 시집을 허균더러 잡게 하더니 무릎을 쳐 가락을 타면서 읊조렸다. 그때 기실 허균은 이달 시 여러 편에 화가로 왔던 이정에게 매화꽃을 그려 달라고 해서 표시를 해두었다. 당시 주지번은 한림수찬 직책에 있으면서 왔기에 허균에게 개인 시집을 출판했는지 물었다. 그는 시문 외교에 능란한 자답게 허균에게 『세설산보』, 『시준』, 『고척독』 등을 먼저 주고서 그랬다. 허균은 없다고 공손하게 대답했으나 빚진 기분이 들었다.

시렁에 올려둔 시문 중에선 시가 월등히 많았다. 칠백삼십여 편이나 되었다. 과거 볼 때 과목으로 들어있기도 했고 수창 외교에 응하려면 잘 지어야 했다. 현재까지 오백여 편을 첨삭했다. 그다음으로 척독이 많았다. 군주도, 고관도 아닌 평범한 인물 전기에 해당하는 '전'은 다섯 편이었다. 「손곡산인전」, 「장생전」, 「남궁선생전」, 「장산인전」, 「엄처사전」이 그에 해당되었다. 이것들을 짓게 된 건 그의 집안 내력에서도 기인했다. 아버지 허엽, 두 형 허성, 허봉 누이 허난설헌은 당대 명문장가였다. 막내

였던 허균은 자연스레 중국 책을 접할 기회가 빠랐고 많았다. 아버지와 형들이 사신으로 다녀오면서 중국 책을 사 왔다. 정유재란이 발발하자 허균도 원군을 청하는 사신의 수행원으로 중국에 갔었다. 허균은 새로 본 나라의 광활함에 압도되었다. 천연자원이 무궁무진했고 가공한 물산도 많았다. 서점에 책도 많았다. 그들의 역사는 광활한 영토를 차지하기 위해, 새 왕조를 열기 위해 벌였던 혈투의 소산이었다. 북경 궁궐엔 정원수를 심지 않는다고 하니 짐작해 볼 수 있겠다. 그 와중에 인간 군상이 벌이는 이야기가 다양하게 있었다. 이렇게 나라의 배경까지 이해하면서 책을 읽게 되자 흡수가 빨랐다. 지적 호기심이 많았던 허균은 열심히 읽었고 썼다. 그는 관직 생활을 하는 틈틈이 딴 사람이 지은, 훌륭한 시를 모아서 시집을 엮었고 품평을 곁들인 시집도 꼭 엮었다. 전기 산문을 따로 엮진 못했다.

　허균이 다섯 편의 '전'을 지으면서 늘 곁에 두었던 책은 여러 가지였다. 책상 한편을 차지했던 것은 다음과 같다. 사마천의 『사기』, 시내암의 『수호전』, 나관중의 『삼국지』, 오승은의 『서유기』, 그 외 유교 경전이었다. 팔이 안으로 굽었던 터, 우리나라 역사서도 당연히 두었다. 고려조에 김부식이 인종의 명을 받아 팔 인의 참고(參考), 이 인의 관구(管句)와 편찬한 정사, 『삼국사기』가 으뜸이었다. 중 일연이 저술한 야사, 『삼국유사』도 같이 두었다. 『삼국사기』의 내용은 본기 28권, 지 9권, 표 3권, 열전 10권으로 구성되어 있었다. 삼국통일의 대업을 이루었던 신라에 관한 사적과 인물이 많았다. 허균이 그런 사실을 파악했을 때 『사기』의 「화식열전」과 연관을 지었다. 그 개요를 적어서 지음인 권필에게 보여주었다. 「열전」의 종장을 장식했던 탓도 있었지만 인간이 공통으로 당면한 문제를 신분 별로 다루고 있어서였다. 생활이 빈천했던 권필도 크게 공감했다. 먹고사는 존재로서 인간에 관해, 물질과 재화, 권력 소유에 관한 사유를 담아서 허균도 공감했다. 백성들이 먹고사는 근본 방법, 한 왕조가 나라를 일으킨 후에 임금은 그대로, 신하는 또 그대로 세력과 권력을 가져야 하는 이유, 절약하며 살아야 하는 이유 등에 관한 견해를 피력했다. 허균은 초장의 「백이열전」을 상기할 필요가 있다고 권필과 의견 일치를 보았다. 백이, 숙제가 그들 제후국에 지조를 지켰다가 아사하고 말았지 않았던가.

일연의 『삼국유사』는 얼개가 엉성하고 문체가 서투른 데가 있다는 데 대해 권필의 안목과 또 일치했다. 하지만 정사 『삼국사기』에서 놓치기 쉬웠던 불교에 관한 자료가 많아서 좋았다. 우리의 신화, 전설, 민속, 일화 등을 토막글로 보는 재미가 좋았다. 세종의 명에 의해 김종서, 정인지 등이 정리, 편찬한 기전체, 『고려사』는 아쉽게도 없었다. 허균의 먼 집안 처사에게 필사를 부탁했다. 그가 원본 필사본을 먹물로 훼손하는 바람에 허균이 변상해 주어야 했다. 재개하려고 한다는 것이 차일피일 미루어졌다.

허균은 기실 『사기』의 「열전」 편을 특히 열심히 읽었다. 저술한 공력은 말할 것도 없이 역사를 기술하는 방식에서 사마천의 업적을 간과해선 안되었다. 사마천은 역사가 아버지를 이을 생각이었다. 그의 아버지가 역사를 기술하는 방식은 편년체였다. 그러나 사마천은 대화체를 써 인물의 성격이 확연히 드러나게 했다. 본문 중간이나 말미에 자신의 소견을 짤막하게 넣어서 기술하기 시작했다. 군주 정치 기사는 '본기'에, 신하들 전기는 '열전'으로 나누어졌는데 사마천이 열전을 기록한 이유를 「태사공 자서」에 밝혀두었다. 즉 '의를 세우고 적절한 시기에 뛰어난 능력을 발휘하여 천하에 공명을 세운 사람을 위해서'라고 했다. 병오년에 그들이 평양 구름배에서 별호 놀이했을 때 이재영이 '태사공 왈'로 운을 띄웠던 건 사마천을 따라 한 거였다. 사마천이 개척한 양식을 '기전체'라 명명했다. 허자는 공주목사 시절에 삼영(이름 끝에 '영'자가 들어가는 세 벗)에게 '사마천자지전'이라고 떠벌렸다. 그런데 허균이 지은 다섯 편의 '전'은 당대에 모두 불우한 삶을 살았던 사람들을 기록했다.

허균이 시렁에 놓아둔 저술에는 기와 부, 논, 서, 설, 행장, 제발, 독,

잡문, 기행, 애사, 묘지 등이 있었다. 그동안 이 많은 종류를 아우를 책 제목을 정하지 못해 마음을 쓰고 있었다. 그는 며칠 전 밤에 가만 이파리가 오동잎이었나, 하고 중얼거렸다. 그날은 점심 끼니가 없어서 때를 넘기고 있었던 날이었다. 두둑길 근처에서 움직임이 감지됐다. 헛것도 움직이나 싶어 잔뜩 긴장했다. 똬리를 틀었던 뱀이 다시 구멍으로 들어가고 있었다. 얼룩얼룩한 밤색을 띠었다. 안절부절못했던 허균은 마실을 잠시라도 다녀와야 했다. 여기 마을엔 오동나무가 몇 그루 있었다. 어느 현민의 초가 담장 너머로 낡은 부엌문 곁에 항아리 두 개가 놓여있었다. 깨진 뚜껑을 커다란 잎으로 덮어놓았다. 옳거니 '부부고', '성소부부고' 였다. 장독을 덮을 만큼 변변하지 않은 원고! 허균은 시문집 제목을 정하자 그 많은 시문을 한꺼번에 지은 듯한 피로감에 빠졌다. 후, 숨을 몰아쉬었다.

　허균은 새벽에 눈을 뜨면서 몸에 닿는 걸 집었다. 간밤에 늦도록 보다가 떨어뜨렸던 모양이었다. 달력을 보고 「남궁선생전」을 집었는데 다섯 편 중 가장 길었다.

　산바람이 불어왔다. 큰비가 오면 오동나무와 별리는 수순이었다. 꽃은 함몰될 거였다. 허균은 바삐 나무 아래로 갔다. 떨어진 것 중에 모양이 온전한 걸 찾았다. 흙에 묻혀있는 돌을 이리저리 들추었다. 반듯한 것 몇 개를 골랐다. 시렁 한쪽에 책을 눌렀던 돌을 걷어냈다. 생 꽃 날리듯 떨어졌다. 아까운 마음에 허둥대다가 밟아버렸다. 요짝 말로 아작이 났다. 압화가 잘 되긴 했던 모양이었다. 병오년에 주지번에게 시집을 2본으로 엮어주었을 때 이달 시에 매화 꽃잎을 그려주었듯이 압화도 앞으로 그렇게 쓰일 거였다. 좀 전에 새로 주웠던 걸로 다시 만들면 되었다. 남아있는, 온전한 압화를 나무 그릇에 따로 담았다. 밖에서 기척이 났다. 문고리를 밀쳤다.

　"나으리, 소인네 통에서 오는 날이지라."

허균은 맨발로 댓돌에 내려섰다. 식사거리를 가지고 오는 당번이었다. 입가의 점을 주시하자 당번은 '점석'이라고 했다. 허균은 점석의 손과 짚바구니를 움켜잡았다. 썩은 내가! 허균은 숨을 참고 돌아서서 뱉었다. 입이 뾰족한 생선은 내장이 터져서 몸통이 암적색으로 변해 있었다. 누구라도 아무 현에 유배를 오면 현민들은 싫어했다. 방납으로 낼 물산도 부담이었는데 객에게 내야 하는 건 더 부담이었다. 당번이니께 어제 포구에서 일했어라. 이왕이면 그날 가져왔더라면 상하지 않았을 텐데. 그도 모르게 한숨이 나왔다.

"감자마냥 물기 없는 게 나은데."

"앞에 이야기 읽어주셔서라 생각하고 가져온 건디. 아츰까지 까딱없어서라…"

가지고 온 생선을 어떻게 해 먹는 건지 물었다. 준치사 회 처먹으면 맛나지라. 숯불에 구워 먹어도 맛이 기똥차지라. 점석은 준치를 구워보면 괜찮을지 모른다고 했다. 허균은 코를 훌쩍이며 괜찮네, 라고 했다.

"비렁뱅이 장, 장, 머시기… 암튼 은혜가 허벌나게 크지라."

"잊지 않았구나. 「장생전」에 장생 말하지?"

"얼추 맞구만이라."

"오늘은 「엄처사전」을 골랐네. 효심 깊은 엄처사로."

"근디 지 돌대가리로 쩡말 모르겠어라."

허균은 무얼 말하는지 물었다. 쩌기 거시기, 라고 하는데 허균이 답답해졌다. 방으로 들어가자꾸나. 아니어라. 쇤네같이 천한 것이 마루에 있겠어라, 라며 한사코 들어오지 않았다. "들어오래도."라고 권했으나 고집이 세었다. 내용을 들으려면 가까이 앉는 것이 낫다고 했다. 허균은 어디를 모르는지 물었으나 대답을 못 했다. 짧으니까 다시 읽어주겠네, 하면서 이야기로 풀어서 시작했다. 전에 하고 딴 이야기 같으라, 라고 했으나 허균은 이어서 했다. 장생이 조선 땅에서 철저히 무시당했던 사람들 행동을 흉내내는 대목에서였다. 대감마님께서 이걸 지었으라. 대감마님 같은 분이 안 나오니 민망하여라, 라고 했다. 조금을 더 듣다가 장생이 자꾸 나오니까 친근감이 든다고 했다. 그러더니 장생의 흉내까지 냈다. 장생이 악공이한 집에서 더부살이했었다는 대목에서였다. 아구메, 라며 곡성에 가까운 소리를 내 허균이 읽는 걸 중단했다.

"근디 전에가 어찌 나온다요?"

점석은 심각한 얼굴로 물었다. 악공 집에서 호금을 같이 배운 계집이 구슬 봉미를 잃어버린 대목이었다. 열어둔 뒷문으로 야산을 보면서 고개를 갸웃갸웃했다. 경복궁이 어디라이, 아 임금님 계신 데라구라이. 경회루 사, 상낭에(상량을 잘못 말한 것) 꼭 찾아갈 것이구만이라, 라는 거였다. 점석이 머리를 다시 갸웃거렸다. 장생의 과거 이야기를 받아들이질 못했다.

"점석이, 전생이 있는가 없는가?"

"그거사, 있을 수도 있고 없을 수도 있고, 아니 있나부지라이."

"그래, 있다고 봐야지. 이야기에서 우리가 장생이 과거를 볼 수 있다고 약속하는 거라네."

"아이고 겁매 어렵소. 당최 뭔 말씀인지 하나도 모르겠어라."

장생이 술에 취해서 수표교에서 쓰러져 죽었다. 시체가 부패해 벌레가 되었고 날개가 돋아 날아가 버렸다. 옷과 버선만이 남았다고 했을 때 "완전 거짓부렁이구만. 대감마님 지가 오늘 다시 들어보니 이건 완전 거짓부렁이요."라고 했다. 이 일을 어쩌면 좋냐고 통곡하기에 이르렀다. 허균은 당황스러웠지만 유종의 미를 거둬야 한다며 끝까지 들으라고 했다. 임진년에 장생의 친구 홍세희는 왜적을 방어하기 위해 조령을 넘었다. 장생을 만나게 된다. 여기서는 대감마님이 거짓부렁만 지어낸께, 라며 눈을 꼬나봤다. 괘씸하다면서 씩씩거렸다. 장생이 홍세희가 병화를 비껴갈 방도를 알려주었다. 쇤네더러 믿으라는 말씀이어라. 아까 거시기가 임금님이 사시는 데라면 임금님이 도둑이구만이라. 낮말은 새가 듣고 밤말은 쥐가···. 손으로 입을 막고 지가 그런 거이 아니고 그랬단께라이, 라며 손을 싹싹 빌었다. 점석은 이야기를 처음 들었을 때 너무 놀라서 이름을 외우려고 수십 번도 더 되뇌었다고 했다. 귀신하고 장군이 어찌 만난다요, 라며 눈물을 글썽였다. 후, 숨을 몰아쉬는 허균에게 자신을 방에 앉혀서 책을 읽어준 은혜를 평생 못 잊을 거라고 했다. 며칠 뒤에 다시 뵙겠다는 말을 하면서 눈을 맞추지 않았다. 흥분된 얼굴 같기도 했다.

　　허균의 옹색한 방 뒷문에서 들어오는 야산은 자연 정원이었다. 초입에 심어둔 감자가 반가웠다. 점석이 당번 때 준 감자를 잘라 씨감자로 썼다. 아직 키는 낮았지만 꽃을 하얗게 피우고 있었다. 잎은 단단해 보였다. 씨알이 조랑조랑 번져갔으면 싶었던 듯 미소가 번졌다. 허균은 후, 숨을 골랐다.

　　여기까지 쓰자 종이가 모자랐다. 허균은 시렁에서 종이를 들추었다. 어두운 얼굴로 수효를 헤아렸다. 한숨을 쉬며 한 장을 들어내 왔다. 이어서 쓰기 시작했다.

　　허균이 「장생전」을 쓰기 전이었다.

　　선조 40년 정미년 삼월, 허균은 삼척부사에 임명되었다, 아홉 수 액땜을 하려고 그랬던지 다난했던 해였다. 아버지가 외직으로 나갔던 곳에 그도 오게 돼 감회가 깊었다. 그 이즈막에 조정의 사헌부에서 계를 올렸다. 도성 안에 불당을 짓고 부처를 섬기는 사대부가 늘고 있으니 처벌해야 한다는 것이었다. 불교는 신라의 이차돈이 순교한 후 받아들여 고려조에 신앙으로 뿌리를 내리기까지 장구한 세월을 함께했다. 국가가 근절시킨다고 민중 마음에 뿌리를 내리고 있는 신앙이 스러질 수 없었다. 조선 통치 이념인 성리학이 이러해야 한다, 저러해야 한다고 구속만 했지 민의 신앙이 될 수 없었다. 엄격한 신분제 사회였던 까닭에 계층 간에 발생했던 인간 고를 누가 어루만져 줄 수 있었던가. 누군가 법당에 무심으로 좌선하고 있으면 마음이 고요해질 수 있었다.

조정의 압제는 지방으로 뻗쳐와 시선을 받고 있었던 허균이 걸려들었다. 그는 불교를 신봉한다는 이유로 임명받은 지 십삼 일 만에 파직당했다. 오래전부터 허균은 작은형 친구였던 사명당, 유정과 교분을 쌓아왔다. 그로부터 불교의 가르침을 받았다. 사명당은 문학에도 뛰어나 허균에게 많은 영향을 주었다. 후에 허균은 사명당의 비문을 지어주었는데 둘 관계를 '형제지교'라고 새겼을 정도였다.

파직된 지 두 달만에 허균은 예조판서가 되었던 큰형의 도움으로 '내자시정'이 되었다. 궁중에 쓰는 식자재와 음식을 맡아보는 직책이었다. 그는 관직에 있으면서 시문 짓는 걸 게을리하지 않았다. 붙박여 있는 걸 싫어했던 허균은 궁중에 갇혀 있으려니 갑갑했다. 외직으로 나가길 희망했으나 덜컥 주어질 리 없었다. 이태백처럼 달과 그림자와 고배를 마셨다. 부탁도 여러 차례 했던 중에 다행히 공주 목사 자리를 얻었다. 외직이 주는 홀가분함을 만끽하며 자리를 잡아갔던 허균이 관아에 '삼영'을 설치했다는 소문이 자자했다. 이재영, 심우영(처외삼촌), 윤재영을 관아로 불러들여 눌러앉혔던 거였다. 그들은 모두 고관의 자제로 서출이었다. 문장을 짓는 재주가 뛰어났지만 관직에 나갈 수 없었다. 허균은 소위 서자 벗들의 후원자였다. 벌어서 그들을 먹여 살리는 셈이었고 그들은 빌붙어 사는 거였다. 삼영도 조선 백성이건만 형편이 어려워 허균이 거두어 먹인다고 보면 무슨 법도에 어긋난다는 말일까. 녹봉의 절반을 형편이 어려운 벗에게 나누어 주었던 거였다. 그때 허균은 심우영을 통해 서양갑을 알게 됐고 또 연줄이 닿아 이경준, 김평손, 박응서, 박치인 등도 알게 됐다. 선조 41년 무신년, 그들은 벼슬길을 열어달라는 상소를 올렸다. 머리가 좋았던 그들은 '호민'이 될 성향이 넘쳤다. 허균의 「유재론」은 기실 이 벗들을 위한 외침이었다.

허균은 다시 파직되었다. 부안현 변산 남쪽 우반 골짜기로 들어갔다. 지인의 도움으로 정사암 별장에 머물렀다. 해어화 매창과 가까이 있을 수 있었지만 다른 이유가 더 컸다. 그해 왕가엔 선조 임금이 승하해 국상이 났다. 허균을 유난히 아껴주었던 분이었으나 세월 앞에 장사가 없었다. 다음 해 명나라 태감 유용이 광해군을 국왕으로 승인하는 책봉제 사신으로 오게 되었다. 원접사 이상의의 종사관으로 참여했다. 유용과 같이 왔던 문서 담당의 서명이 누이 난설헌의 시집을 원했기에 주었다. 그때 허균은 수창 외교 전통에 충실하려고 시를 많이 지었다. 사신들이 돌아가는 길에 서명한테 광해군에 관한 것을 들었다. 유용이 칠만 금을 받아 간다고 했다. 백성들 고혈을 쥐어짜 내 임금 책봉을 인정해달라고 뇌물로 줬던 거였다. 더군다나 적장자를 제치고 등극한 광해군을 명은 쉽게 인정해 주려 하지 않았다. 뇌물을 더 뜯어내려고 그랬던 건지도 몰랐다. 허균이 「장생전」을 짓게 된 건 이런 연유에 기인했다.

그해 수창 외교로 짓게 되었던 시와 그동안 지어 놓았던 걸 모아서 이달 선생께 보여주었다. 풍격이란 사람 손에서 오랜 기간 숙련을 통해서 이루어지는 거였다. 이달은 그가 추구해 온 성당 시를 기준으로 봤기 때문에 허균의 시에서 그 점을 찾으려고 했었나 보았다. 찾을 수 없자 힘쓰라고 충고했다. 허균은 답장을 보내어 반박했다. 단번에 선생께서 틀렸다고 했다. 시체도, 내용도 시대에 맞게 변화를 추구해야 하고 그대로 형틀로 박아내는 건 안 된다고 했다. 본인의 시를 이루어 가야 한다고 했다. 그가 기대했던 품평은 자칭 '허자지시'였다. 허균은 흥분해서 이재영에게 동의를 구했다. 그때 이재영은 그래 '여인자지시'가 되어야 하듯 말이지, 하면서 맞장구를 쳐주었다.

지금까지 지어 놓은 시는 '허자지시'를 이루기 위해 애썼기 때문에 가능했다. 시집을 낼 분량이 돼 책을 엮을 수도 있어 일단락될 수 있겠다. 다음으로 '전'을 정리해 볼 셈이었다. 다섯 편으론 작은 분량이었다. 『수호전』에 맞먹는 분량으로 새 작품을 써볼까, 싶은 생각을 이재영에게 털어놓았다. 그는 시간과 노력이 많이 드니까 분량을 조절해 보라고 했다. 서출 벗들이 무신년에 상소를 올린 이후 허균이 실질적인 그들의 후원자였음을 이재영은 누구보다 잘 알고 있었다. 그래 차라리 기존 것보다 길게 한 편을 더 써 여섯 편으로 묶는 게 낫겠어, 하고 이재영의 손을 잡고 말했다.

그래! 허균은 벌떡 일어났다. 이달 선생께 보내려고 지금까지 쓰고 있었던 이 글이 있었다. 「장생전」이 조선이 안고 있었던 문제점 때문에 지어졌듯이 말이었다. 허균은 「홍길동전」을 짓게 되는 배경을 여태 쓰고 있었다. 조선의 문제점을 써 내려가고 있지 않았던가. 세태를 반영하는 것이었다. 제목을 '허자지전'으로 정해놓고 있었다. '성소부부고'만큼 어렵게 짓지 않았고 위의 글을 쓰는 도중 종이에 적어두었다. 여섯 편에 추가해 일곱 편으로 묶는 거였다. 여기까지 쓰고 붓을 놓았다. 문장 스승이 살아계셨어도 「허자지전」은 달가워하지 않으실 거였다. 그래도 기꺼이 읽어주실 분은 이달 스승이었다. 혹시 모르니 필사를 해둘까. 팔이 아프네, 라고 모르고 쓰고 말았다. 다시 지울 수도 없고, 라고 허균은 혼잣말했다.

여기까지 쓰고 허균은 감자꽃을 바라봤다. 누가 부르는 소리가 났다. 허균은 요즘 기적이 나면 문을 벌컥 밀고는 맨발로 내려서곤 했다.

"성소 있는가?"
누구, 라고 하다가 뛰쳐나갔다. 아니 여인, 하고는 끌어안았다. 얼굴이 얽은 이와 함께였다. 노복인지 물었다.
"대감마님, 그간 고생이 많으시지라."
함강산이어라, 하는데 허균이 소리쳤다.
"길동이! 홍길동."
"함강산이어라."

그래, 그러게 들어가세. 여인이 포장된 것을 내놓고 소매에 감춰 두고 내지 않은 걸 딴 손으로 막고 있었다.

"이건 현감이 전해달라고 하더군. 오는 길에, 관아에 들렀더니 이걸 줘야 한다고."

현감은 관아에 갑자기 일이 생겼다고 했다. 조그만 사기 단지에 한지를 덮어서 보내온 건 연어알이었다. 온다고 귀띔이라도 했으면 뭘 좀 마련했을 것을. 허균은 "계서야 마련을 못 하겠지만."이라며 안타까워했다. 요즘 이야기를 읽어준다네. 기실은 오늘 현감과 「남궁선생전」에 대해 토론하려고 했네. 유배민에 대해 현민처럼 현감도 당번을 서네. 현민 사목이 먼저지. 이거 술안주로 딱인데, 라며 허균이 안타까워했다. 대신 허균은 팔을 벌려서 벗이 있어 먼 곳으로부터 오면 즐겁지 아니 한가, 하고 너스레를 떨었다. 쇤네가 마을에 나가보겠어라, 했는데 벌써 모습이 보이지 않았다. 머리에 든 건 없어도 재빨라. 어떻게 같이 왔는가. 숙야가 병마절도사가 되고 여진족에 대비도 잘 하고 임금을 기쁘게 해드렸다네. 그런데 권력을 쥐더니 사람이 변했어. 함강산이 알은체했다가 하옥됐더라네. 도망쳐 왔어.

"항민으로 살고자 하니 받아달라더군."

허균이 소리 내 웃었다.

"잘 되었네! 우리 일꾼으로 씀세!"

이재영은 등에 지고 왔던 바랑을 끌렀다. 편지가 여러 통이었다.

"운랑 건 보고 답을 써주게."

이재영이 강변칠우 중에 몇과 대동강에 갔다가 운랑을 만났다고 했다. 몰골이 말이 아니었다고. 허균에게 꼭 전해달라면서 편지를 줬는데 받은 지 꽤 되었다고 했다. 허균은 무슨 일이던가, 하고 편지를 펴면서 물었다. 관서별곡 명창으로 운랑을 안 뽑았다고 평양부에 투서를 보냈다고 했다. 그걸 동료 관기가 고발한 걸 알고 머리끄덩이 잡고 싸웠던 모양이라고 했다. 허균은 유감이지만 후일을 기약할 수밖에 없네, 라고 했다. 답장은 써 주겠다고 했다.

"허고⋯."

여인이 소리를 낮췄다. 소매에서 따로 척독을 꺼냈다. 허균도 알겠다는 듯 눈빛을 주시했다.

"병기 살 자금이 턱없이 부족해."

허균은 고개를 끄덕였다.

"병법만으로 부족하다고 이구동성으로 말하질 않겠나."

강변칠우 외에 합류하고 싶어 하는 사람이 늘고 있다고 했다. 불행하게 도 지원하러 왔던 사람이 축지법 시범 보인다고 바위에서 그러다가 계곡 으로 떨어졌다고 했다. 치료비 때문에 칠우 중 일 인씩 돌아가며 농장에 일하러 가고 있다고 했다. 허균이 조금 지니고 있는 농장에서 수확은 일 년에 한 철이었다. 여긴 심각한 보릿고개를 지나고 있다고 하는 허균은 답답한지 후 한숨을 쉬었다. 바깥에서 부르는 소리가 다급하게 들렸다. 함 강산의 눈덩이가 심각하게 부어있었다. 점석의 손에 망태가 들려있었다. 아이고 나 죽네! 함강산이 아프다고 소리를 질렀다. 점석이 망태를 내밀었 다. 뭔가! 허균은 뒤로 나자빠졌다. 웽, 벌이 사납게 나왔다.

척독 1

이달 선생님,

계속 쓰는 무례를 용서하시길 바랍니다. 위에 「허자지전」은 처음엔 「홍 길동전」을 쓰기 전에 시작했습니다. 이후엔 같이 쓰기도 했습니다. 어쨌든 「홍길동전」을 다 쓰고 나니 후련했습니다. 길동이 마지막에 율도국을 정복 하는 부분에 가장 고심했습니다. 정치체제, 제도가 잘못 제정이 돼 백성들 이 고통을 받는다면 전복을 꾀하는 것이 정답이질 않았습니까. 역사서 곳곳에서 전례를 확인할 수 있었으니까요. 선생님을 비롯한 서출 벗들이 차별받지 않고 살 수 있는 나라를 생각하다가 지어낸 것입니다. 중의, 상징 모두 해석이 가능한 율도국에서 선생님께서, 서출 벗들이 차별받지 않고 사시길 기원합니다. 율도국은 중국을 섬기지 아니한다고 했습니다. 천자의 나라라고 으스대는 환관놈들 금 뜯어가는 것에 넌덜머리가 납니다. 본문 중에 관련 문장을 인용하면서 선생님께 「홍길동전」을 바칩니다. 선생님 느낌, 단점, 장점을 말씀해주시면 감사하겠습니다. 혹평이라도 겸허하게 받아들이겠습니다.

　-율도국은 중국을 섬기지 않고 수십 대를 자손 대대로 이어오며 널리 덕으로 나라를 다스리니, 나라가 태평하고 백성이 넉넉하였다.

척독 2

　외손자 이필진에게,

　강변칠우가 조령에서 동래 상인을 죽였다는 소식을 들었다. 벗들뿐만 아니라 지인들도 다 잡아들이고 있다고 한다. 운랑이 명창 예선대회에 왔다가 내 안부를 물었던 모양이다. 사람을 사서 귀띔을 해줬다. 조만간 나에게 연락이 올 것이다. 너도 『성소부부고』에 5편 '전'이 들어가 있는 줄 알고 있을 것이다. 얼마 전에 완성한 「홍길동전」과 「허자지전」까지 7편으로 엮으려 했던 건 이루지 못했다.

　너에게 쓰고 있는 척독과 위에 것까지 두 개를 『허자지전』에 넣고 제목을 이것으로 정해주길 바란다.

　압화를 갈피에 끼워뒀는데 이동하는 과정에서 분실할 수 있으니 상황을 봐서 처리해 주길 바란다. 몇 개라도 부쳐주길.

5. 정철 – 정수남

1

밤이 이슥하도록 송강은 술상을 물리지 못하고 있었다. 비록 식은 나물이 안주였으나 술기운이 오를수록 가슴 밑바닥에서 솟아오르는 회한이 사무쳤다. 56세. 이제는 자신의 인생길도 황혼이라는 생각이 들자 가슴이 무너지는 듯했다. 더구나 말년을 낯선 북녘땅 강계에서 귀양을 살고 있다니, 그것도 가시울타리 밖으로는 한 걸음도 나갈 수 없는⋯⋯. 인생무상을 느끼며 한숨을 길게 토해낸 그는 다시 자작으로 술을 따라 마시고는 벽에 걸려 있는 거문고를 내려 무릎 위에 올려놓았다. 그의 마음을 달래 줄 것은 술과 그것밖에 없었다. 엄지로 슬그머니 대현을 누르자 거문고는 마치 기다렸다는 듯 쓸쓸한 자신의 속마음을 소리로 드러내어 주었다.

세상에 살면서도 세상을 모르고,
하늘을 이고서도 하늘 보기 어렵네.
내 마음 아는 건 오직 백발이런가,
나를 따라 또 한 해를 지나는구나.

그렇게 거문고를 무릎에 올려놓고 누르며 튕기기를 얼마나 했을까. 갑자기 찬 바람이 홑겹 문풍지를 흔들며 파고들었다. 송강은 누군가 자신을 찾아왔다는 것을 직감했다. 그렇다면 한밤중에 부사가 올 리는 없고, 혹시 그가 보낸 이방인가? 아니면 자신을 지키는 옥정인가? 그런 일은 그전에도 종종 있던 터였다. 보는 눈이 있어 부사가 직접 나서지는 못했으나 이따금 아래 사람들을 시켜 새로 빚은 술을 담은 호리병이나 기름진 음식 등을 가지고 오는 경우가 있었다.

그러나 이번엔 송강의 예측이 맞지 않았다. 들어가도 되겠습니까. 인기척을 낸 사람은 다름 아닌 여인의 옥음이었다. 송강은 깜짝 놀랐다. 이 야밤에 여인네가 웬일로 찾아왔단 말인가. 더구나 여기는 귀양 처소가 아닌가. 그렇다고 내칠 수는 없는 노릇이었다. 더구나 대작할 상대가 없어 거문고를 상대로 대작하고 있지 않은가. 헛기침을 몇 번 뱉어낸 송강은 술상을 한쪽으로 치우고 옷깃을 매만졌다.

허락받고 방안에 들어온 여인은 기생의 옷차림이었다. 큰절을 올린 여인은 먼저 보자기를 끌러 준비해 온 술과 음식 몇 가지를 내려놓았다. 음식은 모두 정갈했다. 강계에 귀양 온 뒤로는 보기 힘들었던 것들이었다.

"누구인고?"

앉은 채 큰절을 받은 송강은 그녀를 똑바로 건너다보았다.

"소녀는 옥향이라 하옵니다."

여인은 자신이 이곳 기적에 몸을 담고 있다는 것을 밝혔다. 여인은 얼굴처럼 목소리도 맑고 깨끗했다. 다시 헛기침을 몇 번 뱉어내며 지그시 건너다보던 송강은 그녀가 왜 이 야밤에 자신을 찾아왔는지 궁금했다.

"이곳엔 웬일인고? 이곳이 어떤 곳인 줄은 알고 왔는가?"

"잘 알고 있습니다. 대감 어른의 고명하신 이름 석 자도요."

여인은 조용히 웃었다. 송강은 여인의 웃음소리가 야단스럽지 않아 맘에 들었다. 송강이 내치는 기색이 없자 여인은 시키지 않았는데도 당돌하다고 할 만큼 냉큼 다가와 술 한 잔을 따라 올리면서 말을 이었다.

"어디 그것뿐인 줄 아십니까. 대감께서 지으신 시문까지도 외우고 있습니다."

송강은 여자가 그의 시가까지도 외우고 있다는 말에 놀라지 않을 수 없었다. 그뿐만이 아니었다. 여인은 그런 까닭에 오래전부터 송강을 사모해왔던 터여서 꼭 한 번 만나 뵙기를 원했다고 말하면서 이제야 소원을 이루게 되었다고 토로했다. 잠자코 그녀의 말을 듣던 송강은 그래서 어디 한 번 불러 볼까요, 하며 그녀가 거문고를 무릎에 올리자 머리를 끄덕거리고 말았다.

여자는 놀랍게도 그가 오래전 강원도 관찰사 시절에 지은 '관동별곡'과 쉰두 살에 지은 '사미인곡'과 '속미인곡'까지 기억하고 있었다. 토씨 하나 빠트림 없이 노래했다. 우수에 찬 목소리였다. 그러나 단아한 품격만큼은 조금도 흩어지지 않았다. 송강은 감탄하지 않을 수가 없었다. 어찌 이럴 수가 있단 말인가. 이렇듯 황량하고 적막한 곳에서 자신의 처지를 이해해 주는 사람을 만나다니……. 송강은 술잔을 들었다. 여인이 가지고 온 술에서는 국화 향기가 났다. 향기에 취한 송강은 문득 처음 시문학을 배우던 옛 시절이 뇌리를 스쳤다.

해가 중천에 떠올랐으나 송강은 움직이지 않았다. 담양 제월봉 아래 면양정에 모인 사람들 또한 다르지 않았다. 송순의 입에서 떨어지는 한마디 한마디를 들을 적마다 그동안 잔뜩 찌푸렸던 하늘이 맑게 개는 것 같았다. 우리말이 이처럼 아름답구나. 송강은 허연 수염을 쓰다듬으며 느리게 읊어대는 그의 우리말 시가를 놓치지 않기 위해 귀를 바짝 세웠다. 우리 말 시가는 석천 임억령에게 사사 받은 한시와는 또 다른 운치가 있었다. 당나라 이백의 풍모가 훌륭한 것은 사실이었으나 그것만으로는 뭔가 부족하다고 느꼈던 송강은 비로소 가슴이 열리는 느낌이었다. 거기에 거문고 소리까지 곁들인 멋스러움이라니……. 송강은 송순이 우러러보였다.

"대단하네, 정말 대단해."

그 뒤부터 그는 한양에 올라갈 때까지 면양정을 하루도 거르지 않고 찾았다. 찾을수록 새로움이 더해갔다.

그날 송강은 대취했다. 그녀와 더불어 밤이 이슥하도록 시를 읊고, 거문고를 튕기고, 옥향이 따라주는 술잔도 마다하지 않았다. 술기운이 오르자 정승의 자리에서 하루아침에 찬 바람이 몰아치는 북녘땅으로 쫓겨난 것에 대한 회한도 절망도 느껴지지 않았다. 주색에 빠져 생활이 문란한 것은 물론 당을 꾸며 나랏일에 이롭지 않은 무리를 모았고, 조정의 인사를 마음대로 좌지우지했다는 혐의로 사헌부와 사간원 양사의 논핵을 입고 파직당한 것도 잠시 잊을 수 있었다. 옥향이 그의 곁에서 그 모든 것을 녹여 주었다.

그날 밤 송강은 옥향과 함께 잠자리에 들었다. 송강으로서는 정말 오랜만에 맡아보는 여인의 향기였다.

그날 이후 옥향은 밤이 이슥해지면 부르지 않았는데도 송강의 처소를 스스로 찾아왔다. 송강은 그런 그녀를 내치지 않았다. 아니, 오히려 해가 떨어지면 은근히 기다려지기까지 했다. 말은 하지 않았지만 두 사람은 뜻이 통했고, 어느새 서로 사랑하는 사이가 되고 말았다. 짧은 겨울 볕에 해바라기를 하면서 송강은 아무리 따져봐도 이상한 일이라고 생각했다. 내가 여인네를 그리워하다니……. 귀양살이하는 것이 어디 한두 번이었나. 그러나 분명한 것은 살아오면서 숱한 여인네들을 접했으나 옥향은 그 곁에서 품격이 달랐다. 물론 이렇게 되기까지는 눈감아준 부사의 배려가 크다는 것을 모를 리 없는 송강이었다. 여기가 어디인가, 가시울타리가 쳐진 유배 처소가 아닌가. 송강은 그럴수록 옥향 못잖게 부사가 고마웠다. 부사의 묵인 아래 옥향이 밤마다 가지고 오는 술을 은근히 기다렸다. 당시 강계 부사는 이제신이라는 인물로 송강이 보기에는 우국충정이 뛰어난 사람이었다.

> 밝은 시절엔 정승감이라 자부했는데
> 늘그막엔 숯이나 파는 늙은이로세.
> 진퇴란 때가 있어 운명인 줄 알건만,
> 시비는 일정치 않아 무궁도 하구나.
> 깊은 병에 삼 년 묵은 쑥을 갖지 못하고,
> 떠돌이 생활이라 집칸 마련도 어렵구나.

오직 늙어가면서 잘하는 일 있다면,
백 잔 술 기울이며 온갖 근심 비우는 일.

2

그러나 세상은 그렇듯 송강이 사랑만 하고 있도록 가만히 놓아두지 않았다. 춥고 긴 겨울이 지나고 이듬해 봄이 오자 예기치 않았던 임진왜란이 일어난 것이었다. 왜란은 삽시간에 평화로운 국토를 쑥대밭으로 만들었다. 죽은 백성들이 부지기수였다. 물밀듯이 쳐들어오는 왜군에 맞서 싸울 방어 능력을 갖추지 못했던 조정은 당황했다. 속수무책이었다. 패전했다는 소식만 들려왔다. 할 말을 잃은 문무백관들은 한숨만 쉬었다. 이 일을 어이 할꼬, 선조 임금도 마찬가지였다. 결국 선조도 한양을 비우고 피난길에 오를 수밖에 없게 되었다.

선조는 황급히 송강을 다시 불러들였다. 그의 활달한 기질과 타협을 모르는 강직성, 그리고 매사를 꿰뚫어 보는 능력을 믿은 것이었다. 송강은 한양을 비우고 피난길에 오른 임금을 평양에서 모셨다. 그리고는 곧 충청과 호남 지방 체찰사로 임명받아 난리에 피폐해질 대로 피폐해진 남쪽으로 내려가게 되었다. 체찰사란 전시 비상 체제에 군령의 정점에 서서 통솔하는 직책으로 재상이 겸임했다.

하지만 송강은 옥향을 그냥 버려두고 떠날 수가 없었다. 그녀야말로 어려웠던 시절 자신에게 힘이 되어준 사람 아닌가. 더구나 시를 주고받으며 운우의 정을 나눈 게 어디 한두 달인가. 떠나기 전 그는 그녀를 불렀다. 그녀가 마다하지 않는다면 데리고 가든가, 아니면 본가 식구들과 함께 기거하게 할 참이었다. 그러나 옥향은 송강의 속내를 아는지 모르는지 그가 다시 조정에 나갈 수 있게 되었다는 것만을 기뻐하는 듯했다.

“감축드립니다.”

“고맙네.”

“정말 잘된 일입니다. 가시울타리가 쳐진 이곳을 떠나게 되셨으니……. 어디 그뿐입니까? 다시 조정에 나가 임금님을 뵙고 정사를 펼치게 되었잖습니까.”

“그런데 자네는 섭섭하지 않은가, 내가 떠난다는데?”

옥향은 송강이 얼굴을 찡그리자 소리 없이 웃었다. 벌써 그의 속내를 짐작하고 있다는 듯한 표정이었다.

“섭섭하긴요, 이렇게 기쁜 일을 두고 섭섭해하면 아니 되지요.”

헛기침을 몇 번 뱉어낸 송강은 정색을 한 채 이윽고 자신의 속내를 밝혔다.

그러나 그의 말을 다 듣고 난 옥향은 도리질부터 했다.

“아니 됩니다. 저는 기적에 매인 몸이고, 또 이렇듯 지금까지 대감님을 곁에서 모시고, 시를 배울 수 있었던 것만으로도 평생 잊지 못할 큰 은혜를 입었습니다.”

“너는 나를 진정 사모하지 않았던 게구나.”

송강은 짐짓 자신이 섭섭하다는 투로 턱수염을 쓸어내렸다.

“아닙니다. 저의 마음은 대감님께서 잘 아시지 않습니까.”

“그런데 왜 내 간곡한 청을 거절하는 것이냐.”

“죄송합니다.”

“기적에서 빼줘도 아니 되겠느냐?”

“예에, 제 대답은 똑같습니다. 이제부터 대감님께서는 미천한 저를 생각하지 마시고 나랏일에 매진하시기 바랍니다. 저는 멀리서나마 대감님의 무운장구를 빌고 있겠습니다.”

옥향은 단호했다. 조금도 뒤로 물러서지 않았다. 한참을 달래고 얼러도 소용이 없었다. 송강은 참담한 심정이었다. 그러나 그녀의 뜻이 그럴진대

어쩔 것인가. 결국 송강은 나중을 기약한 채 옥향과 헤어질 수밖에 없었다.

강은 한 줄기로 곧게 흐르지 않는다. 낮은 곳을 향해 굽이굽이 휘돌아 흐르다 보면 여기저기서 또 다른 물줄기들이 합세하기도 하고, 또 때로는 뜻하지 않은 커다란 암벽을 만나 부딪치고, 부서지기도 한다. 전란으로 황폐해진 남쪽 지방을 돌아보면서 송강은 문득 지금까지 살아온 자신의 인생 여정이 꼭 그와 같다고 느꼈다.

그를 가리켜 조정에서는 타협을 모르는 강직한 성품을 지닌 사람으로 평가하고, 또 반대편의 동인들은 급하고 다혈질인 성미에 술과 여자를 가까이한다고 폄훼하지만, 송강은 자신을 누구보다 잘 알고 있었다. 그들의 말은 하나도 틀린 데가 없었다. 그러나 그것은 선천적이 아니라 후천적으로 형성된 것이었다. 그는 그게 어쩌면 어린 시절 하루아침에 집안이 풍비박산되는 것을 목격한 뒤 스스로 설 자리를 찾기 위해 구한 방편이었을지도 모른다고 생각하며 혼자 웃었다. 굽힐 줄 모르는 의지력 또한 그때부터 생겼다고 봐야 옳았다. 사실 유배된 아버지와 함께 이곳저곳을 떠돌던 어린 시절은 그에게 그만큼 현실이 냉혹하다는 것을 몸으로 느끼게 해준 셈이었다. 어제의 벼슬은 아무 소용이 없었다. 자형 계림군이 역모죄로 처형당하고, 맏형이 매를 맞고 요절하는 것을 목격한 그는 그때부터 생존을 위해서는 스스로 강해지지 않으면 아니 된다는 것을 터득했다. 인심은 강물과 같았다. 오늘의 동무가 내일에는 적이 될 수도 있었다. 마음을 주고 의지할 수 있는 게 아니었다. 그런 가운데에서도 자신에게 위로가 되어준 건 오직 시문학이었다. 강물이 흘러가듯 사람도 관직도 결국은 모두 떠나지만, 그것만큼은 어려울 때나 힘들 때도 늘 변함없이 곁에서 정직하게 자신을 위로하고 지켜주었다.

왜군이 짓밟고 간 마을은 태풍을 맞은 것처럼 쑥대밭이 되어 있었다.

마을 곳곳에는 미처 치우지 못한 시체들이 방치되어 있었고, 거기서 풍기는 썩은 냄새가 진동했다. 참혹한 현장이었다. 송강은 울부짖는 백성들의 통곡 소리를 귓전에 새기며, 지방 곳곳을 세심히 살폈다. 이렇게 되기까지 나라는 그동안 무엇을 했는가, 하는 자괴감이 온몸을 파고들었다. 문득 세상을 떠나기 전까지 나라를 걱정하며 방어 능력을 갖춰야 한다고 역설하던 동무 율곡의 얼굴이 떠올라 더욱 가슴을 무겁게 했다.

군사가 있었으나 오합지졸에 불과했다. 기강도 무너져 있을뿐더러 전의조차 잃고 있었다. 더구나 그 숫자나 무기를 비교할 때 도저히 왜군과 전면전은 상상도 할 수 없는 처지였다. 할 수 있다는 것은 기습작전 등으로 적의 보급로를 끊는 게 고작이었다. 그래도 낙담하지 않을 수 있었던 것은 그 와중에도 곳곳에서 일어난 의병들이 왜군들과 용감히 일전을 펼치고 있다는 것이었다.

군사를 통솔하기 위해 동분서주하던 송강은 잠시 문학을 잊었다. 옥향도 잊었다. 그토록 좋아하던 술도 한 방울 입에 대지 않았다. 다만 눈을 뜨면 보이는 처참한 광경을 어떻게 수습할까, 전전긍긍하기 바빴다. 날마다 들려오는 소식은 승전보가 아니라 왜군에게 쫓긴다는 패전 소식뿐이었다. 이를 악물고 온갖 방법을 찾아 보았으나 속수무책이었다.

그러나 왜군에게 쫓겨서 의주로 피난한 조정의 무리는 그런 속에서도 파벌을 이루어 갑론을박을 계속했다. 나라가 절대 위기에 봉착했으나 사태의 중대성을 인지하기보다는 서로 헐뜯고 논박하기 바빴다. 결국 이번에도 송강은 그 제물이 되고 말았다. 그들이 내건 주장은 송강이 체찰사의 임무를 소홀히 한다는 것이었다. 북쪽 조정으로 돌아온 송강은 여러 차례 그들에게 맞서 자신의 모함에 대해 반론을 제기했으나 그들은 주장을 거두지 않았다. 그러나 선조는 달랐다. 송강의 충정을 아끼는 그는 이번엔 송강에게 사은사라는 직책을 내려 명나라로 보냈다.

5월, 그는 명나라로 떠나기에 앞서 선조에게 글을 올려 자신의 충성심을 알렸다. 누가 뭐라고 해도 목숨을 다해 임금과 나라를 위한 길을 걷겠다는 게 글의 요지였다. 선조는 그의 깊은 뜻을 알고 있었다.

"명나라가 반드시 군사를 출동하여 이 난국을 처리하는 데 도움이 될 수 있도록 하는 게 경이 맡은 임무요."

"명심하겠습니다."

선조의 용안은 근심이 가득했다. 한양을 내주고 쫓기듯 북쪽으로 피난을 왔으니, 그 심경이 온전하겠는가. 송강은 눈물이 날 것 같았다.

"나라의 운명이 경의 손에 달려 있다고 해도 과언이 아니니, 조금도 지체하지 말고 바로 떠나도록 하시오."

"알겠습니다."

송강은 쉴 틈이 없었다. 몸이 아팠으나 지체하지 않고 채비를 서둘렀다.

선조는 의주의 행궁동헌에서 송강을 친히 전송했다. 이에 송강은 다녀오겠다는 말과 함께 간청했다.

"엎드려 원하옵건대, 강을 건너겠다는 말씀만은 입 밖에 내지 마옵소서."

송강은 머리를 끄덕거리는 선조의 용안을 보고 나서야 말에 올랐다.

송강이 명나라에 머문 시간은 약 6개월이었다. 그동안 그는 명의 조정을 찾아가 백방으로 군사를 출동해 줄 것을 간청했다. 그러나 얽히고설킨 내부 사정 때문에 명나라 조정은 남의 나라 사정에 미쳐 눈을 돌릴 처지가 아니었다. 그걸 모를 리 없었으나 송강 또한 명나라 사정을 돌볼 여유가 없었다. 도통 움직일 생각조차 하지 않는 명의 대신들을 날마다 붙들고 늘어졌다. 그러나 그의 뛰어난 시문학을 익히 알고 있는 그들은 조금만, 조금만, 더 기다려달라면서 '만만디'를 입버릇처럼 뇌까릴 따름이었다.

그렇다고 송강이 구걸하듯 그냥 그들에게 도와달라는 것은 결코 아니었다. 그는 군사 출동에 따른 뚜렷한 명분을 제시했다. 즉, 왜가 침략한 것은 조선을 노린 게 아니라 그 최종 목표가 명나라라는 것을 명확히 알리고, 조선은 단지 왜가 명나라를 치기 위한 길일 뿐이라는 것을 송강은 줄기차게 주장했다. 따라서 왜가 명나라에 발을 디디기 전에 힘을 합쳐 조선 땅에서 몰아내야 한다는 게 명분이었다.

"아시겠습니까? 그렇지 않으면 여기 이 황실도 전화를 입을 수 있다는 것을 명심하십시오."

강한 어조로 역설했으나 그들은 그때뿐, 끝내 확답을 주지 않았다. 아픈 가운데에서도 저녁마다 술자리를 마련하여 대신들을 초대했지만, 그것도 마찬가지였다. 술 취한 대신들은 중언부언할 뿐, 확실한 답변을 요구할 적마다 어물어물했다. 송강은 초조했다. 조선 땅이 왜놈들에게 유린당하고 있다는 생각이 떠오르면 잠이 오지 않았다.

"언제 출동할 겁니까?"

"글쎄요, 지금은 확실하게 답을 드릴 수가 없습니다."

"언제까지 기다려야 합니까?"

"미안합니다."

"아니, 출동을 하긴 할 겁니까?"

"그건 확실합니다. 언제가 될지는 확실치 않지만……."

송강은 머리를 설레설레 흔들었다. 시간이 지날수록 몸 상태는 더욱 나빠졌다.

명나라에 들어서면서부터 송강은 그 좋아하는 술을 마음껏 마신 적이 없었다. 사명을 완수하기 위해 명의 대신들과 함께 술자리에 참석은 했으나 그때에도 한두 잔에 그치고 말았다. 잠자리에서도 여자를 들이지 않았다. 이따금 옥향이 생각나곤 하였지만 그럴 적에도 그는 애써 머리를 흔들었다. 지금은 풍전등화 같은 나랏일이 우선이었다. 몸도, 술도 뒷전이었다. 생각 같아서는 황실에 쳐들어가 황제를 알현하고 지금 조선의 입장과 곧 명이 처할 입장 등을 조목조목 설명하고 군사 출동을 명령해 달라고 요청하고 싶었으나 그럴 수 없다는 게 답답할 따름이었다. 그럴수록 국난의 회복이 오로지 경에게 달려 있다는 임금의 당부가 자꾸만 귓전을 맴돌았다. 송강은 소득 없이 그냥 돌아가야 한다는 게 안타까웠다.

> 나라를 떠났으나 마음은 자꾸 달려가고,
> 시운을 슬퍼하니 귀밑머리 다 희었네.
> 남녘으로 일천 리 그리운 산하,
> 돌아가는 이내 꿈 어느 때나 멈추려나.

3

떠난 지 6개월 만에 송강이 입궐하자 조정은 물 끓듯이 법석을 떨어댔다. 특히 사신으로 명받고 북경으로 떠날 때부터 곱지 않은 눈길을 보내던 동인들은 기회를 만난 듯 잠시도 가만히 있지 않았다. 명나라 조정에서 왜구가 다 물러갔다는 것을 핑계로 군사를 출동할 뜻이 없게 되자, 그 모든 게 송강이 거짓 보고를 하였기 때문이라고 사헌부와 사간원이 나서서 논박하기 시작했다. 전란의 위급한 상황 속에서도 여전히 계속되고 있던 붕당 간의 갈등이 또다시 송강의 입궐로 불거진 셈이었다. 화살은 송강을 겨냥했다. 당장 유배를 보내야 한다고 떠들었다. 그러나 정작 뭐라고 해야 할 송강은 입을 다물고 있었다.

젊은 시절 같았으면 가만히 있을 송강이 아니었다. 경국제민을 펼쳐가기 위해 누구보다도 강렬한 열망과 의지를 가진 송강이야말로 곧다고 여기는 길에 방해가 된다고 여겨지면 누구를 막론하고 거침없이 맞서 싸우지 않았는가. 따지고 보면 그게 지금까지 살아온 송강의 생존 방법이었다. 그러나 송강은 지금 심신이 몹시 지쳐 있었다. 병이 든 몸도 그렇지만 마음도 아팠다. 명예와 야욕을 가지고 다투는 벼슬살이란 본디 시비도 잦고, 걱정도 많아 다투고, 논쟁하고, 동조 세력을 규합하게 마련이었다. 그러나 송강의 눈에는 그 모든 게 다 덧없고 시들해 보일 뿐이었다.

"왜 잠자코 계십니까? 이럴 때 한마디 하지 않으시면 누명을 쓰시게 됩니다."

사신 대열에 끼어 함께 북경에 다녀온 일행 가운데 조항이 못마땅하다는 얼굴로 쳐다보았으나 송강은 끝내 입을 열지 않았다. 그러자 그가 안타깝다는 투로 다시 재촉했다.

"그대로 놔두시면 정말 또 유배 가실지도 모릅니다."

"그게 그렇게 겁이 나오?"

"그럼요. 대감이 잘못되면 저희까지 변을 면치 못할 거니까요."

충신과 간신의 차이는 하늘과 땅만큼이나 큰데, 안타까운 건 그것이 쉽게 구별되지 않는다는 점이었다. 송강은 그를 똑바로 돌아보았다. 자신을 놓고 탄핵하는 게 아닌데도 그의 얼굴은 벌써 사색이 되어 있었다. 송강은 그가 자신의 등 뒤에 숨어 그들의 화살을 피하고자 한다는 것을 알았다. 하긴, 그런 무리가 어디 한두 명인가. 소나기는 피하는 게 상책이라고, 벼슬아치들은 그럴 때면 누군가에게 기대어 몸을 움츠리는 게 습관화되어 있었다.

송강은 당시의 심경을 교우인 이회창에게 보낸 서신에서 이렇게 밝혔다.

내가 북경에 있을 때 황달을 앓아 위태롭기까지 했소. 한양에 돌아와 상감께 결과를 보고한 지 며칠이 지나 적이 물러갔다는 말이 우리 일행이 명나라 조정에 말한 것이라 하여, 상감께서는 진노하시고, 여러 사람의 논의가 자못 흉흉하여, 조석 간에 장차 죄의 그물에 빠지게 되었으니, 천명이라 어찌하리오. 털끝만큼도 없는 사실이며, 꿈에도 생각 못 한 일인데 이런 낭패를 당하니 나의 액운이라 마땅히 달게 받을 뿐이오.

송강은 결국 몸을 핑계로 선조에게 사면을 청하는 상소를 올렸다. 그렇다고 딱히 어디로 가겠다는 계획은 없었다. 다만 이렇듯 다툼이 계속되는 조정에서 빨리 빠져나가고 싶다는 마음뿐이었다. 모든 게 부질없어 보였다. 한적한 곳을 찾아가 지친 몸을 쉬고 싶었다.

그렇지만 젊은 시절 추억이 담겨 있는 담양 창평으로는 다시 내려가고 싶지 않았다. 쫓기듯 이미 네 번씩이나 내려갔고, 그럴 때마다 자신을 따뜻하게 맞아준 곳이기는 하였으나 머물지 못하고 다시 벼슬길에 오르던 곳이잖은가. 그는 선조가 다시 불러도 이제는 한양 땅을 밟지 않을 생각이었다. 마지막 남은 삶을 유유자적하며 자연을 벗 삼아 평생 동무했던 시문이나 읊으면서 책과 함께 시름을 잊고 싶었다.

"어디로 가시려고요?"

식솔들 가운데 둘째 아들이 걱정스럽다는 투로 물었다.

"글쎄다……."

송강은 아들을 내려다보며 허허롭게 웃었다.

글쎄, 어디로 갈까. 송강은 머리를 들어 하늘을 올려다보았다. 어제까지 잿빛이던 하늘은 구름 한 점 없었다.

도연명의 귀거래사는 송강도 일찍이 꿈꾸던 세계였다. 그런 곳에서 세상만사를 잊고 촌부처럼 살고 싶을 때도 있었다. 향리 담양 창평에 낙향하여 지낼 때 지은 '성산별곡'은 그때의 심경을 노래한 것이었다. 그러나 '성산별곡'은 귀거래의 한 양상을 제시하기는 했지만, 영구히 머물겠다는 게 아니라 잠시 있으면서 때를 기다리는 사대부를 노래한 것에 불과했다. 다시 말하면 영원히 촌부로 살겠다는 게 아니라 잠시 머물며 권토중래를 꿈꾼다는 내용이었다.

그러나 지금은 아니었다. 송강은 마지막 여생을 의탁할 곳을 찾고 있었다. 따지고 보면 긴 여정이 아니었는가. 자신이 돌아보아도 질풍노도처럼 거침없이 달려온 삶이었다. 균형과 타협이 중시되는 중앙 정치 무대에서 그는 타협을 모르는 사람으로 통했을 만큼 오직 한 길밖에 몰랐다. 원리 원칙과 대의명분만을 고집한 외골수. 그래서 붕당 간의 갈등이나 시시비비가 있을 적마다 단연 으뜸으로 제거 대상이 되었다는 건 당연한 일이었다.

며칠 동안 궁리 끝에 송강이 택한 곳은 강화 송정촌이었다. 험하기로 소문난 뱃길이 우려되기는 했으나 그곳이라면 찾아올 사람도 드물뿐더러 다시 나올 생각을 하지 않아도 될 듯했다. 인생의 황혼길은 누구나 찾아오게 마련이며, 또 누구나 적막하게 마련 아닌가. 송강은 후회하지 않았다. 송강이 그곳으로 정했다고 하자 식솔들은 놀라움을 금치 못했다. 특히 자식들은 모두 반대하고 나섰다. 그러나 그들도 송강의 황소고집을 꺾을 수 없다는 것은 이미 알고 있는 터여서 결사적으로 말리지는 못했다.

"아비가 결정한 일이다. 막을 생각하지 마라."

송강은 마침내 11월 찬 바람이 부는데도 불구하고 몸을 일으켰다. 되도록 짐도 줄였다. 그러나 문방사우와 서적, 그리고 거문고만큼은 잊지 않고 챙겼다. 노복 한 사람만 데리고 떠나는 외로운 길이었으나 그는 외롭다고 생각하지 않았다. 서글프다는 마음도 들지 않았다. 비로소 자신의 길을 찾은 것 같아 오히려 기뻤다.

식솔들과는 대명 포구에서 헤어졌다.

"잘들 있어."

"몸조심하세요."

"봄이 되면 다시 돌아오세요."

식솔들은 그게 마지막 길이라도 된다는 양 눈물을 뿌렸다. 그러나 송강은 눈물 한 방울 흘리지 않았다. 그보다는 그들을 영영 잊지 않겠다는 듯이 한 사람 한 사람 자세히 새겨보았다.

육지에서 멀지 않은 섬이라고는 하지만, 그래도 섬은 섬이었다. 배에 오르자 거센 물결이 뱃전을 때렸다. 바다를 가로질러 오는 바람 역시 거칠었다. 송강은 멀어지는 육지를 돌아보며 손을 흔들었다. 그때까지 발길을 돌리지 못하고 있던 식솔들이 연신 머리를 깊숙이 숙이는 모습이 보였다.

　보무도 당당히 대궐을 하직하고서,
　초옥에 앉아 청산을 마주 대했네.
　취했다 깼다 하는 속에서 출처를 했고,
　옳다 그르다 하는 사이에 종적을 남겼네.

4

미리 준비시킨 강화 송정촌 거처는 싸리 울타리가 낮게 쳐진 초막 세 동이 전부였다. 그러나 뒤편으로는 솔 향기가 알싸한 낮은 산이 둘러있고, 앞으로는 바다가 보이는 제법 양지바른 곳이어서 송강은 만족스러웠다. 짐을 내려놓은 노복이 거처할 안채를 쓸고 닦는 동안 송강은 집안을 한 차례 둘러보았다. 누옥은 틀림없지만 그래도 있어야 할 것은 모두 갖춰져 있는 듯했다. 토굴처럼 시커멓고 나지막한 부엌도 있었고, 장작을 쌓아 올린 광도 뒤편에 있었으며, 마당 한쪽으로는 장독대도 보였다. 마당을 거닐며 송강은 머리를 몇 번 끄덕거렸다. 얼마나 지났을까. 송강은 갑자기 어지럼증이 다시 일었다. 요즘 들어 자주 일어나는 현상이었다. 툇마루에 앉으며 송강은 혀끝을 찼다. 마지막인 게야. 그렇다고 볼 때 어쩌면 이곳이 자신의 마지막 처소가 될 수도 있겠다는 생각이 문득 뇌리를 스쳤다.
"대감마님, 안으로 들어가시지요, 날씨가 차갑습니다."
청소를 끝낸 노복이 쫓아와 허리를 굽혔다. 몸을 일으킨 송강은 이윽고 안채로 걸음을 옮겼다. 깐 지 얼마 지나지 않은 장판에서는 콩기름 냄새가 났다. 송강이 좌정하자 노복은 벌써 알고 있다는 듯 소반에 술병을 얹어 내왔다.

"웬 술병이냐?"

"여기 현감이 대감마님 오신다고 준비했답니다."

"그래? 고맙군."

자작으로 술 한 잔을 따라서 비운 송강은 거문고를 내려 무릎에 올렸다. 대현을 누르자 귀에 익은 소리가 울렸다. 그래, 이 소리야. 송강은 문득 옥향이가 그리웠다. 그 아이는 지금쯤 무엇을 하고 있을까. 송강은 다시 술잔을 들었다.

얼마나 잤을까. 눈을 뜬 송강은 아직 해거름이라는 것을 알았다. 그렇다면 술 취해 낮잠을 잤던 모양이구나. 송강은 자신의 몸이 예전과 다르다는 것을 깨달았다. 늙는다는 것은 무엇일까. 또 죽는다는 것은……. 그는 문득 그동안 자신의 곁을 떠나간 가족과 교분을 나누던 많은 사람을 떠올렸다. 아버지도 어머니도, 자형도, 맏아들도, 누이들도 갔고, 스승인 석천도, 고봉도, 하서도 갔다. 그들 가운데는 병들어 죽은 사람도 있지만, 타의에 의해 유배길에서, 또는 매를 맞고, 혹은 사약을 받고 죽은 사람도 많았다. 또 기축옥사와 정여립 사건 등, 자신으로 인해서 죽은 사람들도 있었다. 송강 자신도 탄핵 등으로 그런 고비를 넘기기도 했다. 그러니까 송강은 그 모든 것을 목격하면서 지금까지 살아온 셈이었다. 따라서 죽는다는 것에 대해서는 초월했다고 생각했다. 그래서 스스로 이별을 하나씩 준비했다. 이별이란 자신이 원하지 않아도 언젠가는 반드시 작별을 고해야 할 때가 오게 마련이므로……. 그러나 아니었다. 죽기에는 아직도 아쉬움이 많았다. 그 가운데에서도 옥향이를 다시 볼 수 없다는 아픔이 마음을 아프게 했다.

송강은 노복을 불렀다. 아까 먹다가 내보낸 술상을 다시 차려오라고 명했다. 그리울 때는 어느 것보다도 술이 명약이었다. 술은 정직해서 마시면 마시는 만큼 세상을 잊게 해주었다. 술을 마셔 고단한 몸과 어지러운 세상사를 잊으려 했던 죽림칠현의 한 사람인 '완적'이 아니어도 그쯤은 능히 알고 있었다.

> 마지막 길이라 높던 자취 거두어,
> 송림 속에 조그만 집을 두었네.
> 이별이 다다르니 술이나 드세,
> 그 남은 모든 일 말조차 싫은걸.

　며칠이 지나는 동안 송강은 파도 소리와 바람 소리, 술을 벗 삼아 소일했다. 해가 저물도록 찾아오는 사람은 물론 말동무가 되어주는 사람조차 없었다. 엎친 데 덮친 격으로 병이 깊어 바깥출입도 삼가야 했다. 그래도 송강은 외롭지 않았다. 외롭다고 느낄 때쯤이면 어김없이 빈혈이 일고, 가슴이 뜯기듯 아팠다. 무슨 병인지는 송강 자신도 몰랐다. 그리고 그것은 또 알고 싶지도 않았다. 누군들 아프다가 가지 않는 사람이 어디 있겠는가. 그럴 때면 송강은 더 술을 찾았다. 혼자 마시는 술이 싫증 날 때도 되었지만 그는 그렇지 않았다. 자신에게는 거문고가 있고, 시문이 있지 않은가. 시는 맑은 정신보다 약간 혼미해졌을 때 더 잘 나왔다.

> 활을 잡고 변방으로 출정도 했고,
> 칼을 보며 술잔을 들기도 했지.
> 만사가 이제는 적막만 하니,
> 한 가지에 나앉은 쇠잔한 인생.

　그러던 어느 날 저녁이었다. 그날따라 바람이 너무 세게 불어 송강은 종일 안채에 들어앉아 어두운 눈을 비벼가며 책을 읽고 있었다. 막힌 데 없이 바다를 건너온 바람이 문풍지를 마구 쥐어뜯듯 할퀴고 있었다. 저녁 끼니를 물린 뒤 한 식경이나 지났을까, 송강은 문득 어둑해진 밖에서 들리는 인기척을 느꼈다. 현감이 보낸 아랫사람인가. 헛기침을 몇 번 뱉어낸 송강은 귀를 쫑긋 세웠다. 얼마나 지났을까. 이윽고 노복이 밖에서 조심스럽게 아뢰었다.

"대감마님, 어느 분이 찾아오셨는데요?"

송강은 깜짝 놀랐다. 식솔이거나 아랫사람이라면 노복이 모를 리가 없었으므로 그렇게 묻지 않았을 것이다. 그렇다면 누굴까, 송강은 궁금증이 일었다.

"누구시냐고 여쭤라."

"여자분이신데요."

더구나 여인네라니……. 저물녘에 바닷길을 건너 여기까지 찾아올 여인네가 과연 누구란 말인가. 머리를 갸우뚱거리던 송강은 문득 옥향이를 떠올렸다. 그녀밖에 없었다. 생각이 거기에 미치자 송강의 가슴은 갑자기 한창 혈기 왕성하던 젊은 날처럼 뛰기 시작했다. 다시 활력이 솟구치는 것 같았다. 찌뿌둥하고 켕기던 몸도 어느 틈에 다 달아나 버렸다.

"어떻게 할까요?"

노복이 재우쳐 물었다. 송강은 가슴을 쓸어내렸다. 그리고는 헛기침을 다시 몇 차례 뱉어낸 후 들여보내라고 나지막하게 일렀다.

아니나 다를까. 방안에 들어와 살포시 큰절을 올리는 여인은 옥향이가 분명했다. 꿈인가 생시인가, 송강은 눈을 비볐다. 당장 달려가 손목을 잡고 더덩실 춤이라도 추고 싶었다. 그러나 그럴수록 체면을 차려야 한다는 것을 깨닫고는 꾹, 참았다. 오른손을 들어 천천히 턱수염을 몇 번 쓸어내리면서 그동안 강녕하셨느냐는 인사말에도 짐짓 고개만 끄덕거렸다. 등잔불 아래 보는 모습이기는 하였으나 난리를 겪은 몇 달 사이 얼굴은 조금

수척한 듯했다. 그러나 고운 자태는 여전히 그대로였다.

"다시 뵙게 되어 광영입니다."

옥향은 감격스러운 듯 눈물을 찍어내고 있었다. 어찌 아니 그렇겠는가. 얼마 만의 해후인데……. 옥향이 우는 모습을 보자 송강도 눈물이 쏟아질 것 같아 고개를 돌렸다.

"그런데 이 누옥까지는 웬일인가?"

"대감님 뵈러 불원천리 달려왔지요……."

옥향은 조금 섭섭하다는 듯 말꼬리를 높였다.

"찾아와 주어 반갑기는 하지만, 강계에서 여기가 얼마인데……."

송강은 혀끝을 찼다.

그러나 송강이 더욱 놀란 것은 그녀가 잠시 다녀가기 위해 온 게 아니라 곁방살이일망정 눌러살기 위해 왔다는 것이었다. 그것은 노복이 밖에서 가지고 온 짐을 어떻게 할까요, 하고 묻는 바람에 알게 되었다. 그게 무슨 말이냐는 송강의 되물음에 노복이 말하기 전 옥향이 먼저 나섰다.

"저를 내치지는 않으시겠지요?"

"그게 무슨 말인가? 기적에 매인 몸 아니던가?"

"대감 어른을 뵈러 가기를 청했더니 부사께서 아주 기적에서 빼주시면서 잘 모시라고 일러주셨습니다."

옥향은 자랑하듯 말했다.

"자네는 꼭 어려울 때만 만나게 되는구나."

송강이 혼잣말처럼 한마디 내뱉자 옥향은 재빨리 거문고를 무릎 위에 올려놓았다. 그녀의 솜씨를 듣는 게 얼마 만인가. 송강은 그녀가 튕기고 누르는 거문고 소리를 들으면서 기쁨을 감출 수가 없었다. 그러나 그는 그녀가 다가와서 따라주는 술잔은 두 잔 이상 마시지 못했다. 그만큼 그의 몸 상태는 말이 아니었다. 시문을 주고받는 것도 잠시뿐, 오래 앉아 있는 것조차도 힘들었다.

"힘드시면 누우세요."

꿈 같은 시간은 얼마 가지 못했다. 옥향은 그를 아랫목에 누이고, 윗목에 앉아 혼자 거문고를 뜯었다. 송강은 꿈결인 듯 눈을 감고 그 소리를 듣다가 스르르 선잠에 빠져들었다. 그러나 아픈 몸 때문에 깊은 잠을 잘 수는 없었다.

"대감님, 이것 좀 드세요."

옥향은 지극정성이었다. 여염집 아낙처럼 약탕기도 스스로 달였으며, 끼니도 챙겼고, 찬물에 손을 담그고 빨래도 했다. 그뿐만이 아니었다. 밤이면 안채로 넘어와 송강의 동무가 되어주는 것은 물론이거니와 늦도록 어깨와 발도 주물러 주었다.

송강은 밤마다 바람 소리를 들었다. 귀를 때리는 그 소리는 그러나 어디에서 불어와 어디로 가는지, 정처조차 알 수 없는 바람이었다. 송강은 그 소리를 들으면서 죽음의 바람이 자신을 향해 불어오고 있다는 것을 직감했다. 쉰여덟. 그 나이라면 당장 세상을 하직한다고 해도 아까울 건 없었다. 사실, 그동안 살아온 삶을 돌아보면 얼마나 파란만장했는가. 정승까지 올랐던 벼슬과 유배의 연속. 그리고 붕당의 갈등 속에서 끈질기게 따라붙었던 탄핵과 모함. 그리고 술. 죽음의 바람이라는 게 영원한 휴식을 의미한다면 송강은 이제 자신도 그 바람에 몸을 맡길 때가 되었다고 자위했다.

어느 날이었다. 문득 잠에서 깨어난 송강은 정신이 가물가물한 중에도 바깥에서 노복과 옥향이 나누는 소리를 우연히 듣게 되었다. 두 사람은 살림살이를 놓고 걱정하고 있었다.

"알려야 하지 않을까요?"

"글쎄요."

"걱정만 하고 있을 때가 아니잖아요?"

묻는 쪽은 옥향이었고, 대꾸를 어물어물 미루는 쪽은 노복이었다.

두 사람이 나누는 얘기의 골자는 식량이 떨어져 간다는 것이었다. 추운 겨울 식량이 떨어지다니……. 송강은 난감했다. 문득 자신의 만년이 참담하다는 생각이 들었다. 그러나 그들의 대화는 거기에서 끝나지 않았다. 송강이 더욱 놀란 것은 그동안은 그나마 옥향이 지녔던 패물 등을 팔아 유지했다는 사실이었다.

"어떻게 할까요?"

"글쎄 말이에요."

"이제는 제가 지니고 왔던 것도 다 떨어졌는데……."

송강은 마음이 아렸다. 비단옷을 벗고 화장도 하지 않은 민낯으로, 여염집 아낙처럼 무명 수건으로 머리를 싸매고 밤낮없이 콩콩거리며 뛰어다니는 모습을 볼 적마다 가뜩이나 마음이 안쓰러웠는데 그런 일이 있었구나. 송강은 비로소 자신이 알에서 깨어나는 느낌이었다. 잠시 칼에 베인 것 같은 마음을 다스리던 송강은 입술을 깨물고 조용히 지필묵을 꺼냈다. 지금 그가 기댈 곳이란 아무 데도 없었다. 특히 전란이 아직 끝난 것도 아니지 않은가. 지필묵을 펼쳐놓고도 한참 골똘히 생각하던 그는 결국 그동안 교분을 나누었던 동무들을 떠올렸다. 그래도 기댈 곳이란 그들밖에 없었다. 그는 망설이지 않았다. 이회창과 성흔, 안민학 등에게 각각 도움을 청하는 서신을 써 내려갔다.

……강도에 의탁하고 있으나 궁색함이 객지나 다름이 없어, 한유가 소금과 쌀이 여러 번 떨어졌다는 글귀를 외우고 삽니다. ……백발의 나이에 걸(乞) 자를 배우게 되었으니, 자못 본심에 부끄럽지 않을 수 없습니다. 염치없이 관의 곡식을 받는 게 마음에 불안한 것 같아서, 문득 지혜로운 계책을 이용해 스스로 살아가려고 하니, 지극히 어려운 일이라 하겠습니다. ……어찌하면 좋을까요. 다행히 한가한 겨를을 얻으실 수 있거든, 깊이 생각하여 가르쳐 주시기를 바랍니다.

글을 다 쓴 송강은 한숨을 길게 내쉬었다. 다시 정신이 가물가물했다. 기침이 터져 나왔다. 기침 소리를 듣자 옥향이 부랴부랴 뛰어 들어왔다.

"자네한테 미안하구먼."

"그게 무슨 말씀이세요?"

"자네가 고생이 많네."

"그런 말씀 거두십시오. 대감님이 어떤 분이신데, 이쯤도 하지 못하겠습니까?"

옥향이 웃었다. 송강의 눈에는 그녀가 웃는 모습이 더욱 애틋했다.

5

첫눈이 내린 날 아침이었다. 가물거리는 정신을 간신히 수습한 송강은 옥향의 부축을 받으며 바깥문을 열었다. 온 천지가 다 하얗게 변해 있었다. 까치가 총총걸음으로 뛰어다니면서 눈밭에 자국을 남기는 것을 바라보던 송강은 자신도 모르게 미소를 지었다. 나는 누구일까. 하얗게 내렸으나 곧 녹아버릴 눈보다도 못한 인물로 평가받지는 않을까. 송강은 괜한 생각을 했다 싶었다. 따지고 보면 걱정할 필요도 없는 것이었다. 그것 역시 무상이 아니겠는가.

그때였다. 눈길을 터벅터벅 걸어오는 사람이 멀리 보였다. 그 사람은 분명히 외길인 이쪽을 향해 걸어오고 있었다. 누굴꼬? 송강은 그가 누군지 궁금했다. 옥향이 재빨리 노복을 불렀다. 노복이 뛰어나갔다. 잠시 뒤 노복과 함께 송강 앞에 다가선 사람은 뜻밖에도 둘째 아들 종명이었다. 송강은 이렇게 눈이 많이 내린 날, 웬일인가 싶으면서도 눈물이 날 만큼 반가웠다.

"어쩐 일이냐?"

큰절을 올린 뒤 물러앉은 아들에게 송강이 물었다.

"꿈을 꾸었습니다."

아들은 꿈에 대해서는 덧말을 붙이지 않았다. 송강도 묻지 않았다.

"다들 무고한가?"

"예에, 전란이라 넉넉하지는 않지만 무고합니다."

송강은 머리를 끄덕거렸다. 그는 옥향에게 인사를 시켰다. 옥향은 부끄러웠으나 인사를 주고받았다. 핏줄은 숨기지 못한다고 하더니만 꼭 젊은 시절의 송강을 보는 것 같았다.

이제 정말 얼마 남지 않은 모양이구나. 송강은 둘째 아들에게 조상이 현몽한 것이라고, 생각했다. 말은 아니 해도 아들도 그것을 감지하고 부랴부랴 달려온 것이리라. 그런 생각이 들자 추운 겨울에 이렇듯 찾아온 둘째 아들이 더욱 반가웠다.

차가운 날씨는 갈수록 더욱 심해졌다. 바닷바람도 거세어졌다. 가래에 피가 섞여 나오는 것을 목격한 옥향은 송강의 수명이 이제 얼마 남지 않았다는 것을 직감했다. 식욕이 떨어져 미음으로 연명해야 했고, 그나마도 하루 두 끼니도 들지를 못했다. 좋아하는 술도 마찬가지였다. 송강과 함께 기거하는 둘째 아들도 그 모든 사실을 알게 되었다. 그러나 대책은 아무것도 없었다. 가끔 현감이 보낸 의사가 다녀가기는 하였으나 그도 속수무책인 것은 마찬가지였다.

그러던 어느 날 새벽이었다.

아버지, 하는 외침 소리를 들은 옥향은 자리에서 벌떡 일어났다. 곧이어 둘째 아들의 흐느끼는 소리가 바깥으로 새어 나왔다. 아버님, 아버님……. 둘째 아들의 흐느낌은 끝없이 이어졌다.

아, 이별이구나, 옥향은 마당에 나앉아 무릎을 꿇었다. 그러고는 큰절을 올렸다. 그러나 이상하게도 눈물은 나오지 않았다. 대감마님, 이젠 이 세상 시름일랑 울분 모두 내려놓으시고, 하늘에 오르시어 신선들과 함께 거문고를 뜯으시면서 마음껏 시나 읊으세요. 부디 편안히 가세요. 사랑했습니다. 아마도 평생 대감님을 잊지 못할 거예요. 대감마님이야말로 이 세상에서 저를 인정해 주신 첫 남자였으니까요.

아들의 흐느낌이 끊임없이 이어지고 있었다.

6. 윤선도 - 마린

목적지가 다가올수록 차츰 인가는 드문드문해지고 숲은 눈에 띄게 울창해졌다. 나이 서른에 지나갔던 길을 일흔넷의 노구를 이끌고 다시 지나는 그의 심사는 몹시 울울했다. 일흔넷이면 천수를 누리고 덤으로 사는 목숨이라 해도 할 말이 없을 나이였지만 먼 북으로의 유배는 사형선고와 다름이 없었다. 펄펄 끓는 청춘이던 시절에는 귀양살이조차 인생의 공부라 생각했다. 화를 당할 것을 뻔히 알면서도 속에 든 생각을 토해내지 않고는 배길 수 없었다. 진사시에 합격했을 뿐 아직 변변한 벼슬자리도 가지지 않은 남인 신분으로 대북파의 영수인 이이첨의 전횡을 거침없이 비판했다. 그의 정계 입문은 꽤나 유난스러웠던 셈이다.

감히 그 누구도 입을 떼지 않는 상황이었다. 명나라와의 오래된 관계를 명분과 의리라 여기고 중요시하던 기존의 입장에서 한발 물러나 국익을 위해서는 어떤 관계든 배제하지 않겠다는 생각으로 줄타기 외교를 펼치던 광해군 8년의 일이었다. 이이첨은 광해군의 정책을 적극 지지함으로써 정권의 비호를 받았고 대사간, 병조 참지, 성균관 대사성 등의 요직을 두루 거치면서 정권 일인자로서의 권세를 누리던 참이었다. 서른 살의 윤선도는 그런 그를 조목조목 비판할 뿐만 아니라 그런 자를 두고 보는 왕에 대한 직언도 서슴지 않았다. 온갖 제도와 규율이 이이첨에 아부하는 무리에 의해 수립되고 실행되었으며 인재 등용의 장이 되어야 할 과거제도에까지 그의 입김이 미쳐 공정은커녕 시험문제가 유출되는 지경이라는 적나라한 내용이었다. 이에 이이첨 등은 사직상소로 맞섰고 사헌부와 사간원은 연합하여 상소를 올렸다. 그 내용은 윤선도에 대한 인신공격에 가까울 만큼 격렬했다. 광해군은 윤선도의 상소를 '흉악한 글'이라며 간단히 폄훼하고 귀양으로 마무리했다.

윤선도의 정치무대 입문은 그의 아버지 윤유기의 벼슬자리를 빼앗는

벌까지 부가되며 완패로 막을 내렸다. 정월 한복판에 길을 떠나 겨울 추위를 뚫고 2월에 함경도 경원에 도착했다. 혹독한 추위가 더욱 걸음을 재촉게 했는지도 몰랐다. 그래도 힘들다는 소리 한 번 내뱉지 않았고 어떤 특혜나 동정도 기대하지 않았다. 그때는 혹한도 피로도 무섭지 않았다. 두렵고 괴로운 건 따로 있었다. 종묘사직을 걱정하는 충정을 외면하는 임금과 세력다툼에 골몰하는 정적들의 중상모략이었다. 때로 그가 올린 상소는 임금에게 가닿지도 않았다. 중간에 누군가 가로막아 버린 것이다.

그의 관직 생활은 일생 동안 십 년이 채 되지 않았다. 인조 임금 때 의금부도사를 시작으로 봉림대군과 인평대군의 사부가 되었고 공조좌랑, 공조정랑, 호조정랑, 형조정랑, 병조정랑, 한성부서윤, 예조정랑, 사헌부지평 등 다 헤아리지 못할 다양한 관직에 임명되곤 했으나 얼마 못 가 파직되거나 스스로 사직하거나 좌천되기 일쑤였다. 그는 우국충정에 가득한 마음으로 최고의 권력인 임금께 자신이 옳다고 여기는 일을 낱낱이 아뢰었지만 현실은 언제나 그의 뜻과는 한참 비켜나 있었다. 최고의 권력으로도 어쩌지 못하는 당쟁이라는 얽히고설킨 거미줄에 걸려든 한 마리 벌레 신세가 되기 일쑤였다. 그는 그럴 줄을 알면서도 한 번도 기세가 꺾이지 않았다. 그 탓에 세 번에 걸친 유배 생활이 15년에 달했다.

이제 그 세 번째 귀양살이가 시작될 참이었고 어쩌면 살아서 돌아가는 행운은 그의 몫이 아닐 수도 있었다. 유배지인 함경도 삼수에 이르기 직전 홍원을 지날 때 윤선도는 예기치 않은 손님들을 맞이했다. 관기 둘이 만나 뵙기를 청한다고 했다. 예순과 승례라 했다. 그의 기억 속에 없는 이름들이었다. 하물며 홍원의 관기라니. 그는 분칠을 한 젊디젊은 얼굴들을 번갈아 바라보았다.

"기억하실는지요? 쇤네들은 이곳에 살던 조생의 딸들입니다. 어머니도 저희와 같은 일을 했지요."

예순이라는 기생이 머리를 조아리며 말했다. 그는 조생이라는 이름을 듣자마자 반가움에 목이 메는 것 같았다.

"기억하다마다. 조생의 딸들이라고? 이런."

그는 왈칵 차오르는 눈물을 노안 운운하며 소매 끝으로 닦아냈다. 조생의 얼굴은 이미 기억에서 지워졌지만 그녀를 만났던 기억은 어제 일인 듯 생생했다.

"자라면서 나리에 대한 말씀을 어머니께 누누이 전해 들었던 터라 나리가 이곳을 지나신다기에 어머니를 뵙듯 맘이 설레어 참지 못하고 이렇게 찾아왔습니다."

이번에는 승례라는 기생이 머리를 조아리며 말했다. 그녀는 소맷자락에서 색 바랜 종잇조각을 꺼내더니 윤선도에게 내밀었다. 그는 곱게 접힌 종이를 떨리는 손길로 차근차근 열어젖혔다.

> 내 하는 일 본디 때에 맞지 않았음을
> 그대는 알았는데 나는 몰랐네
> 독서했으면서 그대만 못하니
> 가히 천성적인 바보라 이를 만하구나
> — 「길에서 만난 이에게 장난삼아 주다, 『고산유고』

그는 종이에 적힌 글귀를 두 번 연이어 읽어 내려갔다. 낯익은 글씨체를 본 순간 사십여 년 저쪽의 기억들이 또렷이 되살아났다. 지난 귀양길에 홍원에 도착했을 때 조랑(조낭자)이 하룻밤 사이에 세 번이나 문안을 와 위로의 말을 건넸던 일, 그것이 고마워 즉흥적으로 시 한 수를 지어 건네던 일들이었다. 스치듯 지나간 만남이었지만 이 글귀가 증표가 되어 새로운 인연이 시작된 것이다. 지금은 화석이 되어버린 기억이지만 시구에서 묻어나는 회한 짙은 감정들은 되살아났다.

"어머니는 안녕하신가?"

그는 떨리는 음성으로 물었다.

"어머니 돌아가신 지 이미 여러 해가 지났습니다."

"그렇구나. 내가 쓸데없이 오래 살아서 오늘 또 이런 꼴을 보이는구나. 자네들을 보니 기껏 눌러두었던 오만가지 감정들이 솟아나는구나. 그때는 내 나이가 서른이었고 지금은 일흔넷이니 강산이 몇 번이나 바뀔 세월이 흘렀건만 바뀐 건 강산이 아니라 인간 세상뿐이로구나. 저 산과 강과 하늘은 의구한데 자네들 어머니는 이미 세상을 저버렸고 나는 볼품없는 늙은이가 되어버리지 않았는가. 변한 것이 어디 이뿐인가? 그때는 내가 빡빡한 일정을 생각하여 밤낮을 가리지 않고 갔지만 지금은 기력이 쇠하여 몸이 마음 같지 않아 가까스로 일정을 따라간다네. 그때는 금오랑(의금부도사)과 이졸들이 내 건강을 염려하여 오히려 천천히 갈 것을 권하였는데 지금은 이졸들이 매양 나를 구박하는 형국이네. 그때는 지방의 지주들이 나를 보러 찾아와 주는 이들이 많았는데 지금은 두세 사람 외에는 찾는 이가 없으니 세상인심 또한 변하였네. 그때는 옳은 말 하는 자를 멀리 내치는 것으로 그만이다 싶었는데 지금은 이 늙은이를 이 먼 북방으로 보내는 의도가 기필코 죽이려는 것이 아닌가 하네."

느릿한 어조였지만 그의 한 마디 한 마디에는 비분과 회한이 서려 있었다. 예순과 승례는 민망하고 참혹하여 늙고 병든 아버지를 대하듯 망연히 바라보기만 했다. 그는 가라앉은 분위기를 떨치려는 듯 필기구를 꺼내 일필휘지로 글귀를 써 그녀들에게 건네주었다.

거듭 귀양 옴이 한순간인 듯하니
이 심사 그 누가 알아줄까
낭자는 홀연히 떠났으니
나의 어리석음 논할 사람조차 없구나

"이 또한 인연이니 증표를 남기려 하네."

"나리의 억울한 사연은 저희들도 얻어듣는 바가 있어 익히 짐작됩니다. 나서서 말하지는 못하지만 나리의 뜻을 따르는 이들도 많이 계신 걸로 압니다. 부디 의기가 꺾이지 마시고 무엇보다 몸이 상하시지 않기를 간곡히 기원합니다."

두 아이는 위로의 말을 건네고 총총히 물러갔다. 그날 밤 윤선도는 피곤에 겨워하면서도 한숨도 잠을 이루지 못했다. 윤선도에 대한 세간의 평가는 언제나 두 갈래로 갈리었다. 그를 긍정하고 옹호하는 무리들은 이렇게 평했다. '현실과 도무지 타협하지 못하는 직선적인 성격이다. 원칙을 향해 불같이 돌진하는 강직한 성품을 지녔다. 형벌을 두려워하지 않고 사람들이 감히 말하지 못하는 것을 직언하여 절개를 지킨다.' 반면에 그를 싫어하거나 경계하는 무리들은 다음과 같은 비난으로 맞섰다. '남과 융화하지 못하는 돌출적인 성격이다. 패악스럽고 살벌하기조차 하다. 매사에 남들과 달리 하려고만 한다.' 양쪽의 평가를 가만히 들여다보면 그건 상반된다기보다 어딘가 일맥상통하는 구석이 있어 보였다. 윤선도란 인간은 하나인데 각자의 입장에 따라 보고 싶은 대로 보기 때문이었다.

정적들의 비판은 익히 예상했던 터라 오래 상처가 되지는 않았다. 오히려 가장 가까웠던 제자로부터 비판에 가까운 충고의 말을 듣고 보니 두고 두고 아물지 않는 상처가 되었다. 제자 안서익이 '스승이 명철 보신하지 않는다, 고 토로한 것이다. 진심에 공감하기는커녕 사리에 밝지 못해 자신을 욕된 곳에 빠트렸다니, 비판도 이런 비판이 없었고 서운하기 이를 데 없었다. 윤선도는 이에 다시 한번 자신의 의지를 글로써 밝혔다.

그대가 명철을 가지고 나를 책하였는데 이 의를 나는 알지 못하겠네. 아, 말세에 이욕이 기승을 부려서 의를 물고기로 여기고 이욕을 곰 발바닥으로 여기는 자들이 온통 세상에 횡행하고 있으니 어쩌면 이렇게도 명철이 많단 말인가. 뜻있는 선비는 자기의 시신이 도랑에 버려지는 한이 있어도 후회하지 않으리라고 항상 생각한다는 말, 죽음으로 지키면서 도를 잘 행할 줄 알아야 한다는 말, 죽도록 변치 않는다는 말이 바로 성인의 가르침이 아니던가. 그대의 소견이 세속을 따라 퇴락하는 것 같아서 사람으로 하여금 개연한 느낌을 갖게 한다네. 군자는 한마디 말로 지혜롭게 되기도 하고 지혜롭지 못하게 되기도 하니 말은 신중하게 해야 하는 것이라네.

-『고산유고』

　　그는 자신을 편드는 쪽의 말도, 그를 폄훼하려는 무리의 말도 크게 상관하지 않았지만 걱정이 되어 건넨 제자의 책망에는 비장한 어조로 맞섰다. 당쟁이라는 거대한 소용돌이 속에서 그는 한낱 일개 선비에 지나지 않았다. 물러서라 하면 물러났고 나아오라 하면 나아갔다. 물러나면 강호자연이 그를 품어주었고 나아가면 종묘사직에 참여한다는 자부심이 있었다. 어느 쪽도 그에게는 가치가 있었다. 다만 두려운 건 세월이고 그의 나이였다. 시간이 그리 많지 않을 거라는 조바심마저 내려놓기는 어려웠다.

　　유배지의 겨울은 길고도 혹독했다. 함경도 산골의 겨울 추위는 남쪽에서 온 노인에겐 도무지 적응되지 않는 것이었다. 그는 언제 가냘픈 목숨이 끊어지나 지켜보자는 심정으로 하루하루를 견뎠다. 그가 종내는 살아 돌아오지 못할 거로 생각하는 정적들의 냉혹한 심보가 얼음장 같은 바람에 실려 전해지는 것 같았다. 귀양살이를 시작하자마자 저술한 〈예설〉 2편으로 위리안치가 더해졌다. 가시울타리로 겹겹이 둘러싸인 오두막에서 옴짝달싹 못 하고 해를 넘겨야 했다. 좁다란 울타리 안에 갇힌 그가 느끼기에 세 계절은 내내 겨울이었고 한 계절은 찌는 듯한 폭염이었다. 극단적인 날씨는 적당이란 것을 모르는 것 같았다. 첩첩이 둘러싼 산그늘은 한여름 더위를 눅여주지 못했고 한겨울 추위를 막아내지도 못하는 것만 같았다. 창과 벽에 성에가 잔뜩 낀 날들이 끝없이 이어졌고 옷과 이불의 접힌 부분이 예리한 칼날이 되어 살갗에 닿으면 절로 소름이 돋아 한껏 움츠러들곤 했다. 살면서 이렇게 추운 적은 없었다. 뼈만 앙상한 몸에 찬바람이 제멋대로 드나드는 것 같았다. 물을 마시면 수염에 흘린 물기가 곧바로 얼어붙어 버석거리는 정경을 그는 여러 편의 시에서 담담히 읊조렸다.

> 삼강(삼수의 옛 이름)의 일을 기록하다
>
>
> 산에 갇혔으면 됐지 위리안치를 말할 것까지야
> 세 계절은 얼음 창고와 같고 여름은 시루에 찌는 듯
> 지옥은 정말 없다고 누가 말했던가
> 사마온 공은 와보지도 않고 잘도 알았네
>
>
> 백두산의 운기가 진흙 처마에 잇닿고
> 풍설은 체질하듯 밤낮으로 더해지네
> 창과 벽에 성에가 끼어 달빛처럼 환하고
> 옷과 이불은 각이 져서 칼날처럼 예리하네
>
>
> 얼음 녹여 쌀을 이니 쌀알에 구슬이 둥둥
> 술을 데워 입술 적시니 수염에 옥이 주렁주렁
> 은해와 황정이 모두 얼어붙는 판에
> 영대 홀로 편안한 것은 무슨 일인가

효종이 승하하고 왕위를 이은 현종이 복상에 관한 것을 원로들에게 자문하면서 제1차 예송논쟁이 발발했다. 송시열 송준길 형제를 필두로 한 서인들은 전례에 따라 기년복(일년상에 준한 예복)을 취하자 했고 윤선도 등 남인들은 기년복을 취하는 건 효종을 서자 취급하는 것이고 이는 왕권의 정통성을 부정하는 것과 다름이 없으니 마땅히 3년 복을 입어주어야 한다고 다소 파격적인 주장을 하면서 논란은 촉발되었다. 효종은 장자가 아니었지만 장자가 죽고 왕이 되었으니 이미 적통과 다름없다는 종통·적통설을 주장하는 논례소를 올리며 윤선도는 논란에 불을 지폈다. 그의 과격한 예설에 대해 서인들은 벌 떼같이 일어나 비난을 퍼부었다. 자칫하다간 자신들이 이미 죽은 소현세자를 적통이라 우기는 반역 죄인이 될지도 모를 애매한 입장에 처한 것이다. 때마침 조대비의 복상이 기년복으로 결정되면서 자연히 윤선도 일파는 패배하고 그 벌로 삼수로의 귀양이 부과된 것이었다.

누군가가 비리를 저지른 것도 아니고 단지 논란이었는데 유배형에 처한다는 건 부당하다면 부당한 일이었다. 논쟁에서 지면 그 대가로 형벌이 기다린다면 자유로운 토론이나 논쟁이 가능하겠는가? 이것은 언로를 막는 폐단이라는 주장도 일각에서 제기되었지만 겹겹이 밀려오는 파도 같은 서인들의 비난에 맞서기엔 역부족이었다. 현종 입장에서는 아버지인 효종의 정통성을 주장하는 윤선도의 생각을 따르고 싶었을 테지만 등극한 지 얼마 안 된 왕으로서 한창 권력을 쥔 신권을 누르기는 어려웠다.

윤선도는 유배에도 굴하지 않고 귀양지에서 예설 2편을 저술함으로써 거듭 자신의 이론을 증명하려 애썼고 이에 대한 벌로 다시 위리안치가 더해져 울타리에 갇히게 된 것이다. 그에게 효종은 남다른 왕이었다. 대군 시절에는 그의 제자였고 왕이 되고 나서는 고희를 넘긴 그에게 공조참의, 첨지중추부사 등의 관직을 주었고 그가 무려 13번에 걸쳐 사직소를 올리자 화성에 집을 지어 하사한 자식 같은 임금이었다. 효종과 남다른 인연이 그를 무모하게 보이는 싸움에 뛰어들게 한 건지도 몰랐다.

가시울타리 안에 갇히자 그는 더욱 내면으로 침잠했다. 어떤 소망도 가지지 않고 다만 하루하루를 살아냈다. 살거나 죽거나 하늘의 뜻이라 여겼다. 젊은 시절에는 유배되어 물러나 있어도 세상일에 관심이 많았고 임금 곁이 그리웠지만 지금 그에게 그런 열정은 한 줌도 남아있지 않았다. 진작 장남에게 맡긴 종가의 살림살이조차 더는 걱정하지 않았지만 가까스로 힘을 내어 당부하는 편지를 보내는 것만은 잊지 않았다. 그게 그가 할 수 있는 거의 유일한 일이었다. 때때로 시간을 내어 소학을 되풀이해서 읽어서 그 의미를 몸에 새기라는 당부는 학업에 관한 것이었고 조부와 생부의 사치스런 취미를 예리하게 지적하며 사치를 부리거나 불필요한 허세를 부려서 재산을 소모하지 말며 규모 있게 관리 감독하라는 당부는 현실 생활인으로서의 그의 면모를 보여주는 것이었다. 그 밖에도 농우를 사용하는 법, 노비를 부리는 법, 장사와 관련된 법 등을 꼼꼼하게 훈계하는 데서는 대지주로서 규모가 큰 살림살이를 일궈온 경영인의 면모를 볼 수 있었다.

그는 애초에 차남으로 태어났으나 작은아버지에게 후사가 없어서 양자로 입양되었다. 작은아버지 윤유기 역시 차남이었으나 종가에 양자로 입양된 처지여서 윤선도는 해남윤씨 가문의 종손이 된 것이다. 어려서부터 종손으로서 고조부 증조부로부터 물려 내려온 막대한 재산을 관리하는 것이 몸에 밴 경영인으로서의 윤선도의 면모가 이렇게 형성되었다. 보길도의 제왕이라는 별명이 생길 정도의 그의 재력은 그가 벼슬자리에 있든 재야에 있든 귀양을 가거나 파직을 당하든 든든한 보루가 되었던 것만은 부정할 수 없다.

윤선도는 밤에 호롱불 앞에 앉아 지난 기억을 대중없이 떠올렸는데 하필 그를 향한 비난의 말들은 오랜 세월이 지났어도 도무지 잊히지 않아 괴롭고 억울했다. 상소를 핑계로 임금의 귀를 어지럽힌다, 사람됨이 바르지 못하고 볼만한 것이 없으며 부귀와 사치가 도를 넘고 행실이 방종하기 이를 데 없다는 등 인신공격에 가까운 평가들이었다. 한때 그는 집요하게 스스로를 변호하기도 했다.

　　저는 천성이 우둔하여 세상살이가 서툰 까닭에 한번 벼슬길에 들어선 이후로 내직에 있을 때는 별의별 말을 다 들었고 외직에 보임되면 비방이 쌓이곤 하였습니다. 길을 잘 살피지 않은 것을 후회하지 않은 것은 아닙니다만 그래도 그 태도와 행실을 고칠 수 없었음을 보면 이는 바로 주임이 말한 제대로 행할 수 없는 자라 할 것입니다. 저의 심사는 이와 같은 데에 지나지 않는 데도 사람들은 자기네와 다르다고 하여 미워하고 세상에서는 시속과 다르다고 하며 의아해합니다. 그리하여 무리 지어 노여워하고 떼 지어 시기하는 가운데 혹 불측한 말을 지어내는 자가 있기도 한데 사헌부, 사간원의 평론이 발동한 것도 이것과 꼭 서로 표리가 되지 않는다고 할 수가 없으니 제가 미천한 몸의 입장에서 기가 막힐 뿐만 아니라 실로 국가를 위해서도 심장이 떨리기만 합니다.

－『고산유고』

　　그는 이 모든 싸움이 붕당의 폐해임을 거듭 주장했지만 아무것도 달라지는 건 없었다. 임금이 바뀌고 인물이 바뀌어도 당파싸움만은 사라지지 않는다는 걸 평생 보아온 터였다. 제각기 부나비처럼 한바탕 떠돌다 가는 게 세상이구나. 그는 자조하듯 생각했다. 그의 성년기를 돌아보자면 나이 서른에 첫 귀양살이를 시작해서 서른일곱에 인조반정으로 유배에서 해제된 후 본격적인 벼슬살이가 시작되었다. 그의 사십 대는 온갖 관직을 두루 섭렵한 시기였다. 마흔아홉에 갑술양전(세제)의 문제점을 지적한 을해소를 올리면서 파직당하고 고향으로 돌아갔다. 유배 중에 시조를 쓰기 시작했고 오십 대와 육십 대를 지나면서 벼슬자리와 멀어진 초야의 시간이 문인으로서의 그의 재능을 꽃피우게 한 것이니 인생의 역설이 아닐 수 없다. 만일 그가 관직 생활을 무난하게 이어갔다면 〈어부사시사〉나 〈산중신곡〉, 〈산중속신곡〉같은 빼어난 산수시의 출현은 볼 수 없었을지도 모르니 말이다.

　가시울타리에 갇힌 뒤로 그에게 생긴 새로운 버릇은 오만가지 잡생각에 이리저리 떠 밀려다니는 일이었다. 관직 생활로, 공부로 바쁘던 시절에는 없던 버릇이었다. 책을 들여다보는 일조차도 대단한 노동이 된 나이다 보니 널브러진 채로 할 수 있는 일은 오직 생각뿐이었다. 생각에는 경계도 발품도 들지 않아서 이십 대 언저리를 떠돌다가 문득 오십 대로 넘어가기도 하고 한양에서의 관직 생활을 떠올리다가 해남이나 보길도의 거처들을 쏘다니기도 했다. 기묘하게도 온갖 상념의 끝에는 피부 어딘가에 박혀있는데 도무지 찾아내지 못하는 작은 가시처럼 개운치 않은 느낌이 뒤따르기 일쑤였다. 굳이 이름을 붙이자면 후회 같기도 부끄러움 같기도 한, 그에겐 좀 낯선 감정이었다. 시간은 많아지고 찾는 이가 없는 적막한 날들이 계속되자 그 생각은 점점 부피가 커지는 듯도 했다. 마음에서 몰아내 버리고 싶은 싫은 생각이었지만 그럴수록 오히려 뿌리가 깊어 좀처럼 내쳐지지 않았다. 그는 차라리 그 불편함을 들여다보자 싶었다.

　생각은 병자호란이 일어났던 1636년 겨울로 한달음에 돌아갔다. 인조 14년, 그의 나이 50이었다. 그 무렵은 윤선도에게 여러모로 고통스러운 시절이었다. 5월에 스물다섯밖에 안된 차남 의미를 잃었고 며칠 후 며느리마저 자결함으로써 남편을 뒤따라가는 불행을 겪어야 했다. 파직이나 낙향은 체념하면 그만이었다. 자식 잃은 고통은 매 순간 새로웠다. 그는 쓰린 마음을 다잡으며 애도시를 썼다. 그가 수난을 건너는 방식이었다.

아무리 애통해도 자식 말은 안 한다지만
그의 재주는 참으로 드물구나
온순하게 살아온 스물다섯 해
슬프고 애절함이 백 년은 갈 터인데
며느리마저 그 뒤를 따랐으니
세 아이만 하늘이 남겨두셨어
가을바람 부는 달 밝은 밤에
차마 어찌 서루에 오르리오

- 「죽은 아들 진사 의미를 애도하며」, 『고산유고』

　　가족사의 불행을 추스르기도 전에 이번엔 나라에 큰 불행이 닥쳤다. 광해군은 명과 후금(청) 사이에서 실리외교를 추구하며 줄타기하듯 힘의 균형을 유지하고 있었는데 인조의 등극 후 균형추는 한쪽으로 쏠려버렸다. 인조는 중화주의를 표방하며 후금과의 관계를 끊어버림으로써 한참 세력을 키워나가던 후금에게 전쟁의 명분을 스스로 내어준 꼴이 되었다. 병란의 발발은 급작스러웠고 유목민인 적군은 파죽지세로 닷새 만에 서울 근교까지 도달했다. 이에 기겁한 왕은 소현세자와 함께 남한산성으로, 그 전에 빈궁과 원손과 대군은 강화도로 피신시켰다. 윤선도는 기가 막힌 소식들을 접하고 보니 가만히 앉아 구경만 할 수는 없었다. 그는 향족과 가동, 노 젓는 곁꾼 등을 모아 의병을 일으키고 배 한 척을 빌려 해로로 강화도 근처까지 올라갔다. 그는 우선 강화도로 가서 다음 여정을 기약해 볼 요량이었다. 강화 앞바다에 이르렀을 때 출처가 불분명한 여러 소문이 들려왔다. 강화도는 함락되었다 하고 육지는 적병들로 가득 찼다고도 하며 임금은 포위를 뚫고 동쪽으로 나아가 영남으로 향한다는 소식들이었다. 강화도로 들어갈 수도, 남한산성으로 가볼 수도 없는 형국이었다. 그는 별수 없이 배를 호남으로 돌렸다. 내려가다 보면 어디선가 새로운 소식과 닿을 거라 여겼다.

　해가 바뀌고 임금의 항복과 함께 전란은 순식간에 끝났다. 47일 만이었다. 윤선도는 임금의 항복 소식을 듣자 하도 참담하여 인간사와 절연하자는 심정으로 제주도로 향했다. 항해 중 우연히 잠시 쉬기 위해 들른 보길도에서 그는 돌연 마음을 바꾸고 그대로 주저앉았다. 그는 이 새 보금자리에 완전히 마음을 빼앗겼다. 부용동이라는 이름부터 지어주었다. 말 그대로 지세가 연꽃 봉오리가 피어오르는 듯 우아했기 때문이다. 인공 못을 만들고 강학하기 위한 건물도 지었다. 그리고 제각각 이름을 지어 붙였다. 인공 못에는 세연정, 공부방에는 낙서재와 곡수당이라는 이름을 붙였다. 낙서재를 등진 맞은편 산 중턱에는 혼자만의 공간으로 바위틈에 정자를 짓고 동천석실이라 이름 붙였다. 동천석실에서 내려다보는 부용동은 세상사와 절연해도 억울하지 않을 만큼 수려한 풍경을 보여주었고 마음을 푸근하게 감싸주는 편안함이 깃들어 있었다. 그가 보길도의 제왕이라는 별명을 얻게 된 이유였다. 본격적인 은둔생활을 위한 터전이 이때 마련된 셈이고 이곳의 자연을 배경으로 시인으로서의 그의 또 다른 면모가 탄생하게 될 터였다.

　하지만 아직도 그에겐 겪어야 할 시련이 남아 있었다. 인조 16년에 영덕으로의 귀양살이가 기다리고 있을 줄은 그로서는 짐작하기도 어려운 일이었다. 그 이유란 게 어이없게도 병자호란 때 의병을 일으켜 강화도로 갔다가 지척에 있는 임금을 알현하지 않고 돌아간 죄였다. 게다가 도덕적으로 해이했다는 추문마저 곁가지처럼 따라붙었다. 유배는 그다음 해에 해제되었지만 억울한 마음은 평생을 따라다녔다. 나라가 위기에 처했기에 분연히 일어섰는데 그 난리 통에 임금을 직접 찾아가지 않은 것을 탓하니 그로선 억울할 만도 했다. 해남에 그대로 있었다면 당하지 않을 고역이었다. 추문 건은 한술 더 뜬다 싶었다. 강화도에서 돌아오는 길에 영흥도에 이르렀을 때 동서 이희안을 만났다. 그가 태워 달라기에 세 사람을 태워주었다. 그중 한 여종이 계집아이 하나를 데리고 있었는데 그 아이와 가까워졌기 때문이었다. 처자를 약탈했다는 비난이 쇄도하여 조정에 붙잡혀 가 국문까지 당하는 처지가 되었다. 이 일로 처첩이 놀려대고 벗들이 비웃는 거야 그럴 수 있다 싶었지만 죄목이 되고 정계에서 비난거리로 삼는 것은 수긍하기 어려웠다. 그는, 그 계집아이는 규방에 있는 처자가 아니라 천물이라고 항변했다. 늙은 여종이 첩의 딸이고 첩의 딸이 양녀 삼은 아이니 천물이라는 주장이었다. 궁색한 변명이었다. 아들과 며느리를 잃은 고통, 국권을 빼앗긴 참담함의 와중에 저지르기에는 못난 짓이라는 생각은 그 후에야 들었다. 그 일에 대한 변명의 말들은 더 옹색스러웠다. 이제 와 생각해도 엄청난 사건은 아니었다. 다만 그는 부끄러웠다. 한 번도 느껴보지 못한 감정이었다.

늦봄이 되었어도 그가 갇힌 산골 오두막은 한겨울인 듯했다. 지난밤 제대로 잠들지 못해 한낮에도 내내 몽롱한 채로 그는 찾아올 이 없는 문간을 바라보았다. 그때 가시울타리 밖으로 한 사내가 보였다. 얼키설키 동여맨 두터운 옷섶에서 사내는 소중한 물건을 꺼내듯 뭔가를 꺼내 내려놓았다. 윤선도는 흐린 눈을 부비며 다가갔다. 사내가 내놓은 것은 작은 통에 담긴 풀꽃이었다. 약초를 캐다 빙설 속에서 발견했다 했다. 그는 엄지손톱만 한 황금빛 꽃송이를 휘둥그레진 눈으로 보고 또 보았다. 얼음장을 깨고 솟아난 작은 생명체가 그에게 선사해준 위안은 남다른 것이었다.

소빙화

삼월 초이튿날 해는 서쪽으로 지는데
홀로 좁은 방에 앉아 고향 집 생각하네

나무꾼이 홀연히 황옥빛 나는 꽃을 만나
통에 담아 와서 못난 사람에게 자랑하네

소빙화는 압록강 물가에서 자라는 꽃
짧디짧은 홑 줄기는 바늘처럼 가늘어라
일천 자 깊은 눈 속에서 살기를 물리치고
한 떨기 꽃잎 안에 천심을 보듬었네
단아하여 옥황상제 뜰 앞에 심어야 제격인데
못가에서 읊조리는 시인과 어이 짝했는가
봄소식을 관북 요새 밖에 부쳐주어 알리려는
동군의 마음 씀이 깊은 줄을 비로소 알겠네

변방의 봄 저물어 가도 봄 경치 없는데
도리어 소빙화 한 가지가 피었구나
음이 성하면 절로 옮겨가는 복괘의 이치 진실 되고
양이 성하면 생장하는 희역의 말씀 신실해라
어두운 세상에 빛나는 공자의 일월이라면
살벌한 시절에 불어오는 정명도의 춘풍일세
이 꽃으로 천지의 큰 덕을 짐작할 수 있으니
몇 번이고 향내 맡으며 거듭 감탄하네

일천 숲 죽어서 있고 일만 뿌리 숨어 있는데
여리디여린 옥 꽃술 혼자서 향기 풍기네
호걸은 문왕을 굳이 기다리지 않는 법
닭 소리 그치지 않아도 어찌 마음을 상하리오

― 『고산유고』

그는 작고 노란 야생화 한 송이를 통해 자신을 보았고 자신의 운명을 보았다. 그의 마음은 상할 대로 상했지만 완전히 꺾이지는 않았다. 새삼 자신의 길을 꿋꿋이 나아가려는 의지를 다듬었다. 얼마 못 가 위리안치가 해제되고 장남이 문과에 합격하고 외손들이 사마시에 합격했다는 낭보들이 날아왔다. 까치가 울지도, 길몽을 꾸지도 않았는데 툭 던지듯 날아온 소식들이었다. 모든 것들이 제자리를 찾아가는 듯했다. 현종 3년, 그의 나이 일흔여섯이었다. 그가 없어도 자손들은 잘 해나갔다. 앞으로도 그럴 것이라는 믿음이 생겼다. 귀양살이에도 굳은살이 생기는지 차츰 적응되었다. 사람이 살지 못할 곳은 없었다.

　　어느 아침, 그는 하도 또렷해서 생시인지 꿈인지 분간하기 어려운 꿈속을 노닐다 잠에서 깨어났다. 눈을 뜨고도 잠시 동안 고향 집인 줄 착각했다. 꿈속에선 펄펄 날아다니는 장정이었는데 눈을 뜨니 가냘픈 노구가 이불 속에 푹 파묻혀 있었다. 꿈속의 그곳은 세연정 연못가 정자였다. 기둥에 비스듬히 기대앉아 듣던 거문고 소리가 아직도 귓가에 쟁쟁했다. 어부사시사 몇 수를 외운 어린 여종이 낭랑한 목소리로 연주에 맞춰 노랫가락을 뽑아냈다.

　　앞개에 안개 걷고 뒷뫼에 해 비친다
　　배 떠라 배 떠라
　　밤물은 거의 지고 낮물이 밀어온다
　　지국총지국총 어사와
　　강촌 온갖 꽃이 먼빛이 더욱 좋다

　　춘하추동을 각 10수씩 노래한 어부사시사의 첫수였다. 맹사성이나 이현보가 이미 어부가의 전통을 이어 노래한 바 있었지만 그는 전통을 이으면서도 새롭게 노래할 자신이 있었다. 어부의 시선으로 사계절의 순환을 깊고 넓게 표현하려는 야심 찬 의도로 쓰기 시작했다. 여음구를 다양하게 활용하고 율격도 기존의 틀을 벗어났다. 길이도 비약적으로 늘였다. 그가 육십 대 중반에 이룬 문학사적 업적이었다. 그는 꿈에서 깬 게 하도 억울해서 할 수만 있다면 다시 꿈길로 돌아가고 싶었다. 하릴없이 행복하기만 했던 지난밤 꿈을 복기했다.

"반금의 거문고가 그립구나."

그는 문득 소리 내어 중얼거렸다. 꿈속에서 거문고를 뜯던 인물은 반금이었다. 해남에서 교우하던 거문고의 명인 권해였다. 반금은 거문고의 짝이란 뜻으로 그가 붙여준 별명이었다. 그와의 우정은 순수하게 예술적인 도반으로서의 우정이었다. 세상에 반금의 연주에 윤선도만큼 감응할 사람은 없었다.

> 소리가 혹 있은들 마음이 이러하랴
> 마음이 혹 있은들 소리를 누가하랴
> 마음이 소리에 나니 그를 좋아하노라

그가 반금의 거문고에 새겨준 글귀였다. 가까운 벗 중에는 그의 유별난 음악에의 몰입을 경계하는 조언을 건네는 이들도 있었다. 음악은 속된 것이라 사대부의 취향으로는 권할 게 못 된다 했다. 음악뿐만이 아니었다. 의술도 그런 취급을 받았다. 윤선도는 이런 의견에 흔들리지 않았다. 그는 박학다식을 몸소 실천하고 실용성을 무시하지 않았다. 음악과 시를 알았고 풍수지리와 의술도 전문가 수준으로 독학했다. 귀양살이 중에도 누군가 응급상황에 처하면 의술을 베풀었고 묏자리를 찾는 이에게는 조언하기도 했다. 백면서생은 그의 취향이 아니었다.

"이보게, 혹 근방에 거문고를 뜯는 사람이 있는가?"

그는 일 봐주는 하인에게 물었다.

"딱히 아는 이는 없지만요, 소인 어머니가 젊을 때 좀 배운 적이 있습지요. 무슨 일로 찾으십니까?"

텃밭에 일구는 푸성귀 틈에서 잡초를 솎아내며 사내가 물었다. 얼마 전 막내 아이가 토사곽란이 나서 죽을 뻔한 것을 윤선도의 처방대로 약초를 달여 먹이고는 살아난 일이 있어서 언젠가는 나리의 은혜를 갚겠노라 노상 다짐해 온 그였다.

"내가 거문고 소리 한 자락 듣고 싶어 그러네."

그는 소심하게 자신의 소망을 피력하였다. 아무래도 모든 게 조심스러웠다.

"아이고, 염려 마십시오. 소인 어미가 잘하지는 못해도 당장 보여드릴 수는 있습니다요."

그렇게 하여 그는 수년 만에 거문고를 눈앞에 마주했다. 어디선가 빌려왔다는 낡은 거문고는 현이 제대로 조율되지 않은 채였다. 거문고를 무릎에 얹고 술대로 한 음씩 뜯어보는 촌로의 자세만은 여느 명인 못지않게 진지했다. 촌로의 양 손가락들이 마른 나무뿌리처럼 거칠었다. 그는 이 모든 것을 일별하고 잠자코 두 눈을 감았다. 오랜 유배 생활로 무디어진 그의 귀에도 촌로의 거문고 가락은 투박스러웠다. 그는 한때 깊은 정을 나눴던 반금의 연주를 듣듯 깊이 집중했다.

그는 이즈음 해남과 보길도에서의 은둔 시절을 무시로 떠올렸다. 정계에서 퇴출당하면 그리로 내려가곤 했었다. 병자호란과 영덕 유배가 끝난 후에는 아예 보길도에 뼈를 묻자 싶었다. 부용동에 있을 때 그는 대부분 낙서재에서 기거했다. 아침에 닭이 울면 일어나서 경옥주를 한 잔 마시고 집안 아이들을 모아 강학 시간을 가졌다. 아침 식사를 한 후 사륜거에 올라타고 악기를 준비하여 동천석실에 가서 한가로운 시간을 보냈다. 가끔은 죽장을 짚고 산책하고 날이 좋으면 세연정까지 나아갔다. 술과 안주를 충분히 준비하는 것도 잊지 않았다. 일하는 아이들에게 어부사시사를 익히게 하여 못가의 바위를 무대 삼아 거문고 연주에 맞춰 노래하거나 춤을 추게 했다. 연못에는 작은 배를 띄우고 어여쁜 아이들이 춤추는 모습이 못가에 비치는 것을 보며 스스로 신선이 되었다. 하루 종일 유유자적을 즐기고 날이 저물면 귀로에 올랐다. 아파서 드러눕지 않는 한 날마다 반복되는 일과였다. 정적들은 사치가 하늘을 찌른다며 손가락질했지만 개의치 않았다. 천복을 이때 다 누려서 말년이 이런 것인가? 그는 흐려진 눈을 비비며 자문했다.

현종 6년, 그의 나이 일흔아홉에 전라도 광양으로 이배되었다. 함경도와 전라도는 모든 게 천양지차였다. 기후도 산세도 산천에 나는 풀꽃도 달랐다. 무엇보다 고향 가까이 왔다는 게 제법 위안이 되었다. 그 무렵 유세철 등 영남 유생 천여 명이 3년복을 주장하는 상소를 올렸다. 윤선도의 예론의 영향이 컸다. 그 영향이었을까, 왕의 특명으로 유배가 해제되었다. 현종 8년, 그의 나이 여든한 살이었다. 칠 년만이었다.

그는 이듬해에 효종이 하사한 화성집의 사랑채 건물을 해남 연동으로 옮겨와 복원하고 녹우당이라 이름 붙였다. 한양 쪽으로의 인연을 두루 접고 고향에 들어앉을 요량이었다. 달리 새롭게 도모할 일은 없었다. 이가 뭉텅뭉텅 빠지고 눈에는 막이 쳐진 듯 낮이나 밤이나 어두컴컴하고 귀도 멀고 꼿꼿이 앉아있기도 어렵게 되었지만 그는 어쨌든 살아서 보길도로 돌아왔다. 다행인지 불행인지 정신만은 또렷했다. 어떤 날에는 도무지 떨쳐지지 않는 어지러운 생각들을 붙들고 하루해를 보냈고 또 어떤 날에는 잊혔으나 입가에서 맴도는 이름들을 붙잡으려 애쓰며 하루를 보냈다. 행복하지도 불행하지도 않은 나날들이었고 그는 그 정도가 딱 좋다고 여겼다.

내 어찌 세상을 거슬렀다고

세상일이 나와는 어긋나는가
높은 지위 마음 두지 않고
푸르른 광야처럼 살아가리라

          - 「동하각」, 『고산유고』

그가 마지막으로 남긴 한시였다.

7. 김만중 - 김민주

1637년 1월, 진사 김익겸은 강화산성의 남문에 올라 검은 밤하늘을 올려다보았다. 다행히 문옥과 만기를 먼저 병선에 태워 보냈다. 만삭의 문옥이 자신을 따라 자결하겠다는 것을 겨우 말렸다. 만기를 잘 키워 가문을 일으켜 세워야 한다고 읍소에 가까운 청을 했다. 그의 남은 희망은 두 사람이 이 사지를 빠져나가고, 태중의 자식까지 무사히 세상을 보는 것이다. 사방에서 청나라 군사의 잔인한 포효가 들려왔다. 강화도를 끝까지 지켜내야 할 검찰사가 간밤에 도주했다. 주인이 없는 곳간은 맥없이 무너졌다. 김익겸은 원임 대신 김상용이 쌓아놓은 화약 상자를 바라보았다. 그의 입에서 가는 신음이 흘러나왔다. 흰 눈이 하늘에서 포근히 내리건만, 그 눈은 그의 마지막을 배웅하는 마지막 가냘픈 손짓에 불과할 것이었다.

김상용이 화약 상자에 앉아 비장하고 낮은 어조로 말했다.

"다들 후회하지 않겠소? 그대들은 여기 있을 필요가 없을 것이오. 나 혼자라도 족하니 언제든 돌아가도 좋소."

"더럽혀지더라도 살아야 할 때가 있고, 죽어서라도 지켜야 할 것이 있지요. 후회하지 않습니다."

김익겸의 말에 별좌 권순장은 잠자코 고개를 끄덕였다. 다른 지휘관들 역시 고개를 끄덕이며 어둠을 응시할 뿐이었다.

김상용은 마지막으로 산성을 둘러보고, 쌓아놓은 화약 상자에 불을 붙였다. 하늘을 가르는 소리와 함께 장엄한 불꽃이 강화의 하늘을 뒤덮었다. 순식간에 남문과 망루 위의 사람들이 화약 연기 속으로 흩어졌다.

그즈음, 윤문옥은 다섯 살 된 아들의 손을 잡고 퇴각하는 병선에 올랐다. 남편은 나라와 생사를 같이하겠다고 했으니, 아마도 살아 돌아오지 못할 것이었다. 그녀는 강화산성에서 들려오는 굉음과 자욱한 연기를 바라보며 깊은 비탄에 잠겼다. 만기는 그런 엄마의 심정을 모른 채 배 안을 뛰어다녔다.

저녁 무렵 문옥의 산통이 시작되었다. 스물한 살의 나이에 겪는 전쟁도 잔인하지만, 산통은 더 고통스러웠다. 뱃속의 태아가 무사히 태어나더라도, 평생 아버지 얼굴을 못 보게 될 자식이기에 그 운명에 눈물부터 쏟았다. 무심히 눈에 들어온 검은 물결은 문옥의 마음을 더 심란하게 했다. 삶과 죽음이 종잇장처럼 뒤집히는 전쟁 통이라 죽음이 두렵지는 않았으나 앞으로의 미래가 캄캄하여 두려움이 이는 건 어쩔 수 없었다.

어둠이 내렸을 때 양수가 터졌다. 문옥은 세상에 나오려고 발버둥 치는 아기를 위해 힘을 주었다. 망망대해에서 산고의 신음은 파도 소리에 묻혔다. 만기는 제 엄마의 핏발선 손을 잡았다. 산통이 절정에 달할 무렵 뜨거운 핏덩이가 문옥의 몸 안에서 쏟아져 나왔다. 슬픔과 기쁨이 어우러진 마음이 용광로처럼 뜨겁게 끓어올랐다. 문옥은 갓 빠져나와 김이 모락모락 나는 핏덩이를 품에 안고 젖을 물렸다. 남편이 마지막 선물처럼 안기고 간 유복자였다. 참으려 해도, 왠지 모를 울분과 감격이 섞여 뜨거운 눈물이 고요히 뺨으로 흘렀다.

"뱃동이가 태어났네. 하늘이 도왔구나."

사람들의 말에 주석 아범은 미역국 대신 미음을 끓여 문옥에게 올렸다. 아무리 바다 한가운데라지만 피난선에 미역이 있을 리 없었다.

문옥은 만기와 유복자 만중을 데리고 이조참판으로 있는 아버지 집으로 들어갔다.

"오느라고 고생 많았다. 나라가 험하니 네가 고생이 많구나. 너는 정혜옹주의 외손녀니라. 이제는 가문을 세우기 위해 자식 교육에 힘써야 한다."

아버지의 말을 문옥은 마음에 새겼다.

아이들은 문옥의 가르침을 먹물 머금은 화선지처럼 흡수하며 잘 자라 주었다. 하지만 문옥의 아버지가 돌아가시면서 친정 역시 가세가 기울었다. 문옥은 손수 베를 짜고 수를 놓아 받은 삯으로 책을 마련했다.

"주석 아범, 홍문관 관리신 뒷집 어른께서 〈사서〉와 〈시경언해〉를 빌려주신다고 했느니라. 이 수 놓은 비단을 갖다 드리고 책을 빌려오너라."

문옥은 그렇게 빌려온 책을 받아 쓰고 베끼느라 날마다 밤잠을 설쳤다. 그 정성으로 만기는 물론 만중도 열네 살의 어린 나이에 진사 초시에 합격했다. 열아홉 살 되던 해 정시에 장원급제하여 만중은 예조 좌랑이 되었다.

어머니의 노고를 아는 만중은 궁궐에 들어가기 전 어머니를 찾아 아침 문안을 드리고, 밤에 자기 전에도 어머니께 밤 인사를 드렸다. 3년 전 결혼한 아내 정인과 아들 진화, 딸 윤화와 함께하는 시간도 귀하고 행복했지만, 만중의 첫 번째 기쁨은 어머니의 웃음이었다.

그즈음 문옥은 오히려 깊은 잠을 자지 못했다.

"어머니 무슨 걱정을 그리하십니까?

만기가 묻자 문옥은 눈을 감았다.

"너는 장차 우리 가문을 세워야 할 장남이라 당연히 조정에 나가야 하지만, 만중이 저렇게 출중하니 오히려 걱정되는구나."

만기는 어머니의 마음을 헤아리고도 남았다. 정치라는 것이 온갖 권모술수가 모이는 곳이라 혼자 청렴하다 한들 목숨이 바람처럼 가벼이 왔다 갔다 했다. 더구나 서인 남인의 다툼 속에서 운신하는 것은 더 어려운 일이었다. 그렇지만 아우 만중의 재능과 인물됨이 나라에 꼭 필요한 재목임을 알고 있었다.

"어머니, 심려 마십시오. 인사는 하늘이 내려주시는 것입니다. 나라를 위해서, 백성을 위해서 산다면 그 또한 하늘의 뜻이며, 청렴하고 결백한 선비는 아무도 무너뜨릴 수 없는 것입니다."

문옥 역시 받아들일 수밖에 없었다. 유복자 만중이 마냥 아이처럼 애틋하지만, 한 어미의 자식이 아니라, 왕의 신하로 나랏일을 하는 공인이기도 했다.

　그 후, 만중은 암행어사가 되어 어머니에게 하직 인사도 못한 채 길을 떠나기도 했다. 삼남 지방의 각 현을 감사하여 왕에게 보고하는 임무였다. 그해 흉년이 심해 굶어 죽는 사람이 발생한다는 소문을 들었다. 어떤 수령은 관아의 쌀을 풀어 고을의 굶주린 이에게 나누어주기도 한다는데, 오히려 세금을 수탈하고 배곯은 백성에게 곤장으로 되갚는 수령도 있었다.

　만중이 각 고을을 다니며 그 행태를 낱낱이 조사하고 돌아가려는 데, 한 여인이 눈물을 흘리며 무릎을 꿇었다.

　"제발 저의 억울함을 풀어주십시오. 어린 남매가 날마다 배고파 울면서 제 아비를 기다리는데, 고을의 수령이란 자는 날마다 술 잔치를 벌이고, 억울한 지아비를 고문까지 해서 가두어 놓았습니다."

　안타까운 사연이었으나 만중은 고민이 깊어졌다. 그곳은 한양으로 돌아가는 길에 머무는 곳이었고, 관할 구역이 아니었다. 그렇더라도 그 사정이 딱하여 모른 척할 수도 없었다. 당장 한양으로 돌아갈 수 있음에도 잠시 그 고을에 머물며, 수령에 대한 조사를 마치고 왕에게 보고했다.

　"그 일은 다른 어사가 관리하는 고을이라 규정을 어기는 일이오. 그러기에 그 수령에 대해 당장 벌을 줄 수는 없으나, 추후 조사를 한 후에 결정을 내리도록 하겠소."

　현종은 만중에게 고하고, 그곳을 관할하는 어사에게 조사를 다시 맡겼다. 그 후, 왕은 만중의 말이 사실임을 확인하고, 몰염치한 수령에게 벌을 내리고, 가난하고 억울한 아비를 풀어주었다.

　왕은 그때부터 만중을 총애하기 시작했다. 고민거리나 어려운 선택을 할 때마다 만중과 머리를 맞대었다. 하지만, 만중이 왕의 잘못을 직언하고 고치는 관직인 정언이 되면서, 그의 송곳 같은 직언은 독이 되었고, 왕의 심기를 불편하게 만들었다. 특히, 영의정 허적을 비판한 일은 큰 화를 불러왔다.

"서인인 그대는 허적이 남인이라고 모함하는구나. 당장 김만중의 벼슬을 뺏고, 강원도로 유배를 보내도록 하여라."

만중은 현종 15년 겨울 눈이 흩날리던 날, 금성(지금의 고성)으로 첫 번째 유배를 떠나야 했다. 유배지의 차디찬 밤을 홀로 겪으며 권력의 무상함을 뼈저리게 느꼈다. 그곳에서 서민들이 논밭 일구며 욕심부리지 않고, 하루하루 성실하게 사는 삶을 보았다. 소박하지만 무탈한 그들의 삶이 만중에게는 미래의 희망처럼 보였다. 그 무렵 형 만기에게서 안부 편지가 왔다.

〈아우야, 지난밤 꿈이 기이하여 편지를 보낸다. 꿈속에 달빛을 타고 냇가로 갔다가, 그 물줄기를 찾아 들어가니 기묘한 계곡의 풍경이 아름답게 펼쳐지더구나. 신선들이 살 법한 그곳을 내게 보여준 까닭이 무엇이었을까. 아우여, 어머님은 내가 잘 모실 터이니, 부디 몸 건강히 돌아오기를 바란다.〉

만중은 간간이 오는 편지에 기대어 유배 생활을 이어 나갔다. 그러던 중, 조카인 인경왕후가 왕비로 책봉되었다는 낭보가 날아들고 곧 유배에서 풀려났다.

왕후의 숙부가 된 만중은 예조참판에 이어 대사헌을 거쳐 문신으로 최고의 자리인 대제학에 올랐다. 문옥의 기쁨은 이루 말할 수 없이 컸다.

"대제학은 학문적인 업적으로만 평가받는 자리인데, 만기에 이어 만중까지 대제학에 오르다니, 순절한 남편을 이제야 떳떳하게 볼 수 있을 것 같구나."

어머니의 웃는 모습을 보는 것은 좋았지만, 만중은 벼슬이 높아질수록 걱정이 더 커졌다. 금성에서 돌아온 이후, 그는 시골에서 후손들을 가르치며, 어머니와 함께 사는 것이 꿈이었는데, 그 꿈이 더 멀어지는 것 같았다. 그가 원하는 것은 어머니를 편하게 모시는 것이지, 벼슬이 아니었다. 대신 그는 조정에 들어가지 않는 날이면, 어머니가 어린 만중에게 했던 것처럼, 어머니에게 역사책과 소설책을 읽어드렸다. 틈틈이 시를 짓고, 이야기를 만드는 것도 잊지 않았다.

그러던 중 함경도 단천에 사는 일선이라는 여인의 안타까운 이야기가 흘러들었다.

"형님, 일선이라는 수절한 관기 이야기 들어보셨습니까?"

만중은 형 만기에게 그 이야기를 들려주었다.

"관기가 수절을 했다니 그런 일도 다 있었는가?"

"자기가 모시던 관리가 떠난 후에도 수절을 지키려고 목숨도 내놓았다지요. 또 그 관리가 세상을 떠났을 때 무덤가에 초막을 짓고 삼 년 상을 지냈다고 합니다. 그런데도 기생이라는 이유로 절행상에서 제외되었다지요."

"천한 신분 때문에 그런 게로군. 예조에서 알아서 하는 일이라 어찌할 도리가 없겠군."

형의 말에도 만중은 그 일이 내내 마음에서 떠나지 않았다. 그 여인의 사연이 묻히는 것이 안타까워, 그는 일선에 대해 조사를 하고, 그녀의 절개에 대한 장편서사시를 지었다.

'신분은 그 사람의 껍데기일 뿐이야. 후세에 사람들은 이 여인에 대해 다르게 평가할 수도 있을 것이야.'

당시로서는 사대부들이 천하게 여기던 관기에 대해서도 만중은 신분 차별을 두지 않았다. 만중의 인간 됨은 다른 사람들과는 달랐다.

1687년 봄, 형 만기가 병으로 세상을 떠났다. 어머니는 조석으로 슬픔에 빠져있어 만중은 걱정이 깊었다. 형에게 어머니를 잘 모시겠다고 했건만 그것마저 지킬 수 없는 약속이 되었다. 그해 가을 만중은 다시 귀양을 가야 했다. 옳은 말을 왕에게 하는 것이 얼마나 위험한 일인지 알지만, 대쪽 같은 마음의 만중은 그런 걱정에 몸을 사리는 사람이 못되었다.

숙종의 사랑을 장악한 장희빈이 조정의 인사 문제에 사사로이 개입했다는 소문을 왕에게 직언한 것이 화근이 되었다. 왕은 진노했다.

"누구냐, 그런 거짓 소문을 퍼뜨린 자가? 그자가 누구인지 당장 이실직고하여라."

"전하, 송구하오나 공중에 떠돌아다니는 이야기의 출처를 어찌 알 수 있겠습니까!"

숙종은 만중을 총애하여 조정의 요직을 맡기려 했으나, 항간의 불미스러운 소문을 직접 전한 것이 무엇보다 서운하고 괘씸했다.

"누가 퍼뜨린 지도 모르는 헛소문을 나보고 믿으라고 하는 소리냐? 나를 경멸하는 뜻이 아니라면 감히 어찌 내 앞으로 그런 망발을 하느냐? 저자를 당장 의금부에 가두고 그 소문의 진원지를 밝혀내거라."

화를 풀지 못한 왕은 기어이 만중을 선천으로 귀양 보냈다. 문옥은 슬픔을 이기지 못하면서도 아들을 위해 의연히 작별했다.

"사람은 무릇 한결같아야 한다. 그곳에 가서도 자신을 스스로 사랑하고 내 염려는 하지 말거라."

가을이 시작될 무렵 만중은 평안도 유배지에 도착했다. 바람마저 소슬하고 외로운 달빛만이 고고히 떠 있는 밤, 그는 먹을 갈았다.

'밤마다 산짐승이 우는구나. 천지가 고요하니 오히려 시상이 폭죽처럼 터지는구나. 작년에는 어머니 생신에 잔치를 베풀고, 형님 가족과 우리 가족이 함께 모여 기쁨을 드렸는데, 올해는 형님도 돌아가시고, 어머니 병환마저 깊으니 원통하구나.'

만중은 어머니 생신을 앞두고 사친시(思親詩)를 쓰며 고개를 떨구었다.

선천은 서해를 낀 해안 마을이었다. 그래서 만중은 호를 서포(西浦)라고 짓고, 근처 보광사에서 자주 시간을 보냈다. 고달픈 마음이 들 때는 설동 스님과 이야기를 나누고 금강경, 화엄경, 원각경 같은 불서를 탐독했다. 그러다 문득 불교 소설을 써보리라, 마음먹기도 했다.

어느 날에는 〈덧없는 인생, 마치 꿈과 같으니 이 세상 즐거움이 얼마나 될까〉 하는 이백의 시구에서 영감을 받아 〈몽환〉을 지어 어머니에게 보내 드렸다. 형이 금성 유배지로 보낸 편지 중 기이한 꿈 이야기를 장편 시로 만든 것이었다. 이제껏 살아온 삶을 돌아보니 한바탕 꿈 같으니, 유배 또한 한바탕 꿈에 불과할 거라는 내용이었다.

만중이 어머니에게 보낼 소설을 구상하고 있을 즈음, 한 노인이 찾아왔다.

"나으리, 저는 농사만 지어, 글을 배우지 못한 노인일 뿐인데, 큰 화를 당하게 되었습니다. 죽기만 기다리고 있었는데, 마을 사람들이 나으리를 찾아가라고 했습니다. 제발 살 방도를 가르쳐 주십시오."

노인의 침통한 얼굴을 보고 만중은 말했다.

"무슨 일인지 말해보시오. 내가 할 수 있는 일이라면 기꺼이 도움을 드리리다."

노인은 관청에서 내려온 문서를 읽어내지 못해 재판에 출석하지 못했다. 송사에 휘말린 줄도 모른 채 막대한 벌금을 내고, 또 문초당할 위기에 처한 것이었다.

만중은 그 노인을 대신해서 관청에 노인이 처한 상황을 알리는 편지를 쓰고, 구제의 방법이 없는지에 대해 알아보았다. 며칠 후 그 노인은 화색이 도는 얼굴로 만중을 찾아와 엎드려 절을 했다.

"나으리 덕분에 손자 손녀가 길바닥에 나앉지 않게 되었습니다. 정말 고맙습니다."

그 후 글을 모르는 마을 사람들이 하나둘씩 만중을 찾아와 도움을 청했다. 만중은 안타까운 마음이 들어 기꺼이 그들을 위해 대필하거나, 그들의 고충을 덜어주었다.

'우리나라 말이 있는데 어찌 그것을 쓰지 못한단 말인가. 먹고살기 바빠서 배우지 못했지만, 기회만 된다면 그들도 배움을 기꺼이 하리라. 그러면 못 읽고 쓰는 괴로움에서 벗어날 수 있을 것이다.'

그런 생각으로 만중은 그때부터 동네 아이들에게 글을 가르치기 시작했다. 그러자 소문을 듣고, 글을 배우기 위해 산을 넘어오는 어른들도 생겨났다. 만중은 오히려 그것이 큰 기쁨이었다. 배움이 미치지 못한다고 해서 배움에 대한 열망이 없는 것이 아니었다.

"나으리, 글공부 삯을 대신해 어머니께서 보내신 것입니다."

여자아이는 생선 꾸러미는 내밀었다. 만중이 그것을 받지 않자, 그 여자아이는 만중의 초가집 안팎을 말끔히 청소했다. 만중에게 글을 배운 어떤 이는 물을 길어놓고, 어떤 이는 장작을 팼다. 날이 추운 날은 군불을 때 놓았고, 약초도 달여 놓았다.

어려운 생활 속에서도 글공부에 대한 열망이 강한 것을 보고, 만중은 이들을 위해 한글로 이야기를 지어야겠다고 생각했다. 양반들은 소설이 잡문이며, 허구의 거짓말이라 하여 가치 있게 여기지 않고 무시했다. 만중의 생각은 달랐다.

'양반들이 즐기는 시는 중국의 한자를 배워서 쓴 것이다. 그러니 그것은 앵무새가 사람의 말을 하는 것과 같을 것이다. 나무하는 아이나 물긷는 아낙네가 서로 화답하는 노래는 비록 천박하다고 하나 진실과 거짓으로 따진다면 사대부들의 시와는 비교할 수 없을 정도로 진실하다.'

그즈음은 또, 양반가 여자들이 한글 소설을 읽기 시작하던 때였다. 만중은 소설의 효용을 이미 알고 있었다. 천방지축인 아이들도 이야기를 들을 때만큼은 눈을 똘망똘망하게 뜨고 집중하고, 싸움 장면을 상상하여 웃기도 하고, 울기도 하는 것을 보았다. 쉬운 말로 글을 써서, 하루의 노동

끝에 재미난 이야기로 그 피로를 풀 수 있다면, 백성들을 위해 의미 있는 일이었다. 서인이니 남인이니 하는 양반들과 조정에 염증을 느끼던 만중에게, 민초의 정직한 노동과 희로애락의 순수한 삶이 더 소중해 보였다.

다음 해 가을, 장희빈이 왕자를 낳은 경사로 만중은 사면받아 풀려났다. 선천 마을 사람들은 그 소식에 기뻐하면서도 한편으로는 만중을 떠나보내는 것을 크게 아쉬워했다. 만중의 초가집 청소를 도맡아 하던 아이는 만중이 떠나던 날 얌전히 접은 종이를 내밀었다. 한글로 고맙다는 인사를 적은 편지였다.

집으로 돌아간 만중은 어머니께 큰절을 올리고, 아들 진화와 딸 윤화를 덥석 안았다. 아내는 그저 옆에서 기쁨의 눈물만 흘렸다. 하지만 그 기쁨도 오래가지 못했다.

만중은 얼마 후 다시 상소를 올려야 했다.

"전하, 중전마마의 춘추가 아직 왕자를 볼 수 있을 만큼 어리신데, 태어난 지 몇 달밖에 안 되는 희빈 장씨의 후손을 세자로 책봉하려는 것은 시기상조입니다. 적자의 전통을 잇기 위해 조금 더 기다려 주십시오."

장희빈에게 빠진 숙종은 자신의 정사에 번번이 반대하는 만중에게 다시 진노했다.

"저런 고얀 것을 봤나. 저자는 만 번을 죽여도 아깝지 않겠다. 당장 내 눈앞에서 끌고 나가 외딴섬에 귀양보내고 가시나무 울타리를 쳐서 감금하라."

기구하게도 만중이 선천에서 풀려난 지 겨우 두 달만이었다.

한양에서 천 리나 떨어진 남해도로 떠나올 때 노모는 만중이 가는 길목의 임시 장막에서 기다리고 있었다.

"이렇게 보았으니 됐다. 차마 너의 뒷모습은 보지 못하겠구나. 부디 몸조심하거라."

노모는 눈물을 머금고 그대로 뒤돌아섰다.

만중은 배에서 내려 어기적거리며 산길을 올라갔다. 태형을 받고, 오래 옥에 갇혀있어서 거동조차 힘들었다. 압송관을 따라 한참을 걸어 올라가니 대숲에 둘러싸인 조그만 초가집이 나타났다. 압송관은 만중의 죄목이 적힌 두루마리를 읽고 마을의 포졸에게 인수인계하고 떠났다.

근처에는 인가도 없고, 사람의 자취는 더더욱 보이지 않았다. 만중은 도착하자마자 한동안 앓아누웠다. 한양에서 소식이 없어 걱정도 되고, 우울한 마음을 달랠 길 없었다. 소슬바람에 떨리는 나뭇잎마저 만중의 마음을 어지럽히니 노모 걱정에 밤잠을 설쳤다.

'오늘 아침에는 어머니 그리워 글을 쓰려하니, 글을 쓰기도 전에 눈물만 가득하구나. 붓을 적셨다 놓기를 여러 번. 남해에서 쓴 시는 문집에서 빼야 할 것 같구나.'

시를 쓰다가도 눈물짓는 날이 많았다. 언제나 돌아갈 수 있을까 기대도 해보지만, 점점 더 희망이 없음을 깨달았다. 더구나 이번에는 연좌제로 큰 조카와 작은 조카도 제주도와 거제도에 각각 유배되어 와 있었다.

'바다 구름 끝에 아스라한 섬 세 개, 방장산과 봉래산, 영주산이 가까이 이어졌구나. 숙부와 조카 형제가 나누어 차지하고 있으니 남들은 우리 보고 신선이라 하지 않을까.'

아픈 마음을 시로 달래보지만, 기장에 유배 간 사촌 형에게 보내는 편지에는 속마음을 고백할 수밖에 없었다.

〈…옥에 갇혀있을 때 온몸이 퉁퉁 부어 있었는데, 곤장을 맞아 그런 줄로만 알았습니다. 상처는 다 아물었는데도 부기가 빠지지 않는 것이 아마도 눅눅한 옥에 오래 갇혀 생긴 증상 같습니다. 그런데 이곳의 더위와 습기가 혹독하여 더 심해지니 어쩔 도리가 없습니다. … 형님이 계신 기장 역시 여기보다 낫다 할 수 없으니 자중자애하시기를… 만중 올림〉

고립무원의 유배에서 살아남으려면 누추한 삶을 받아들여야 했다. 그가 유배지에서 할 수 있는 일은 읽고 쓰는 것뿐이었다. 남해 향교에서 〈주자어류〉 전질을 빌려 읽고 정리했다. 어느 날은 근처 용문사가 있는 것을 알고 산책 삼아 찾아 나섰다. 주지는 만중을 반갑게 맞았다.

"한양에서 내려와 적적하실 것입니다. 필요한 것이 있으면 언제든 오십시오."

만중은 책을 빌려 읽으며, 틈틈이 이야기 좋아하는 어머니를 위해 한글소설을 썼다. 어린 시절 소동파의 시를 어머니에게 배웠다. 소동파 역시 정치적인 박해로 남방의 절도에 유배 가서, 그곳에서 소설 짓기를 즐겨했다. 달관의 경지로 유배를 오히려 한가로이 즐기고, 그 너머의 초월적 가치를 발견했으니, 자신 역시 그리될 수 있다고 생각했다.

그런데, 어느 날부터인가 만중은 자신을 따라다니는 눈을 의식하기 시작했다. 용문산 산책 도중에는 큰 키의 험상궂은 사내가 계속 따라오기도 했다. 조정에서 보낸 염탐꾼이었다. 안 좋은 일이 일어나고 있었지만, 그것이 무엇인지는 몰랐다. 어느 날 조정에서 공문이 내려왔다. 죄인의 유배지를 남해도에서 노도로 옮기라는 내용이었다.

노도는 남해도의 벽련항에서 1km 떨어져 있고, 해안선을 다 해도 3km밖에 안 되는 무인도였다. 삼면이 가파른 경사와 깎아지른 절벽이어서 사람이 빠져나갈 수 없고, 북쪽은 급류가 가로막혀 있어 건널 수 없었다.

사람 하나 없고 새소리만 들리는 섬으로 배가 들어갔다. 출렁이는 물소리와 갈매기 소리밖에 들리지 않았다. 맑은 물결이 뱃전에 비쳐, 햇살같이 어른거려 만중의 마음을 어지럽혔다.

노도에 도착하니 보이는 것은 황금빛 유자나무와 검붉은 동백뿐이었다. 북쪽 산비탈에 동백이 울창했고, 비자나무 숲에 새가 구슬피 울었다. 핏빛으로 핀 동백의 붉음이 만중의 마음을 울렸다. 꽃잎이 다 피기도 전에 떨어진 동백을 보니, 제 심장이 떨어진 듯 살이 떨렸다. 첫날 밤은 바람 소리만 가득했다.

　용문사 주지 스님에게서 마지막으로 얻은 차와 책으로 하루하루를 버텼다. 땔감은 스스로 나무를 패어 얻었고, 샘을 파서 그 물로 먹을 갈았다. 섬의 갈매기가 알을 낳고, 알에서 나온 새끼가 자라 날아가는 것을 지켜보았다. 선천에서처럼 마을 사람들이라도 있다면 그들을 가르치며 보람을 찾겠지만, 무인도에는 아무도 살지 않았다. 하는 수 없이 만중은 산비탈에서 죽어가던 매화를 초가의 마당에 옮겨다 심고, 정성을 들였다.

　다음 해 늦은 봄이었다. 만중이 먹을 갈아 글을 쓰고 있었다. 어디선가 애절한 소리가 들려왔다. 적막한 곳에서 들려오는 사람의 소리였다. 만중은 붓을 놓고 일어나 밖으로 나갔다. 사방을 둘러봐도 아무도 없었다. 다시 사람 소리가 멀리서 들려왔다. 고개를 들어 섬 너머 바다 쪽을 바라보았다. 바다 건너 배를 타고 들어왔던 벽련항 언덕에 사람이 몇이 서 있었다.

　"나으리!"

　그 소리는 파도 소리에 묻히기도 하고, 바람 소리에 묻히기도 했다. 한 여자가 울음을 터뜨리며 소리쳐 만중을 불렀다.

　"서방님!"

　그제야 만중의 눈에 어슴푸레 두 여인과 한 남자가 보였다.

　"서방님!"

　그 애통한 소리에 그 여자가 아내 정인인 것을 알았다. 그렇다면 그 옆에 있는 작은 여인은 어머니일 것이었다.

　"나으리! 마님을 모시고 왔습니다. 건강은 어떠신지요?"

　다시 소리쳐 부르는 사람은 주석 아범이었다. 노쇠하여 소리칠 기운도 없는 문옥을 대신해 큰 소리로 만중의 안부를 물었다. 만중은 울먹이며 소리쳤다.

"내 걱정은 말게나. 어머님을 잘 부탁하네."

"조석으로 잘 챙겨 드시고, 부디 몸조심하시랍니다. 나으리!"

그때 휘청거리던 작은 여자가 풀썩 쓰러지는 것이 보였다. 주석 아범이 쓰러진 작은 여자를 업고, 손을 흔들었다. 아내가 어머니가 타고 왔을 법한 나귀를 끌고 뒤돌아섰다.

"어머니와 아이들을 잘 부탁하네."

만중의 외침에 아내는 다시 뒤돌아보며 손을 흔들었다.

만중은 세 사람이 보이지 않을 때까지 마당 끝에 서 있다가 풀썩 엎어 졌다. 곡소리가 절로 났다. 노을이 깊어지는 봄밤에 파도 소리가 만중의 울음소리를 삼켰다.

유배지에 가족이 찾아오는 것은 엄격히 금지된 일이었다. 한양에서 남해 끝자락까지 오기까지는 또 얼마나 여러 날이 걸렸을까! 노구를 가까스로 끌고 온 어머니의 정과 지아비를 향한 아내의 정이 왈칵 느껴져, 주체할 수 없는 비통함에 잠겼다. 그 따스한 봄밤에 바다도 울고 만중도 울었다. 늦봄의 포근한 바람만이 만중의 눈물을 어루만져 주었다.

어머니 생각에 하루도 마음 편할 날이 없던 만중은 어머니를 위해 할수 있는 유일한 일인 이야기를 짓기로 했다. 오래전 중국으로 왕명을 받고 갔을 때, 돌아오는 길에 소설책을 구해달라고 어머니가 부탁한 것을, 너무 막중한 임무 중이라 잊어버렸다. 그 후 사신으로 다시 가면 구해오리라 했지만 그럴 기회마저 없어져 그 미안함을 갚을 수가 없었다.

지난번 선천에서 지은 〈몽환〉을 읽은 어머니는 긴 이야기로 만들면 좋겠다고 했다.

"지난번 시는 아주 재미있게 읽었다. 사람의 일생이 일장춘몽에 불과하다면 너무 허무하지 않은가? 그리고 언문으로 쓴다면 부녀자들도 쉽게 읽을 수 있게 될 터이야."

더 이상 어머니의 바람을 미룰 수가 없었다. 이제 만중의 기력도 쇠하고, 어머니에게 남은 시간 역시 많지 않았다.

만중은 그동안 고난 속에서 생의 의미를 찾기 위해 수련에 가까운 선문답을 혼자서 한 터였다. 사람은 무릇 고난 속에 빠지면 그것에서 벗어나기 위해 생각을 하게 되어 있었다. 그 생각 끝에 길이 있었다. 이대로 비참하게 세상에서 철저히 사라지는 것은 존재의 부정이었고, 만중이 생각하는 인생의 꿈과 희망에 대한 모욕이었다. 자신을 둘러싼 투명한 감옥을 자발적 선택적 고립으로 바꿀 필요가 있었다. 자신을 둘러싼 세계를 바꾸기 어렵다면 자신의 내면을 바꾸어야 했다. 금강경에 있는 부처의 공(空) 사상을 통해서만이 고도에 갇힌 자신을 구할 수 있었다. 그 이야기를 하고 싶었다. 만중이 찾는 것은 찰나에 허무하게 무너지는 권력의 영광이 아니라 변하지 않는 무엇이었다. 세상의 인연으로 일어나는 일은 모두 꿈같고, 떠돌다 사라지는 구름 같고, 환각 같고, 물방울 같고 그림자 같으며, 이슬 같고, 번개 같았다. 사람은 누구나 죽음 앞에 선 존재였다. 영생을 위해 온갖 좋은 것을 다 가졌던 진시황도, 화려하고 사치스러웠던 아방궁도, 흔적도 없이 사라졌다. 어진 군주였던 한 무제 역시 도교에 빠져 불멸을 꿈꾸었지만 이루지 못하고 무덤 속에 잠들어 있고, 화청궁에서 양귀비를 품었던 현종 역시 떠나고, 빈 궁궐에 남은 것은 쓸쓸한 달빛뿐일 것이다. 불생불멸의 도는 이런 찰나 너머에 있었다.

만중은 금강경에서 배우고 깨달은 공(空) 사상을 성진이라는 인물을 주인공으로 하여 설파하기로 했다. 양반이 아닌 백성들도 읽고 쉽게 이해할 수 있도록 한글로 쓰기 시작했다. 초가집 작은 방에 이불을 단정히 개어놓고 날마다 조금씩 써 내려갔다.

여름이 시작될 무렵 소설은 완성되었다. 주인공 성진과 여덟 선녀가 인간으로 환생하여 부귀영화를 누리고 살다가, 그 영욕의 허무함을 깨닫고 불가에 귀의해 큰 도를 얻고 극락으로 가는 모습을 그렸다. 소설을 끝내던 날, 묵은 숙제를 한 것처럼 만중은 개운해져 노도의 앞바다를 내려다보았다.

문옥은 아침 까치 소리를 들으며 아들 생각을 했다. 그때 주석 아범이 손님이 왔음을 알렸다. 장남 만기의 손자 춘택이었다. 오랜만에 만기를 꼭 닮은 춘택을 보고 문옥은 크게 기뻐했다.

　"어서 오너라. 춘택이가 웬일이더냐?"

　"노도에 계신 종조부께서 남해도로 보내신 것을 어렵게 받았습니다."

　춘택은 노끈으로 단단히 묶인 꾸러미를 문옥 앞에 펼쳐놓았다.

　"아니.... 이것은 만중이 쓴 서책이 아니더냐. 할아버지 소식은 들었는가?"

　"어머님 걱정뿐이라는 말만 들었습니다."

　"오냐. 먼 길 수고 많았구나."

　"이것들을 여러 권 필사해서 사람들에게 읽힐까 합니다."

　문옥은 아들 만중이 쓴 〈구운몽〉과 〈사씨남정기〉를 며칠 밤을 새우며 읽었다. 간간이 웃기도 하고 울기도 했다. 〈구운몽〉은 글도 빼어나지만, 그 내용은 기기묘묘하고, 마지막 마무리도 썩 마음에 들었다. 또, 첩의 이간질로 불행에 빠졌다가 다시 행복을 찾은 사씨의 이야기는 기막히게 사람의 마음을 움직였다.

　얼마 후 숙종은 요즘 제일 재미있다는 이야기를 들려줄 조선 제일의 책비를 찾았다. 책비에게도 등급이 있었는데, 듣는 이를 몇 번이나 울릴 수 있느냐에 따라서 책비 삯도 달라졌다.

　"사람들을 다섯 번 울린다고 소문이 자자한 그 이야기를 듣고 싶구나. 재미없으면 목숨이 위태로울 것이니라."

　"전하, 마침 공녀들이 즐겨 읽는 이야기가 있습니다. 책을 파는 책쾌가 적어도 다섯 번은 눈물짓는 이야기라고 장담했습니다."

　궁녀는 그토록 재미있게 읽었다는 〈사씨남정기〉를 왕에게 추천했다.

　"〈사씨남정기〉라.... 사씨가 어떻게 남쪽으로 가게 되었다는 말인지 궁금하도다. 최고의 책비를 데리고 오너라."

호기심을 가지고 책비의 이야기를 듣기 시작한 숙종은 도중에 자리에서 벌떡 일어나 눈을 부릅뜨기도 하고, 안타까운 신음 소리를 내기도 했다. 한창 이야기가 무르익어 유한림이 사씨를 쫓아내는 대목에서 숙종은 대노했다.

"천하에 이렇게 고약한 놈을 봤나. 유한림이란 자는 어찌 이렇게 어리석을 수가 있단 말인가. 교씨의 미색에 빠져 참과 거짓을 알아차리지 못하고, 또 그 첩의 계략으로 조강지처를 버리기까지 하다니…."

숙종은 늦은 밤까지 사씨와 교씨, 유한림의 이야기를 들었다. 교씨가 다른 남자들과 사통하며 유한림을 속일 때는 칼을 빼들 듯 화를 냈고, 마침내 사씨가 꿈속 선녀들의 도움으로 유한림을 구하고, 다시 집으로 돌아왔을 때는 안도의 숨을 내쉬었다.

"그러면 그렇지. 이렇게 착한 이가 고난을 받는 것은 부당하다. 사람의 마음을 이토록 들었다 놓았다 하는 이 이야기를 지은 사람이 누구더냐?"

"아뢰옵기 황공하오나 전하께서 위리안치형을 내린 죄인, 김만중이 쓴 것이라고 하옵니다."

숙종은 그제야 그 이야기의 진의를 알아차렸다. 중국을 배경으로 쓴 소설이기는 하지만 그것은 바로 인현왕후를 쫓아내고 장희빈을 왕비로 맞은 자신의 이야기와 다를 바가 없었다.

그 책을 궁궐로 들여온 자가 바로 김춘택이었다. 그는 한글 소설인 〈사씨남정기〉를 여러 권 필사해 놓고, 이것을 궁궐에 들어갈 기회가 생길 때마다 궁녀들에게 나누어 주었다.

그즈음 백성들 사이에서 '미나리는 사철, 장다리는 한 철, 철이 없는 호랑나비는 오락가락하더라' 하는 노랫말이 떠돌기도 했다. 미나리는 민씨 성을 가진 인현왕후를, 장다리는 장씨 성을 가진 희빈을 가리키는 것이었다.

뒤늦게 장희빈의 술책에 넘어간 사실을 안 숙종은 유한림이 교씨에게 그랬던 것처럼 장희빈에게 사약을 내렸다.

노도에 4월이 왔다. 눈이 녹고, 수면의 윤슬이 반짝이는 별보다 더 빛났다. 배 한 척도 얼씬하지 않는 절해고도의 적막이 오히려 고막을 뚫고 들어와, 천둥처럼 만중의 뇌리를 치기도 했다.

'유리에 밑바닥을 붙이면, 스스로 비춰볼 수 있게 되어, 구리거울처럼 쓸 수 있다. 그러나 밑바닥을 떼어버리면, 바로 안경이 되어, 거울 바깥의 사물은 환히 보이지만, 유리 안은 아무것도 보이지 않게 된다. 사람이 배 위에서 물을 바라보면, 물 밑에 땅이 있어, 그 이치가 구리거울과 같게 되지만, 물고기가 물을 바라보면, 물 밖이 환하게 통하여, 그 이치가 안경과 같게 된다.'

만중은 노도의 고독한 삶에서 얻은 사상을 하나씩 적어나가기 시작했다. 그 내용은 불교와 유교, 도교와 천문, 지리를 두루 아우르고 통섭하는 내용들이었다.

'원칙에 맞게 행동해도 삶에 고난이 계속된다면, 이를 어떻게 받아들여야 하는가? 고난으로 얼룩진 삶도 좋은 삶일까? 삶의 가치는 어디에 있는가?'

스스로에게 끊임없이 질문을 던지고 해답을 찾으며, 그동안 썼던 시와 문장들을 하나로 묶어 〈서포만필〉을 엮었다. 그러는 동안 몸을 혹사한 것이 뒤늦게 탈이 났다. 더구나 함께 귀양 갔던 사람들의 부음이 잇달아 전해져 만중은 자리에 누워 한동안 일어나지 못했다.

그해 가을 노란 단풍이 삭정이처럼 떨어질 무렵 한양에서 춘택이 내려와 비보를 전했다. 어머니의 부음이었다. 만중은 다리를 꺾고 엎드려 한참 눈물을 쏟았다. 이런 불효가 어디 있던가. 어머니를 위해 쓴 문집을 보지도 못하고 돌아가신 것이 한이었다. 만중은 뼈를 깎고, 피 흘리는 정성으로 쓴 〈서포만필〉을 어머니 영전에 바쳐달라고 춘택에게 전했다.

그 후, 만중을 둘러싼 바다는 더 포악스럽게 느껴졌고, 더 이상 살아야 할 의미마저 잃어버렸다. 벽련항에서 만중을 부르던 아내 정인의 목소리와 그 옆에 작은 점처럼 서 있던 어머니의 마지막 형상을 떠올려 보지만, 남은 것은 차디찬 초겨울의 바람뿐이었다.

만중은 유배지의 초가에 어머니의 위폐를 모시고, 아침저녁으로 곡을 했다. 〈선비정경부인행장〉을 쓰며 어머니에 대한 그리움을 곱씹었다. 어머니가 태어나서 배우고, 혼인하고, 아이를 낳고 길러온 수많은 날을 기록하고, 어머니의 덕을 칭송하고 흠모하는 글이었다.

겨울이 되자 바다의 포효는 오히려 더 도도해져, 주눅 든 만중의 마음을 더 졸게 했다. 겨우내 만중은 앓아누웠다. 유배지의 찬기가 뼈에 구멍을 냈고, 노쇠한 목구멍 안에서 물컹한 것이 쏟아졌다. 검은 핏덩이였다. 쇳소리가 나는 숨이 계속된 지도 오래였다. 약이라고 할 만한 것이 없어, 만중은 곡기를 끊고 세상으로 향한 문을 닫을 준비를 했다. 점점 더 몸이 부었고, 어지럼으로 일어날 수도 없었다. 누워있는 만중에게 들리는 것이라고는 파도 소리와 북풍한설의 바람 소리뿐이었다. 계절이 바뀌는 것도 모른 채 만중은 누워지냈다.

1692년 4월 30일, 붉은 동백꽃이 필 무렵, 만중은 한바탕 삶이라는 현실의 꿈을 끝내고, 성진이 꿈꾸었던 공(空)의 세계로 돌아갔다. 얼마 후 포졸들이 그의 시신을 실어 나갔다. 마당에는 만중이 심은 매화 두 그루만이 주인이 떠나는 모습을 바라보고 있었다.

8. 박지원 – 하아무

1

"성상께서 내 문체를 꼬집어 속죄하라고 하신 것 말인가? 허허…, 그거 야 성상께선 그렇게 보실 수도 있겠지. 난 뭐 개의치 않네."

연암은 호기롭게 웃어 보이기까지 했다. 처남 이재성은 은근히 걱정되어 말을 꺼내었다가 자형의 반응에 다소나마 마음을 놓았다. 연암은 잔을 들어 함께 마시기를 권했다.

"쓸데없는 걱정일랑 말고 술이나 들게."

그렇지만 이재성은 술을 마시면서도 우려를 완전히 떨쳐버릴 수는 없었다.

"아니, 그게 개의치 않는다고 해서 그냥 넘어갈 수 있는 일이 아니지 않습니까."

정조 임금의 분부를 받든 직각(直閣) 남공철이 연암에게 편지를 보낸 것이 일 년 전쯤이었다. 오래전 중종 임금 때 채수는 불교와 도교의 색채가 짙은 소설 『설공찬전』을 지어 큰 파장을 불러일으켰다. 당시 "반역자는 임금이라도 지옥에 간다"는 구절을 포함해 내용이 요망하다고 하여 금서로 지정되고 모두 불태워지기까지 했다. 더군다나 가깝게는 연암과 절친했던 친구 이희천이 청나라에서 들어온 책을 소지하고 있었다는 이유로 참수를 당하는 일도 있었다. 연암 자신도 그 충격에 한동안 헤어 나오지 못하지 않았던가. 그런 마당에 타락한 문풍의 진원지로 연암이 지목된 것이었다. 남공철은 임금의 뜻을 상세히 전달하였다.

"신속히 순수하고 바른 글을 지어 보냄으로써 죗값을 치르도록 하라. 그렇지 않으면 마땅히 중죄를 내릴 것이다."

정조의 문체 회복 의지는 강하고 끈질겼다. 중국으로부터 들어오는 '명청소품'이나 '패관잡서'들에 대한 엄격한 수입 금지 조치와 함께 사대부들에 대한 검열이 시작되었다. '순수하고 바른 글'이란 '고문(古文)'을 가리키는데, 오랫동안 검증된 진리가 담긴 고아한 격식의 문장으로, 주로 옛 성현의 언행을 기록한 문장을 말한다. 이에 반해 소품은 짤막하고 시시한 문장을, 패관잡서는 가벼운 소설류를 가리키는 것이었다. 수년 전부터 그 영향이 점점 커지고 있어 기세를 꺾기 위한 노력이 지속되었다.

"그 중심에 박지원의 『열하일기』가 있다!"

임금이 책을 직접 읽은 후에 한 지적이니 변명의 여지도 없었다.

사대부들 가운데서도 공공연히 연암을 비난하는 이들이 있었다. 형조참의를 지낸 유한준은 『열하일기』를 '오랑캐의 칭호를 쓴 원고[胡虜之稿]'라 비난하며 헐뜯고 다녔다. 유한준이 연암에 대해 개인적인 악감정이 있어 그랬다고 해도 사람들은 그런 사정을 일일이 헤아려 줄 리 만무했다. 이웃한 함양의 군수 윤광석은 "연암이 안의현에서 되놈의 의복을 입고 백성을 대한다[胡服臨民]"며 헐뜯었다. 심지어 연암의 족손(族孫)인 성균진사 박남수는 여럿이 함께 모인 자리에서 "선생의 글이 비록 훌륭하기는 하지만 이야기책 투의 글"이라 지탄하면서 촛불에 책을 불태워 버리려고 한 일도 있었다. 아무리 술자리에서 벌어진 일이지만 불쾌하기 이를 데 없었으나 임금이 "문풍이 예스럽지 못하다"며 이를 질책하는 교지를 여러 차례 내린 마당이니 어쩔 도리가 없었다.

"자중하셔야 할 듯합니다."

이재성은 한두 차례 조심스럽게 권했다. 그때마다 연암은 어두운 낯빛으로 술만 들이켤 뿐이었다.

연암과 함께 북학파를 이끌어 온 홍대용이 먼저 세상을 떠났을 때였다. 갑작스런 부고에 연암은 며칠이나 통음하고 통곡했다. 연암의 생애 가운데 가장 빛나던 시절, 그는 함께 울고 웃던 벗 중 가장 죽이 잘 맞았다. 이름하여 '백탑(白塔, 원각사 10층 석탑)에서의 청연(淸緣)'이었다. 스스로 간서치(看書痴, 책만 보는 바보)라 칭한 이덕무, 서편에 사랑채가 있는 이서구, 인근에 서재가 있는 서상수, 북동쪽으로 꺾어진 곳에 유금과 유득공, 천재 과학자이자 음악가인 홍대용, 벼루 만드는 일에 열중해 석치(石癡, 돌에 미친 바보)라 자기 호를 지은 정철조, 조선 최고의 창검술을 지닌 백동수, 재주는 탁월한데 서얼 출신의 한참 나이 어린 박제가. 한때 정권을 휘어잡고 군권까지 장악했던 재상 홍국영이 연암을 미워해 죽이려고 할 때였다. 백동수의 도움을 받아 연암골로 피신하자 홍대용은 연암에게 얼룩소 두 마리와 농기구 다섯 가지, 줄 친 공책 스무 권에 돈 2백 냥까지 보태주기도 했다. 함께 보낸 짧은 편지에는 "산중에 계시니 밭을 사서 농사를 지어야 하겠지요. 그리고 응당 책을 써서 후세에 전해야 할 것이외다."라고 적혀 있었다.

그리도 사려 깊었던 홍대용의 무덤 앞에서 연암은 목놓아 부르짖었다.

"담헌! 내 글이 패사소품(稗史小品)이라오! 정말이오? 정말 그러하오?"

하늘의 뜻을 안다는 지천명을 앞두고 어떠한 일에도 미혹되지 않는다는 불혹에 그는 죽은 친구를 향해 처절하게 물었던 것이다. 그날 이후, 연암은 더 이상 음악을 듣지 않았다. 거문고의 명인이자 청나라에서 가져온 양금 연주법을 혼자 터득해 들려주던 홍대용 때문에 빠져들었던 음악이었다. 하늘이 무너지는 슬픔과 아픔이었다.

그랬던 연암이 태연히 임금의 질타에 개의치 않는다고 하고 있는 것이다. 조야에는 여전히 패관잡서를 천하에 몹쓸 재앙이라 규정짓고 책자를 불사르고 관련된 자를 중벌로 다스려야 한다는 주장이 횡행했다.

"하지만 성상께서 보내라고 하신 자송문(自訟文)을 안 썼지 않습니까."

이재성의 말에 연암은 처남을 내려다보며 무심한 듯 대답했다.

"남공철에게 회신했으면 되었지 자송문은 무슨…."

"성상께서 명하신 걸 무시하시다니요. 어쩌시려고요?"

"남공철이 잘 말씀드렸을 것이네."

연암은 보던 책에 다시 눈길을 주었다.

"아니, 게다가 자중해야 할 때 또 패관소품을 쓰셨다면서요?"

"응? 〈열녀함양박씨전〉 말인가? 그건 어찌 알았누, 허허허…"

이재성은 답답하고 어이없다는 듯 다그쳤다.

"이게 웃으실 일이 아니지 않습니까. 이러다 정녕 큰일을 당하실 수도 있음을 잘 아시지 않습니까. 멸문지화라도 당하시면…"

연암은 다시 처남을 바라보았다. 멸문지화라는 말에 표정이 어두웠다. 그러나 그것도 잠시, 벙실 웃는 얼굴이 되었다.

"허허, 자네도 참. 소소한 이야기에다 별것 아닌 우스갯소리를 가지고 멸문지화라니. 자네야말로 농이 심하네그려."

"농이라니요…"

이재성이 반박하려 했지만 연암은 손을 휘저으며 제지했다.

"심각하게 생각할 것 없다니까 그러네. 자네도 알다시피 평생 몸에 밴 습관이라는 게 쉽게 바꾸기가 쉬운가. 돌아가신 장인어른에게 『맹자』를 배울 때부터, 아니 천자문을 배울 때부터, 아니 아니지, 내가 태어날 때부터일지도 몰라. 그런 습벽을 교정한다는 건 글쎄, 어쩌면 죽어야만 가능한 걸지도 모를 일이란 말일세."

"아, 아니. 그러시면 안 됩니…"

이재성이 더 말을 잇기 전에 연암은 벌떡 일어나 버렸다.

"자아자, 이제 그만 오늘 업무는 마치고 슬슬 하풍죽로당으로 가세. 오랜만에 만났으니 회포를 풀어보세."

이재성은 하는 수 없이 연암의 뒤를 따랐다. 때마침 통인이 이종목과 이겸수가 도착했음을 알렸다. 그들은 연암의 큰사위와 작은사위였다. 곧 사위들 말고도 연암의 문하에 출입하던 선비들 몇이 더 합류하였다.

하풍죽로당은 관아의 서쪽 곁채가 다 무너져 가고 있는 것을 깨끗이 치우고 폐가의 재목을 다시 활용해 새로 지은 정자였다. 그 남쪽에 연못을 만들고 개울물을 끌어들여 물을 채워 고기를 기르고 연꽃을 심었다.

연암은 편지에 하풍죽로당(荷風竹露堂)을 지으며 마음에 담았던 생각을 전했다. 청나라에 가서 보았던 수많은 것들 가운데서 가장 인상 깊었던 것을 여기에 적용했던 것이다. 깨진 기와 조각은 사람이 버리는 물건이지만 마을 집을 둘러싼 담장 어깨 위에 두 장씩 마주 붙여 물결 무늬가 되도록 하기도 하고, 네 쪽을 안으로 합쳐 동그라미 무늬가 되도록 하기도 하며, 네 쪽을 바깥으로 등을 대어 붙여 엽전 모양의 구멍을 이루기도 한다. 이처럼 한 번 깨진 기와 조각을 버리지 않고 활용하였다.

"연꽃과 대나무를 심어두고 그저 풍류만 즐기려 지은 것이 아니라고 하셨지요. 아름다운 향기를 뿜는 연꽃을 보고 바람과 같이 백성을 교화하고, 이슬에 젖은 대나무를 보고 이슬과 같은 은혜를 베푸는 것이 '하풍죽로'의 진정한 뜻이라 하신 말씀, 깊이 새기고 있습니다."

이종목의 말에 연암은 덧붙였다.

"그건 당나라 시인 맹호연에게서 따온 것이니라. '연꽃에 바람 불어 향기를 보내오고, 대나무에 이슬 맺혀 맑은 소리 울린다', 좋지 않으냐."

일행은 고개를 주억이며 하풍죽로당으로 들어섰다. 잘 차린 술상과 술동이가 있고, 한쪽에는 거문고와 생황이 놓여 있었다.

"아니, 저건 담헌의 거문고가 아닙니까?"

이재성의 말에 연암은 우선 자리를 잡고 앉은 후 설명했다.

"맞네. 홍대용의 거문고. 그가 세상을 떠나버리자 난 다시는 음악을 듣고 싶지 않았네. 그리 갑작스레 떠나버리다니, 너무 서운해서 화가 날 정도였네. 그래서 가지고 있던 악기를 모두 남들에게 주어버렸어. 그런데 말일세…."

연암은 멀리 지리산 천왕봉으로 시선을 돌렸다.

"이곳 안의현에 부임해 지리산을 만나고 마음을 바꿀 수밖에 없었네. 너무나 거대하고 장엄한 저 산을 보자 가만히 있을 수가 없었어. 한 마리 소가 동서로 길게 누운 듯한 모습에 등뼈 같은 능선들, 수려한 계곡들이 나에게 말을 걸어왔으니까."

"뭐라고 말입니까?"

"감정에 휘둘리지 말고 저 장엄한 산처럼 길게 보고 천천히 한 발짝씩 나아가라고. 그러기 위해서라도 온몸으로 산의 정기를 받아들이라고. 거문고 여섯 현이 미세하게 떨려 소리를 만들어 내는 것처럼 산의 모든 것을 느껴보라고…."

"아…."

모두 말을 잃은 채 고개만 주억거렸다.

"이용후생이니 실사구시니 해서 우리가 구현하려 했던 것들이 하루아침에 이루어지지 않듯이 저 산처럼 견디고 버티다 보면 마침내 이루어질 날이 오지 않겠느냐고. 헌데 말이야. 계속 산이 건네는 말을 듣고 있다 보니 어디선가 듣던 목소리라는 생각이 들었네. 곧 나는 깨달았어. 그건 죽은 담헌의 목소리, 바로 홍대용의 목소리였던 거야. 그걸 깨달은 순간 나는 지체하지 않고 악기들을 다시 찾아왔네. 담헌과 자주 얘기하고 싶어서 말이네."

"아…."

좌중에 다시금 짧은 탄식이 흘러나왔다. 그 모양을 본 연암은 개구진 표정으로 덧붙였다.

"아무에게도 말하지 않은 비밀이 있는데, 들어보겠나?"

"비밀이라니요?"

이겸수가 궁금증을 참지 못하고 장인을 바라보았다.

"안의에 와보니 관아의 업무와 문서가 허술하기 이를 데 없고 수년간 처리하지 못한 채 방치된 업무가 숱하게 많았네. 환곡과 부역에 관한 처리도 제대로 되지 않아 민원이 줄을 이었고, 크고 작은 일로 다툼이 잦아 송사가 끊이지 않았네. 처음에는 정말 엄두가 나지 않더군."

"하지만 그 해가 다 가기 전에 대부분의 일들을 처리하고 해결하지 않았습니까. 탁월한 해결 능력에 대한 소문이 한양까지 회자될 정도였으니까요."

"그랬지. 물레방아를 처음으로 만들어 쓰도록 했고, 논에 물을 대는 용골차도 만들었네. 농사지을 때 실용적으로 쓸 수 있는 농기구도 만들고, 청나라에서 보았던 것 중에 눈여겨보았던 것을 적용해 구현한 것도 여럿 있었다네. 벽돌을 구워 집을 튼튼하게 짓도록 한 것도 그중 하나였지."

"예, 그런데 그런 것들은 저희가 익히 들어서 알고 있는 것들입니다. 그러하온데 비밀이 있다고 하신 말씀은…?"

"허허, 그래, 내 비밀은 말일세…."

연암은 잔을 들어 천왕봉 쪽에 권하듯 해보인 후 쭉 들이켰다.

"그 많은 일들을 나 혼자 하지 않았다네. 도움을 받았어."

"예에? 도움이라니요?"

"홍대용을 불러내어 같이 놀았지. 마시고 거문고도 켜고, 춤도 추었어. 물론 밤새도록 시도 쓰고, 어려운 업무에 대해서도 어찌할까 의논도 했네."

제각각 "선생님"이니, "형님", "장인어른", "원님" 따위의 호칭을 부르며 걱정스러운 눈빛을 보냈다. 그럴 줄 알았다는 듯 연암은 유쾌하게 웃어넘겼다.

"하하하, 그런 눈으로 볼 필요 없네. 귀신에 홀린 것도 아니고, 실성한 것도 노망난 것도 아니니까. 저 신령스러운 산에 매료되는 건 당연한 일 아닌가. 그토록 아끼던 담헌을 보고 싶어 하는 것 역시 당연한 일이고, 그는 '두 번째 나[第二吾]'이니 말일세."

연암은 홍대용이 찾아오면 주로 악기를 연주했다고 덧붙였다. 해결하기 어려운 송사에 대한 착상의 실마리를 주고, 관아의 오래된 건물을 고쳐 하풍죽로당과 연상각, 공작관, 백척오동각 등을 세울 발상도 주었다는 거였다.

말끝에 이재성은 슬그머니 물었다.

"혹 임금께 올릴 자송문에 대해 담헌께 물어보셨습니까?"

"응, 그거? 아까 내가 얘기했잖은가. 안 써도 된다고, 개의치 말라더라고. 아니, 되려 패사소품식 문체와 해학적인 표현을 더욱 강화해 새로운 문체를 완성하라고 하더군."

이재성은 벌어지는 입을 다물지 못하였다. 무언가 더 이야기하려 하는데 연암은 좌중을 향해 술을 권하였다. 곧 분위기는 음악 소리가 높아가고 시회가 열리면서 흥겹게 바뀌었다.

2

연암이 면천군수로 부임한 지 얼마 후부터 그에 대한 소문이 돌기 시작했다.

"이번 군수님은 귀신 같아."

처음 아전들에게서 시작된 소문은 삽시간에 군민 대부분에게 퍼져나갔다. 앞날을 볼 줄 안다느니, 이인(異人)이라거나 도술을 부린다는 말까지 나돌았다. 연암은 그저 허허 웃고 말 뿐이었다.

안의현에서도 비슷한 일이 있었다. 아전들은 신관 사또가 부임할 때마다 익명의 투서로 서로 음해하는 일이 잦았다. 연암이 갔을 때도 마찬가지였다. 하루는 연암이 새벽에 일어나 관아를 살피다가 자리 아래에 겹쳐 있는 종이를 발견하였다. 그것을 빼내려다가 연암은 무슨 생각에선지 못 본 척 내버려 두었다. 오래 있다가 대청으로 옮겨 앉으려고 보니 자리 아래에 그 종이가 다시 보였다. 이렇게 서너 차례 자리를 옮겨 다닐 때마다 그게 보였는데 한참 후에야 더 이상 보이지 않았다. 며칠 후 연암은 아전들에게 통인 아무개를 내쫓으라는 분부를 내렸다. 아전들이 물러간 뒤 연암은 아들 종채에게 그 이유를 말해주었다.

"그놈이 익명의 투서를 쓴 사람이야!"

그 뒤에 또 관아의 뜰 가운데 떨어져 있는 투서를 하인이 주워 바쳤다. 이에 연암은 투서를 펴 보지도 않고 불 속에 던져버렸다. 그 며칠 후 연암은 아전 하나를 잡아다가 "네 죄를 네가 알렷다!" 하고 매를 때려 내쫓아버렸다. 하인이 주워 온 투서의 임자였던 것이다. 이런 일들이 알려져 사람들이 모두 "사또가 마치 귀신같다"고들 했다. 그 후로부터 안의에서는 그런 투서 습관이 사라졌다.

충청도 면천군수가 된 연암이 하루는 곡식장부를 보다가 '정리곡'이라 적힌 것을 발견했다. 연암이 정리곡이 무어냐 물었다.

"예, 그건 화성정리 때 남은 것입니다요."

그러니까 을묘년(1795년)에 정조 임금이 생모인 혜경궁 홍씨의 회갑을 맞아 수원화성에 행차할 때 쓰고 남은 곡식이라는 말이었다. 화성정리를 위해 한해 전 겨울에 임시관청인 정리소가 수원 장용영에 설치되어 10만 냥에 이르는 예산의 집행과 진행을 맡았다. 행사가 끝난 후 남은 곡식을 여러 읍에 나눠주었기에 정리곡이라는 명칭이 붙었다.

그런데 연암이 살펴보니 문제가 있었다. 정리곡을 다른 환곡과 같이 보관하고 출납도 함께 하고 있다는 거였다. 연암은 명칭이 다른 곡식을 뒤섞어 놓지 말라고 명령했다.

"곳간을 다 조사해서 정리곡을 찾아내어라. 그 쌀이 얼마나 되는지 됫박질하고 세세히 기록한 다음 따로 보관하라."

아전들은 불평을 쏟아놓았다.

"아무것도 아닌 걸 트집 잡아서 괜히 일을 만들어 들볶아대는군."

"다른 군수들처럼 아랫것들 길들이겠다는 고약한 놀부 심보겠지 뭐."

툴툴대면서도 아전들은 쓰지 않는 고방을 비워 정리곡을 따로 보관하였다. 연암은 고방 문에다 '정리곡고'라는 현판을 만들어 걸었다.

그런 연후에 어느 한날 고을이 떠들썩한 일이 벌어졌다.

"어명이오!"

왕명을 받든 적간사가 돌연 들이닥친 것이었다. 지방관아의 부정이나 불의를 적발하기 위해 파견하는 적간사의 등장은 지방 관리에게 저승사자가 나타난 것과 같았다. 그런 그의 호령은 전혀 뜻밖이었다.

　　"정리곡을 보관하는 곳간을 조사하라는 어명이오!"

　　아전들은 적간사의 호령에 고개를 갸웃거렸다. 마치 군수와 짜고서 자신들을 놀리려고 하는 자들이 아닌가 의구심마저 들었다. 하지만 서슬이 시퍼런 적간사의 위의는 손톱만큼의 의심도 허락지 않았다. 아전들은 한 치의 망설임도 없이 정리곡고의 문을 열었고 적간사가 점검하는 데 걸린 시간은 술잔을 비우는 것만큼이나 짧았다.

　　"흠, 정리곡고라⋯."

　　무슨 대단한 부정에 대한 꼬투리를 잡은 듯 기세가 등등해서 들이닥쳤던 적간사 일행은 '정리곡고'라 쓴 현판 앞에서 대번에 무람해지고 말았다. 이내 적간사는 하릴없이 물러나 다른 고을로 말을 달렸다.

　　당시 정리곡을 보관하고 있던 여러 고을에서 수령이나 아전들이 농간을 부려 부당한 이익을 얻고 있었다. 이를 알게 된 임금이 적간사를 파견하였고, 실제로 적발된 수령과 아전들이 벌을 받았다. 이 일을 알게 된 사람들이 연암을 귀신 같다고, 이인이나 도사 같다고 수군거렸던 것이다.

　　"그걸 알아차리는데 귀신까지 불러올 필요는 없느니라."

　　연암은 종채에게 말하곤 했다. 세상일이란 잘 들여다보기만 해도 무슨 일이 일어날지 어느 정도 예상할 수 있었다. 가령 비가 오래 계속 내리면 거두어들일 농작물이 적어지고 전염병이 생길 가능성이 높아진다. 겨울에 눈이 많이 와서 오래 쌓여 녹지 않으면 먹을 것을 구하지 못한 짐승들이 민가에 출몰할 수도 있다. 생각해 보면 아주 간단한 이치였다.

　　"세상이란 말이다, 눈앞에 보여야만 존재하는 게 아니다. 오히려 눈을 감으면 존재하는 것을 더 잘 알 수 있기도 한 법이다. 내가 열하에 갔다

온 일을 썼을 때 소경 이야기에서 말하지 않았더냐. 네 집을 찾고 싶거든 도로 눈을 감아라."

종채는 아버지 옆에서 유심히 관찰하곤 했다. 보지 않고도 본 것처럼 범인을 콕 집어내는 능력, 일어나지 않은 일을 미리 알고 있다는 듯 대응하는 예지력은 어디에서 나오는 것일까. 하지만 그것을 알아내기는 어려웠다. 막 태어난 손자 규수를 어르고 달래는 할아버지로서의 연암, 글공부하는 아들을 지켜보는 스승으로서의 연암, 군정을 살피고 군민의 생활을 돌보는 군수로서의 연암, 책을 보고 글을 쓰는 학자로서의 연암, 그 모습들 외에 아무도 몰래 접신하는 의식을 치르는 게 아닐까 하는 의구심마저 들었다.

생각해 보면 연암의 생애는 큰 굴곡 없이 밋밋하고 싱겁기까지 했다.

"네 아버지의 어린 시절은 뭐랄까, 좀 불합리했단다."

돌아가신 어머니가 종채에게 해준 말이었다.

할아버지는 아무런 벼슬을 하지 못하였다. 그 때문에 장남으로서 증조할아버지를 모시고 조용히 지내야 했다. 연암이 태어나자 집안사람 중 하나가 중국에 갈 일이 생겨 간 김에 지원의 사주를 가지고 점쟁이한테 물어보았다. 그랬더니 중국 점쟁이가 "이 사주는 마갈궁(摩竭宮)에 속하는데 한유(韓愈)와 소식(蘇軾)과 같소. 반고(班固)와 사마천(司馬遷)처럼 뛰어난 문장 능력을 타고났소이다."하고 격찬했다. 덧붙여 "그러나 고생을 많이 할 거요. 이유 없이 비난당할 겁니다." 경계의 말도 잊지 않았다. 집안사람은 당나라 시인 한유와 송나라 시인 소식, 그리고 중국 최고 역사가인 반고와 사마천에 비견할 만하다는 지원의 앞날에 대해 들떠서 중구난방으로 떠들어대었다. 연암의 아버지가 '이유 없는 비난'이나 '고생'하게 될 거라는 말에 미간을 찌푸리고 있는 사이, 할아버지는 반색하며 크게 기뻐하였다. 영특한 손자를 무척이나 귀여워한 할아버지가 들은 어떤 말보다 반가웠으리라. 출사하지 못한 아들에게 실망한 할아버지에게는 그야말로 금쪽과도 같은 손자였다. 그럼에도 경기도 관찰사를 비롯한 사헌부 대사헌, 예조 참판 등 고위 관직을 두루 지낸 할아버지는 연암에게 글을 가르쳐주지 않았다. 형과 나이 차이가 너무 많아 외로웠던 지원을 가엾게 여긴 탓이었다. 이치에 합당한 것처럼 보이면서도 신분 질서나 사회적 지체를 생각해 보면 어불성설에 가까웠다.

"정말 천둥벌거숭이처럼 자랐어. 거칠 것이 없었고 무엇보다 자유로웠지. 어찌 보면 버릇이 없었고 다르게 말하자면 무서울 게 없었어."

연암이 회상하는 어릴 적 모습이었다. 노론의 핵심 집안으로 많은 권세를 가지고 있었고, 더구나 8촌 형인 박명원은 임금의 제3녀 화평옹주(和平翁主)에게 장가들어 금성위(錦城尉)에 봉해진 영조의 사위였다. 소위 왕실의 인척이니 조금만 글공부하고 큰 결격 사유가 없다면 앞날은 보장된 것이나 다름없었다. 그런데 할아버지도, 아버지도 연암에게 글공부시키지 않았던 것이다.

"하기야 책을 펴놓고 공부할 장소도 없었다. 할아버지가 큰 벼슬을 하셨다고는 하나 집안은 찢어지게 가난했으니까."

청렴결백이 몸에 밴 할아버지는 집에서 죽이 끓는지 밥이 끓는지 도통 관심이 없었다. 오랜 관직 생활에도 고작 100냥도 안 되는 밭과 30냥짜리 집 한 채가 재산의 전부였다. 그런 할아버지의 신념은 자연스럽게 연암에게도 옮아가게 되었는지도 몰랐다. 형편이 이러고 보니 3년 내리 흉년이 들고 호열자까지 창궐하던 때 연암의 가족도 생활이 몹시 어려웠다.

"아마 열여섯에 장가들지 않았으면 평생 무지렁이 반편이가 되었을지도 몰라."

이때 연암은 비로소 본격적으로 학문과 글쓰기를 익히고 생활고도 다소 나아졌다. 장인 이보천에게 『맹자』를, 또 그의 아우 이양천에게 『사기』를, 이후 이윤영에게 『주역』을 배우게 되었을 뿐만 아니라 부패하고 잘못된 시대 풍조를 거부하고 양심껏 살고자 하는 가치관을 갖출 수 있게 되었다. 그 이후 유교 경전을 비롯해 제자백가, 병농전곡 관련 서적, 그리고 서양의 천문학, 지리학까지 두루 섭렵할 수 있었다.

"반편이라니, 말도 안 돼. 점쟁이가 문장 능력을 타고났다고 했다면서? 주머니 속 송곳처럼 튀어나올 수밖에 없었던 게야. 시기만 문제였을 뿐이지."

스승 이윤영의 아들이자 연암과 절친한 친구가 된 이희천은 반박하곤 했다. 비단 이희천뿐만 아니었다. 동학하던 친구들과 스승들도 그의 글솜씨는 이구동성으로 인정할 수밖에 없었다. 파격적인 인물을 등장시켜 패기 넘치는 묘사와 표현으로 사회를 비판하는 솜씨는 가히 압권이었다.

그러나 얼마 안 가 스승이자 처숙부인 이양천이 흑산도로 유배를 갔다가 다음 해에 죽고 말았다. 이에 심한 불면증과 식욕부진, 그리고 우울증을 크게 앓던 연암은 더 심한 정신적 방황을 하게 되었다. 또 몇 년 후에는 두 번째 스승 이윤영도, 정신적으로 크게 기대고 있던 할아버지 박필균마저도 세상을 떠났다.

연암은 「광문자전」을 비롯해 「마장전」, 「예덕선생전」, 「민옹전」 등의 풍자적인 글을 쓰며 고뇌의 시간을 견디었다. 자연재해와 전염병 따위로 민심이 흉흉하고 암담한 정치에 힘없고 가난했던 연암이 할 수 있었던 일은 글을 쓰는 것 외에는 없었다. 우울한 심회는 연암으로 하여금 양반들의 위선과 횡포를 비판토록 했고, 자연스레 마땅한 도의와 인륜을 추구하게 했다. 저잣거리의 비속한 표현이나 속어를 일부러 취하여 생생하게 씀으로써 큰 호응을 얻기도 했다.

이 무렵 꾸었던 꿈 이야기를 종채에게 들려주기도 했다.

"꿈에 서까래만 한 크기의 붓 다섯 개를 얻었느니라. 자세히 보니 붓대에 '이 붓으로 오악을 누르리라' 적혔더구나. 오악이 무엇이냐. 동에 금강산, 서에 묘향산, 남에 지리산, 북에 백두산, 중앙에 삼각산이 아니냐. 그 오악을 누르리라고 했으니 이는 필시 일국에 필명을 떨칠 것이라는 뜻이렸다. 필명뿐이겠느냐. 속으로 더욱 큰 꿈을 꾸게 되었느니라."

아버지 박사유가 세상을 떠나고 백탑 근처로 이사했다. 이때 근처에 이덕무, 서상수, 유득공, 박제가, 이서구 등이 살고 있었는데 뜻이 맞는 이들끼리 자주 어울렸다. 이 모임을 일명 연암파, 북학파, 또는 백탑파라고 불렀다. 남산골에서 이들을 즐겨 찾아갔던 박제가, 홍대용, 백동수 역시 일원이었다. 서얼 출신이거나 가난한 이들은 세상과 화합하기 어려운 설움을 서로 다독이며 세상의 폐단과 새로운 학문을 논하였다.

종채가 외삼촌 이재성으로부터 들은 그 당시 아버지 연암의 모습은 충격적이었다.

"거지가 따로 없었지. 가족을 처가로 보내고 혼자 백탑 근처로 이사를 갔는데, 열서너 살짜리 여종 하나 데리고 다 쓰러져 가는 초가집에 들어갔어. 어떤 구속으로부터 자유로워지고 싶었는지, 생각을 억압하는 것으로부터 탈출하고 싶었는지…. 어쨌거나 하루 종일 잠만 퍼질러 자기도 하고 어떤 날은 밤새 호롱불 아래 책을 읽기도 했어. 한 가지 일에 몰입하면 잠도 안 자고, 밥도 안 먹고 그것에만 매달렸어. 돈은커녕 당장 먹을 쌀도 부족했지. 얼마나 견디기 힘들었는지 여종이 슬그머니 도망쳐 버리고 말았어."

한번은 이재성이 오랜만에 연암을 만나 요즘 무얼 하고 지내느냐고 인사 삼아 물었다. 연암은 어정쩡한 표정으로 대답했다.

"내가 백수 된 지 오랜데, 이 허연 손으로 무얼 하겠나. 책이나 보고 지낸다네."

이에 이재성은 친정에 있는 누이 생각도 나고 답답하여 퉁명스레 대꾸했다.

"허연 손은 무슨…. 얼마나 안 씻었으면 까마귀가 형님 하겠구먼. 코린내도 진동하고…."

연암은 겸연쩍게 웃으며 술잔을 들었다. 그날 이후로 다시는 백수라 하지 않았으나 그런 생활을 한동안 이어 나갔다.

그러다가 문득 서른을 훌쩍 넘겨 과거를 보게 되었다. 친구들의 권고가 있었다. 무엇보다 자식들이 생기면서 집안 살림을 꾸려나가야겠다는 부담을 느꼈다. 양반이 출사하지 않으면 장사를 할 수도 농사를 지을 수도 없으니 가족을 건사할 방법이 없었다. 어쨌든 연암은 소과 초시에 장원을 하였다. 결과 발표날 밤에 영조 임금은 연암을 친히 침전으로 불렀다. 이 자리에서 도승지가 연암의 답안지를 읽는데, 임금은 손으로 장단을 맞추어 가며 들은 후 크게 칭찬하였다.

종채는 아버지로부터 직접 그 일에 대해 들을 수 있었다.

"그 일 이후 역겨운 일들이 많아 과거시험은 영원히 집어치워 버렸다."

"예? 역겨운 일이라니요? 임금님의 상찬을 받은 후에 말입니까?"

"그 일로 온갖 권문세가로부터 만나자는 요청이 밀어닥쳤지."

"그게 역겨운 요청이라는?"

"역겹지. 내가 명문가 출신인 데다가 임금의 총애를 받는다 싶으니 너나 할 것 없이 자신들의 당파로 끌어들이려고 안달복달을 한 것 아니냐. 노론과 소론의 격돌, 나주 괘서사건과 사도세자의 일까지 겪었는데 내가 순순히 그 한복판으로 걸어 들어가겠느냐. 안 될 일이지."

연암은 잠시 생각하다가 한마디 더 덧붙였다.

"불러서 침전으로 들기는 했는데 임금의 용안을 보고 나는 그만 정나미가 떨어져 버렸다. 자식을 뒤주에 가두어 죽인 임금의 칭찬과 격려는…"

연암은 말을 마치지 못하였는데, 종채는 그 뒤에다 "역겨움"이라는 말을 넣어서 생각해 보았다.

그예 연암은 초시에 이어 열리는 회시에 응시할 생각을 접고 말았다. 친구들의 강권에 억지로 들어가기는 했으나 초장에는 답안지에 기암괴석과 노송을 그려 제출했고, 종장에는 아예 답안지를 내지 않았다.

"허허, 그래도 임금의 덕을 입지 않았다고 하기는 어렵겠지. 임금의 상찬 덕분에 선비들은 물론이요, 저잣거리에서도 제법 알아보는 이가 있을 정도의 유명 인사가 되었으니 말이다. 덕분에 입에 풀칠할 일도 조금씩이나마 생겼고…."

이에 대해 "아깝다"고 한 친구도 있지만 거개는 "연암답다"고 웃어넘겼다. 연암의 장인 이보천은 한술 더 떠 "구차하게 벼슬하려 하지 않으니 옛사람의 풍모가 있다"고 격려했다. 사위가 회시를 본다고 해서 그다지 기쁘지 않았는데 답안지를 내지 않았다는 말을 듣고 몹시 기뻐했다는 거였다.

이후 연암의 행적은 큰 변화 없이 흘러갔다. 이덕무, 백동수 등과 함께 송도, 평양을 거쳐 천마산, 묘향산, 속리산 등을 유람하기도 했다. 황해도 금천군 연암 골짜기를 보고 흡족해하면서 잠시 거주지로 삼기도 했다. 그는 이곳에 과실나무를 심고 농사를 지었다. 그러나 거친 일을 해보지 않은 그로서는 쉬울 리가 없었다. 손이 부르트고 발바닥이 갈라지도록 일을 했지만 겨우 돌밭 몇 뙈기를 일구었을 뿐이다. 결국 다시 한양 집과 연암 골짜기를 오가며 생활했는데, 그래도 그곳을 좋아해 자신의 호를 연암(燕巖)이라 지었던 것이다.

그 사이 여러모로 연암을 도와주었던 장인이 별세했고, 어려서부터 연암을 극진히 돌보아 주고 내내 가난한 집안 살림을 꾸려왔던 형수 전주 이씨도 세상을 떠났다. 게다가 홍국영의 국정농단을 비판한 것 때문에 쫓기게 되어 생활은 더욱 곤궁해졌다. 헐수할수없어진 연암은 가까운 친구나 지인에게 도움을 요청하기도 했다.

한번은 박제가에게 편지를 썼다.

"공자가 이레를 굶었더니 도를 생각할 겨를이 없네. 무슨 낙으로 지내는지 궁금할까 봐 글을 보내네. 다른 사람 앞에 부탁해 본 적이 오래되었는데, 자네처럼 형편 좋은 사람과는 비교하기 어렵네. 내가 급히 부탁하는 것이니 돈을 좀 꾸어주게. 많으면 많을수록 좋다네. 또 보내는 김에 빈 술병도 보내니 술도 가득 채워 보내주면 좋겠네."

돈을 부탁하지만 의기소침하거나 기가 죽지는 않았다. 빈 술병을 함께 보낸 뱃심이 그러했다. 그에 대한 박제가의 답장은 받는 사람이 부담스럽게 느끼지 않을 정도로 유쾌했다.

"열흘 장마에 밥이라도 싸 들고 직접 찾아뵈어야 하는데 그러지 못해 송구합니다. 편지를 전하는 하인 편에 200냥을 보냅니다. 하지만 술을 보내드리지는 못합니다. 한꺼번에 두 가지를 모두 다 가질 수는 없는 노릇이니까요. 그건 과한 욕심입니다. 허허허."

마침내 홍국영이 몰락하고 유배지에서 병사하자 연암은 한양으로 돌아왔다. 이 해에 연암은 8촌 형이자 영조 임금의 부마인 박명원이 청나라 건륭제의 고희를 축하하기 위한 특별사행의 정사로 임명되어 사절단을 이끌고 북경에 갈 때 자제군관 자격으로 합류했다. 그토록 자신의 눈으로 직접 보고 배우려 했던 연암으로서는 절호의 기회였다. 북경에 도착했지만 곧바로 건륭제의 여름 별장이 있는 열하까지 갔다. 조선의 사신 중 누구도 가본 적 없다는 열하에서 청나라 학자들과 필담을 나누며 교유를 했다. 조선에 돌아온 후 여행 도중 써놓았던 글들을 정리해 『열하일기』를 썼다.

3

한마디로 난리가 났다. 『열하일기』는 공간되기 전에 필사본으로 우선 몇 권의 가집을 만들었다. 그것이 아직 미완성본임에도 돌려가며 보다가 베껴져 유포가 되었다. 그런데 이것이 이전의 글들과는 달리 새로운 문체로 특히 젊은이들에게 널리 퍼진 것이었다. 얼마나 빠르게, 또 널리 확산이 되었든지 심지어 과거시험 답안지에까지 영향을 줄 정도였다.

"지금까지 이런 문체로 쓴 글은 보지 못했어. 너무 신선해. 하고 싶은 말을 분명하게 전달하면서도 정말 재미있다니까."

새로운 것에 민감하고 흡수가 빠른 젊은 세대들과 달리 기성세대는 크게 반발하며 표나게 규탄하였다. 무엇보다 젊은이들에게 큰 영향을 미치는 것에 위기의식을 느꼈다. 고루하고 보수적인 소화 의식에 젖은 선비들은 노골적으로 비난을 퍼붓고 수시로 상소를 올렸다. 마침내 정조 임금은 박지원의 『열하일기』를 콕 집어 문제의 원인이라 지적하고 자송문을 지어 바치라는 처분을 내리지 않을 수 없었다.

"근래의 문체를 보면 경박하고 촉급하여 관각[館閣, 홍문관과 예문관]의 큰 문장가가 없는 이유가 모두 잡된 책이 많이 나오는 것에 말미암은 것이다."

그러나 연암은 흔들리지 않았다. 늘 자신의 생각을 굽히지 않고 드러내었다. 그런 의지를 담아 박제가의 문집 『초정집』 서문을 써주었다.

"아! 소위 '법고(法古)'한다는 사람은 옛 자취에만 얽매이는 것이 병통이고, '창신(創新)'한다는 사람은 상도에서 벗어나는 게 걱정거리다. 진실로 '법고'하면서도 변통할 줄 알고 '창신'하면서도 능히 전아(典雅)하다면, 요즈음의 글이 바로 옛글인 것이다."

좌소산인 이덕무에게 보낸 글 「좌소산인에게 주다(贈左蘇山人)」에서도 옛 법에 구속받지 말고 자기 생각을 다 표현하라고 했다.

　　육경의 글자로만 글을 엮는 건
　　비유하자면 사당에 숨어 사는 쥐와 같다네
　　고전의 어휘를 주워 모으면
　　못난 선비들은 입이 다 벙어리 되네
　　태상이 제물을 벌여 놓으니

절인 생선과 젓갈 뒤섞여 썩은 냄새 진동하고
한여름 농사꾼이 허술한 제 차림 잊고
창졸간에 갓끈과 띠쇠로 겉치장한 셈이지
눈앞 일에 참된 흥취 들어 있는데
하필이면 먼 옛것을 취해야 하나
한나라와 당나라는 지금 세상 아닐뿐더러
우리 민요는 중국과 다르다네
반고와 사마천이 다시 태어난다 해도
그들을 결코 모방하지 않으리
새 글자를 창조하기 어렵더라도
내 생각은 마땅히 다 표현해 할 텐데
어쩌자고 옛 법에만 구속되어
허겁지겁 붙잡고 매달리듯 따르는가
지금 시대를 비천하다 하지 말라
천년 뒤에 비한다면 당연히 고귀하리니.

　반면 고문(古文)의 대가로 인정받던 유한준이 자신의 글을 품평해 줄 것을 부탁하자 연암은 「답창애문(答蒼厓文)」을 통해 그의 글이 고답적 모방에 불과하다는 것을 신랄하게 비판했다.

　"문장이 몹시 기이하다 하겠으나, 사물의 명칭에 빌려온 것들이 많고 인용한 전거들이 적절치 못하니 그 점이 옥에 티라 하겠기에 노형을 위해 아뢰는 바요."

　이같은 거침없는 비판에 유한준은 크게 분노했고 여러 문제를 두고 부딪쳤다. 『열하일기』와 연암의 문체에 대해서도 공공연히 비난을 퍼부었음은 물론이다.

　이러니 처남 이재성을 비롯한 친구와 지인들이 연암을 크게 걱정하고 나섰다. 정조 임금마저 연암을 표적 삼아 공박하고 나섰으니 제발 당분간만이라도 자중하라는 거였다.

그러나 연암의 태도는 초지일관 같았다. 마치 임금의 의중을 귀신처럼 꿰뚫어 보고 있는 것처럼, 혹은 정확한 예지력으로 미래를 미리 들여다보기라도 한 것처럼 확신에 차 있었다.

"성상의 의도는 문체가 아니네. 사실은 정치적인 노림수가 있으신 것이지."

이재성은 무슨 뚱딴지같은 소리냐는 듯 연암을 올려다보았다.

"아니, 박지원의 『열하일기』가 원인이라고 했는데도요?"

"그렇다니까. 잘 들어보게. 지금 권력을 잡고 있는 것이 노론 측 아닌가. 노론 측이 천주교와 서양 학문을 가까이하고 있는 남인들을 눈엣가시로 여기고 있고."

"그건, 그렇지요."

"노론에서 남인을 공격하면서 비판하는 것 중의 하나가 문체도 패관소품을 숭상한다는 것이지 않은가. 그런데 성상께서 남인 중에서 아끼는 사람들이 있잖은가. 이를테면 채제공, 이가환, 정약용 같은 이들 말일세."

"그건 다 잘 알려진 사실 아닙니까."

"그러니까 성상께선 아끼는 남인을 비호하고 노론의 기세를 누그러트리기 위해 방책을 쓰고 계신 것이지. 서학에 대한 거친 공세를 패관소품 쪽으로 유인하는 것. 그렇게 해서 노론과 남인 사이에 세력균형을 꾀하려는 의도가 분명해."

"글쎄요, 그게 그렇게 될지…."

이재성은 부연 안개 속을 들여다보듯 오래 연암을 바라보았다.

연암의 예상은 얼마 후 확인이 되었다.

하루는 백탑파의 일원인 좌승지 이서구에게서 편지가 왔다.

"양호와 형개의 제사를 지내라는 성상의 분부가 있었습니다. 성상께서 저에게 제문을 지어 올리라고 하셨지만 제가 공무 때문에 도무지 겨를이 없습니다. 청컨대, 50운의 제문 두 편을 대신 좀 써주셨으면 합니다."

양호와 형개는 정유재란 당시 원군을 이끌고 와 울산 등지에서 왜군과 싸우는 등 조선을 도왔던 명나라 장수였다. 연암은 이서구의 부탁대로 즉시 제문을 지어 주었다. 평소 부탁을 전혀 하지 않는 이서구가 얼마나 다급하면 그런 부탁을 했겠는가 싶어서였다.

그런데 그 얼마 후 이서구가 연암에게 사실을 털어놓았다.

"사실은 말입니다, 성상께서 꼭 연암공에게 제문을 부탁하라고 당부하셨던 일이었습니다."

다른 일도 있었다. 연암이 면천군수로 임명되자 먼저 임금을 알현한 뒤 사은숙배하라는 명이 내려졌다. 명에 따라 궁에 들어가자 임금은 대뜸 연암에게 하문하였다.

"지난번에 문체를 고치라고 했는데, 고쳤느냐?"

지난번 문체란 『열하일기』를 말하는 것이었다. 연암은 갑작스러운 임금의 하문에 최대한 몸을 엎드려 아뢰었다.

"분부받잡고 당장 고쳐야 하오나, 워낙 길고 일이 많은지라…."

임금은 그럴 줄 알았다는 듯 손을 내저었다.

"그건 됐고. 내가 최근에 좋은 글감 하나를 얻었느니라. 그대가 이걸 가지고 글 한 편을 지었으면 하는데, 할 수 있겠는가?"

어느 안전이라고 못하겠다고 하겠는가. 그 글감이란, 제주 사람 이방익이 바다에 표류한 일의 전말을 쓰는 거였다. 이방익이 말한 것을 기록한 초고를 받아 다시 옮겨 쓰는 일인데, 임금이 연암을 위해 준비한 것임을 알 수 있었다.

이런 일련의 일들로 보아 연암의 예상이 맞았던 것이다.

4

　돌연 정조 임금이 승하했다. 연암이 강원도 양양부사가 되어 일하고 있을 때였다. 연암은 아침저녁으로 객사에 가서 북쪽을 바라보고 크게 통곡하였다. 그리고 사흘 후, 상복을 입는 날이 되자 관리들과 백성들을 거느리고 가서 다시 통곡하였다. 생전 가족과 친구 등 수많은 사람들과 이별을 하고 눈물을 흘렸지만 그토록 서럽게 울진 않았다.

　정치적 고려 때문에 연암의 문체를 지적하였지만 정조는 누구보다 그의 문체를 좋아해 주었다. 또한 누구보다 북학파의 주장과 견해를 귀담아들어 주었고, 느리지만 변화해 가기 위해 노력했다. 이제 막 무언가를 제대로 시작해 보려 했는데 너무도 일찍 젊은 나이에 세상을 등지고 말았다. 비록 연암 자신은 환갑을 넘겨 몸이 쇠하여 가고 있었지만 젊고 유능한 임금의 몸과 마음이 마치 자기 것인 양 희망을 품었었다. 그런데 희망이 모래성처럼 일시에 무너져 내리고 태양이 촛불처럼 꺼져버렸다. 갑자기 자신의 나이를 인지하게 되는 것처럼 서글픈 일이 있을까.

　그때 연암의 눈에 아들 종채가 들어왔다. 늘 아버지를 따르면서 아비의 어릴 적 이야기부터 모든 것을 빨아들이고 흡수하려는 아이다. 소소한 것까지 너무 많이 물어 귀찮다가도 그런 진정성을 알기에 미더운 아이다.

　연암은 지필묵을 꺼내어 써 내려갔다. '인순고식 구차미봉(因循姑息 苟且彌縫)', 인습을 벗어나지 못하고 눈앞의 편안함만 좇는 태도를 말한다. 연암을 그것을 종채에게 주면서 일렀다.

　"천하만사가 이 여덟 글자로부터 잘못되느니라."

　솜털이 가시기 시작한 종채는 맑은 눈으로 아버지를 주시했다.

　"중요한 것은 네 자신의 글을 쓰는 것이다. 귀로 듣고 눈으로 본 바에 따라 그 형상과 소리를 극진히 표현하고 그 정경을 고스란히 드러낼 수만 있다면 문장의 도는 그것으로 지극한 것이니라."

9. 김삿갓 - 채희문

1

높이가 무려 800길에 이르는 무등산 정상으로부터 힘차게 뻗어 내린 산줄기. 그 줄기가 서쪽으로 세력을 펼치다가 험하기 이를 데 없는 고갯길 너릿재로 우뚝 머문 곳이 이곳 전라남도 화순군 일대였다. 순수한 정기를 품에 안은 그 벼랑길은 다시 동쪽으로 내달려 동복면으로 통하게 되는데 누구든지 구름 속을 넘나들듯 아슬아슬하게 고갯길을 타고 넘어야 찔레꽃 이 하얗게 울타리처럼 피어나는 구암리로 들어설 수 있었다. 적벽강이라 불리는 섬진강 위 줄기를 따라 비록 거칠고 좁을지언정 이리저리 푸른 밭 이 드러나곤 해서 구암리 풍속은 나무와 꽃이 어우러진 깊은 산중마을답 게 더없이 소박했다.

찔레꽃 피는 곳엔 어김없이 뻐꾸기가 운다고 했던가? 병연(金炳淵)은 구 암리에서 뻐꾸기 울음소리를 가장 가까이 들을 수 있는 안 초시 집 사랑 방에 한동안 의탁해 사는 처지였다. 병들어 아픈 몸과 시든 마음을 추스르 며 달포 가량이나 죽은 듯 지내고 있어도 마음은 분방하기 그지없어서 언 제라도 툭툭 털고 일어나 아무 곳으로나 떠날 생각만 하고 있었으니 굳이 날짜를 기약한 의탁이라 할 수도 없었다.

역병이 옮은 것일까? 갑자기 숨이 차고 열이 나며 몸을 가눌 수 없게 된 지 한 달이 넘었다. 날이 갈수록 증세가 심해지더니 벌써 몸져누운 지 도 오래였다. 그날도 병연은 죽장에 몸을 의지하고서야 겨우 몸을 일으켜 방문을 나설 수 있었다. 지푸라기를 한입 가득 물고 있는 듯 입 안이 쓰고 몸이 뜨거워서 꿀물이라도 한 대접 얻어 마셔야겠다는 생각뿐이었다. 눈 을 감으면 더는 눈을 뜰 수 없을 것 같은 불안함, 곧 죽음이 임박했다는 느낌에 잠들기도 두려워 뜬눈으로 아침을 맞은 지도 벌써 여러 날째였다. 하지만 구암리 산골의 낮은 짧기만 해서 구들장에 누워 잠시 상념에 젖어 있노라면 어느새 날이 기울곤 했다.

"이보시오… 안 초시. 꿀물… 한 대접만… 마시고 싶소."

겨우겨우 댓돌을 딛고 마당으로 내려선 병연은 안 초시가 신주 모시듯 하는 벌통 앞으로 다가서며 꿀물 한 대접을 간청했다. 볏짚으로 촘촘히 엮어 마치 작은 삿갓처럼 만들어 덮어놓은 벌통 뚜껑을 그가 열어젖히려 하자 저만치에서 곰방대를 물고 있던 안 초시는 소스라치게 놀라 소리부터 벌컥 내질렀다.

"아이고 내 벌통! 함부로 건드리면 안 되오. 저리 물러서 주시오."

갖가지 나무와 꽃이 어우러진 깊은 산중인지라 이곳의 토종꿀은 예로부터 복청이라 하여 떠받들어졌는데, 만병통치약인 그 토종꿀을 생산해내는 벌통은 누구든지 근처에 얼씬도 해선 안 되었으며 만져서도 안 되는 보물단지였다. 그런데 하물며 뚜껑을 함부로 열어젖히려 하다니… 종이에 풀을 먹여 마감해 놓은 봉인이라도 떨어져 벌통이 분리되기라도 하면 어찌 감당하려는 것일까.

안 초시는 곰방대의 담뱃재가 휘날리도록 달려와서 병연의 등덜미를 부여잡았다. 그런 뒤에 돌려세워 병연의 얼굴을 마주 본 후에야 그의 상태가 심상치 않음을 알아챌 수 있었다. 그의 얼굴은 이미 창백하다 못해 밀랍처럼 회색으로 변해있었으며 늘 입고 입던 흰색 겹옷은 아직 쌀쌀한 날씨임에도 불구하고 땀에 젖어 등판에 철썩 들러붙어 있었다. 게다가 삿갓은 물론 망건도 쓰지 않은 맨상투 바람이었는데 관자놀이 옆에는 허옇게 센 머리카락이 파 뿌리처럼 삐져나온 모습이었다.

"이보시오, 이거 큰일 났군. 아직 쌀쌀한데 어째서 진땀을 줄줄 흘리시오?"

"미안하오… 꿀물, 꿀물… 한 대접만…"

안 초시는 난감하기 이루 말할 수 없었다. 꿀을 뜨려면 우선 벌통부터 개방해야 할 텐데 벌통이란 것이 아무 때나 함부로 열어젖힐 수 있는 물건이 아니었다. 더구나 한 대접이나 되는 꿀물을? 요즘 같은 보릿고개에 이런 산골 깡 촌에서 꿀물을 대접으로 들이킬 수 있는 여유로운 이가 어디에 있단 말인가.

지난해 임술년(1862년), 탐관오리의 횡포를 참다못한 농민들이 섬진강 건너편 진주에서 민란을 일으켰을 때 농민들에게 감금된 진주목사는 결박되기 직전까지도 꿀물을 대령하라고 했다지만, 요즘처럼 황폐한 세상에 너릿재 비탈 밑에 사는 촌 노인으로서는 꿀물 한 대접에도 벌벌 떨 수밖에 없었다. 아무리 집구석을 뒤져봐도 돈이 될 만한 것은 그나마 꿀통밖엔 없기 때문이었다. 그러니 벌이 새끼를 칠 무렵이 되면 생일상처럼 벌통 앞에 상을 차려놓고 고맙다는 절을 올리기도 하고 상갓집이라도 다녀온 날엔 부정 타면 큰일이라 아예 근처에도 안 가고 멀리 돌아다닐 만큼 애지중지하는 것이다.

"아이고, 이걸 어쩌나. 꿀물을 드시려고요? 온종일 혼자 앓고 계셨던 모양인데 우린 내내 밭에 나가 살았으니 알 수가 있나…"

머리에 베 보자기를 뒤집어쓴 안 초시의 아내도 사립문 밖에 나뒹굴던 개밥그릇을 주워 오다가 안절부절 어쩔 줄 몰라 했다. 달포를 넘겨 함께 지내는 동안 늘 삿갓을 쓰고 있던 양반. 남편 안 초시가 선뜻 사랑방을 내어주고 난 뒤에는 얼굴 한번 제대로 마주하지 못한 처지였으나 그나마 식구처럼 여겨오던 병연에게 꿀물 한 그릇을 선선히 퍼주지 못하는 안타까움 때문이었다. 하긴 벌통 뚜껑을 열어 속을 뒤집어 본들 아직 풀꽃도 만개하지 않은 이른 철이라 꿀통 속에 꿀은커녕 애벌레만 그득할지도 모르겠지만.

"여보, 혹시 남아있는 곡식 낱알이라도 있나 뒤져보시구려. 좁쌀은 남아있으려나 모르지. 어서 죽이든 미음이든 끓여보시오."

안 초시는 병연을 사랑방으로 다시 데려가 눕히기 위해 그를 등에 업으려 했다. 안 초시에게 업히려고 엉거주춤 쭈그리고 있는 병연의 모습은 추레하기 짝이 없었다. 앉은 것도 아니고 선 것도 아니었는데, 만난 지 한

달 만에 허리가 굽었는지 두 무릎은 가슴에 닿았고 양팔은 거미 다리처럼 야위어 어깨에 매달려 있었다.

"내가 꿀물 한 대접을 얼른 퍼 올 테니 쭉 들이켜고 원기를 회복하시오. 겨우 며칠 사이에 무척 늙었소이다."

"아직 보리 이삭도 패지 않아… 초근목피 중일 텐데… 꿀물을 내놓으라니… 내가 고약한 놈이오."

안 초시는 대답도 제대로 못 하는 병연을 업고 가서 사랑방 바닥에 눕혔다. 아직 산골의 서늘한 기운이 그대로 남아있었고 아궁이에 불을 피워 본 지가 오래여서 차디찬

냉골이었다.

안 초시의 부인은 제사 때 쓰기 위해 추녀 끝에 봉지로 매달아 묶어놓았던 좁쌀을 덜어내어 미음을 쑤기 시작했다. 한 홉이나 될까? 좁쌀을 바가지 물에 담가놓은 후에 벌통 뚜껑을 열어 아직 꿀이 들어차지도 않은 밀랍 벌집 귀퉁이를 주먹만큼 떼어냈다. 밀랍 벌집 조각을 사발에 담고 뜨거운 물을 부어 혹시라도 들어있을 꿀을 녹여내는 그 짧은 동안에도 부뚜막에 얹어놓은 좁쌀 바가지로는 어느새 암탉과 병아리들이 모여들기 시작했다.

"훠어이! 저리 가라 이것들아."

팔을 휘저어 암탉들을 내쫓는 사이에 어느새 부엌으로 들어왔는지 세 살배기 증손자가 꿀이 녹아있는 사발을 품고 엎드린 채로 손가락을 담가 빨아먹고 있었으며 강아지는 어린 증손자의 엉덩이 밑을 핥으며 연신 꼬랑지를 흔들어 댔다. 생김새는 달라도 서로 먹이를 찾아 빨거나 핥기 위해 분주한 것이었다. 그런 광경을 보며 가난한 선비 안 초시는 길게 한숨을 내뱉었다.

초시(初試), 이를테면 그는 천여 명 중에서 육백 명만 합격한다는 과거의 첫 시험에 뽑힌 박식한 양반이었다. 과거를 치러서 실력대로 평가를

받게 된다면 최종 십팔 명 안에 드는 전시(殿試)에도 충분히 합격할 수 있었으나 세상 풍진을 겪으며 산골에서 낡은 책이나 뒤적이며 살고 있었다. 그나마 밭이라도 일굴 줄 아는 아내와 손자며느리 덕에 입에 풀칠이나마 하고 있던 터였다. 안 초시는 이 모두가 가난하고 세도 없는 몰락한 양반 가문에서 태어난 선비가 망해가는 조선 말기를 살아내고 겪어야만 하는 모진 팔자라고 여길 따름이었다.

순조 5년(1805년)에 대왕대비가 죽고 순조의 장인 김조순이 집권한 이후부터 고질병이던 당쟁은 사라졌으나, 임금과 인척이 된 안동 김씨 가문에서 권력을 독점하고 관직과 이권을 나누어 가지면서 사회의 기강이 크게 흔들리며 신분사회가 바뀌기 시작했다. 더욱이 안동 김씨 중에서도 한양에 세거한 집안으로서 궁궐과 가깝고 풍광도 좋은 북악산 아래 경복궁 서북쪽에 사는 세력들이 장동(壯洞) 김씨라 따로 호칭하며 외척정치를 장악하고 있음은 실로 뼈아픈 현실이었다.

그들의 세도정치가 기승을 부리자 사회적, 경제적인 변화가 생겨나기 시작했다. 한 집안이 권력을 모두 차지하고 관직이나 이권을 나누어 가졌기 때문인데, 그중에서도 가장 큰 병폐는 유일한 관료진출의 길이었던 과거제도를 문란케 한 점이었다. 권력의 힘으로 합격이 좌우되고 가난한 선비는 실력이 아무리 좋아도 결국엔 낙방하게 되는 현실. 이른바 매관매직이 늘어나기 시작한 것이다.

임금의 외척 세도가들에게 천금을 주고 산 관직이니 그 자리에서 물러나기 전에 밑천을 뽑아야 했고 결국 백성의 수탈과 각종 부정부패로 이어졌다. 가난한 양반 지식인이 늘어나는가 하면 한편으로는 몰락하는 양반들이 대거 출현하는 어긋난 세상이 펼쳐진 것이다. 안동 김씨에 풍양 조씨까지 가담한 세도정치는 고종이 즉위하던 1863년까지 무려 60여 년 동안이나 이어졌다. 그 60여 년 동안 그들의 세도가 어찌나 드셌던지 사내를 아녀자로 바꾸어 만드는 일 빼고는 모두 그들 마음대로 할 수 있다는 소문도 자자했다.

토지세가 엄청나게 늘어나고 죽은 사람에게까지 군포가 부과되며 이자 없이 빌려주던 곡식에도 비싼 이자를 붙이는 등 3정을 문란케 하고 농민 생활을 파탄으로 몰아넣는 관리들이 늘어나자 세상은 피폐해질 대로 피폐했다. 농사를 아무리 열심히 지어도 세금을 감당할 수 없었기 때문에 집과 농지를 버리고 정처 없이 전국을 떠도는 무리가 생겨나는 등 사회는 매우 어지러웠다.

겨우 농사를 짓고 사는 농민 중에는 막연한 떠돌이가 되기 전에 스스로 봉기하여 민란을 일으키는 경우도 적지 않았다. 그런 와중에 진주목(晉州 牧)에서 관리들이 그동안 불법으로 떼어먹은 공금이나 군포를 메워 넣기 위해 쌀 5만 석이 넘는 토지세를 농민에게 부가한 것이 결국엔 민란의 도화선이 되고야 말았다. 농민들이 삽과 곡괭이를 을러메고 머리에 흰 띠를 두른 채 스스로 초군이라 부르며 진주성으로 몰려가던 모습은 생각만으로도 눈물겨울 지경이었다. 하물며 임술년(1862년) 5월에 시작된 가뭄은 6월까지 이어지더니 7월에는 느닷없이 물난리까지 터져서 백성들은 아예 살아갈 일이 막막할 따름이었다.

진주에서 비롯된 민란은 조선 천지로 들불처럼 번져나가 그해에만 무려 서른일곱 차례나 일어났다. 대개 보릿고개라 하는 춘궁기에 맞추어 난이 터지곤 했는데 그동안 횡포를 부린 유향소의 향임이나 양반, 지주들의 집을 먼저 부수고 곧이어 관아로 쳐들어가는 식이었다. 수탈에 앞장섰던 아전이나 탐관오리를 먼저 처단한 뒤에 창고를 탈취하고 조세와 군포, 환곡 장부를 불태우는 일에 열성적이었던 것으로 보아 농민들의 폭력은 생존의 길을 찾아 나선 것이라 해도 틀린 말은 아니었다.

가난하고 가문이 미약해서 몰락한 양반 안 초시도 그렇게 고향을 등졌다. 어찌어찌하다가 이곳 화순지방 언저리까지 밀려 내려와 겨우 빌붙어 살게 된 것이 그나마 행운이었다. 과객, 방랑 문인, 딸깍발이… 빌붙어 살 만한 땅 한 뙈기를 구하지 못해 유랑하는 양반들이 얼마나 많은가. 자칭 시객이라고 칭하며 삿갓을 쓰고 다니는 자들이 유독 많았는데 그들은 이르는 곳마다 오히려 배척을 당하는 경우가 흔했다.

병연이 안 초시의 집으로 찾아온 시기는 조정에서 민란 대책을 위해 삼정이정청을 설치하고 안핵사와 선무사를 파견하는 등의 긴급대책을 세워 그나마 민심이 진정되어가던 철종 14년(1863년) 2월 중순이 지난 무렵이었다.

안 초시는 처음 병연을 보았을 때, 삿갓 쓴 방랑 걸인이 또 출현한 것이라 믿고 문전에서 그를 조용히 내쫓으려 했다. 몰락하긴 했어도 본색이 양반인데다가 자기 자신의 처지와도 별반 다를 바 없다는 생각에 그나마 예를 갖춰 조용히 보내려 한 것이다. 그런데 쫓겨 나가던 병연이 혼자 중얼거리듯 시를 읊는 것이 아닌가.

이대로 저대로 되어가는 대로
바람 부는 대로 물결치는 대로
밥이면 밥 죽이면 죽 생기는 대로
옳으면 옳고 그르면 그르게 그냥 저대로

此竹彼竹化去竹(차죽피죽화거죽)
風打之竹浪打竹(풍타지죽낭타죽)
飯飯粥粥生此竹(반반죽죽생차죽)
是是非非付彼竹(시시비비부피죽)

"이보시오 삿갓 양반. 지금 시를 지으신 거요?"

안 초시는 병연의 뒤를 종종 따라나서며 귀를 기울였다.

> 손님을 맞을 땐 집안 형편대로
> 서로 모여 사고파는 것은 세월 가는 대로
> 모든 일이 내 마음만 같지 못한 대로
> 그렇고 그런 세상 흘러가는 대로

> 賓客接待家勢竹(빈객접대가세죽)
> 市井賣買歲月竹(시정매매세월죽)
> 萬事不如吾心竹(만사불여오심죽)
> 然然然世過然竹(연연연세과연죽)

어허, 이럴 수가! 삿갓 쓴 걸인이 중얼중얼 읊어대는 말에 안 초시는 그만 귀밑이 뜨끈해졌다. 그의 말대로 손님을 맞을 땐 집안 형편대로 대접하면 될 일이었다. 아무리 보릿고개 춘궁기에 찾아온 떠돌이 걸인이라 해도 명색이 양반집을 찾아온 식객인데 어찌 이토록 매정하게 쫓아낼 수 있으랴.

안 초시는 조금도 서운한 내색 없이 껄껄 웃으며 뒤돌아서는 병연의 뒷모습에서 무언가 범상치 않은 기운을 느꼈다. 비록 늙은이에다가 걸치고 있는 베 겹옷은 낡았을지언정 긴 허리에 곧은 다리, 호리호리한 키, 유난히 큼직한 삿갓에 가리어 얼굴은 볼 수 없으나 호탕하고 거침없는 웃음소리…

안 초시는 병연을 되돌려 세우고는 다짜고짜 뜬금없는 질문부터 했다.

"어디 사는 뉘 신데 그토록 커다란 삿갓을 쓰고 다니시오? 삿갓도 갓이니 그 크기가 신분을 과시하는 것이라 여겨지거늘… 어허, 삿갓이 과분하게 크단 말이외다."

"주인장, 초면에 삿갓 크기부터 가늠하는 것을 보니 이런 산골에 살면서 아직도 관직과 출세에 연연하시는 모양이오. 물으시니 답을 하지요. 원래 난고(蘭皐)라 불리었지만 언젠가부터 그저 삿갓이라 불리는 떠돌이라오."

"요즘 삿갓 쓴 떠돌이가 어디 한두 명이오? 뼈다귀 근본이 어찌 되는 삿갓이냐 이 물음이지요."

"허허… 속된 물음이로군. 내 성은 김씨, 본관은 안동이오. 하오만 바람 부는 대로 물결치는 대로 살아온 지 어언 40년이 되어가는 방랑객이라오."

"그래요? 요즘 세상에 안동 김씨라면 아무리 배냇병신이어도 큰 고을 아전 자리쯤은 해 먹을 수 있을 텐데… 모습으로 짐작건대 젊어서는 허우대가 훤칠했을 양반이 어째 능참봉 자리 하나 꿰차지 못하고 여태 걸식을 하오?"

"그러게나 말이외다. 인간무죄죄유빈(人間無罪罪有貧)이라! 안동 김씨 아니라 그 누군들 원래부터 인간에게 무슨 죄가 있겠소? 그저 가난이 죄이지요."

안 초시는 이렇게 묻긴 했으나 상대가 소문으로만 듣던 방랑 시인 그 김삿갓임을 확신했다. 병연도 마찬가지였다. 비록 겉모습은 초라해도 심중에 깊숙이 박혀 은은함을 풍겨내는 진정한 양반의 기개를 안 초시로부터 어렵지 않게 읽어낼 수 있었다.

"그대가 진정 무아의 경지에 이르렀다는 그 김립(金笠) 옹이 맞소이다 그려. 주유천하 하면서 가난한 자들에게 진솔하고 친근한 벗이 되어준다는 그 풍류가객이 우리 집에 오시다니! 그렇지요? 과연 김대립(金大笠) 옹이 맞지요?"

그러자 병연은 삿갓을 벗어들고 허리 굽혀 절을 한 뒤에 구구한 대답 대신 시 한 수를 읊어 답을 하기 시작했다. 청량한 목소리로 술술 읊어대는 시는 그야말로 구절마다 일품이었다.

> 슬프다, 천지간 남자들이여
> 내 평생 알아줄 자 누가 있으랴
> 부평초 물결 따라 삼천리 자취가 어지럽고
> 거문고와 책으로 보낸 사십 평생 헛것일세
> 높은 벼슬은 힘으로 안 되니 바라지 않았고
> 백발도 정해진 이치이니 슬퍼하지 않으리
> 고향 가던 꿈에서 깨어나 놀라 앉으니
> 야밤에 남쪽 새 남쪽 가지에서 우네

> 嗟乎天地間男兒(차호천지간남아)
> 知我平生者有誰(지아평생자유수)
> 萍水三千里浪跡(평수삼천리랑적)
> 琴書四十年虛詞(금서사십년허사)
> 靑雲難力致非願(청운난력치비원)
> 白髮惟公道不悲(백발유공도불비)
> 驚罷還鄕夢起坐(경파환향몽기좌)
> 三更越鳥聲南枝(삼경월조성남지)

안 초시와 병연은 이렇게 만났다. 안 초시는 병연의 재능과 호걸다운 면모에 반하기도 했거니와 명문가 출신으로서 삿갓을 쓰고 유랑하는 연유가 궁금하여 오히려 묵어가라 간청했고, 병연은 대뜸 삿갓의 크기를 지적하며 양반의 본분을 따지는 안 초시의 당당함에 매료되어 기꺼이 수락했다.

그날 이후부터 병연은 안 초시의 사랑방에 머물며 지내게 되었다. 그러나 머물기 시작한 지 며칠 지나지도 않아서 고열과 기침을 동반한 채 몸 져눕고 만 것이다. 오랫동안 몸에 지니고 있던 지병이 도진 것인지 혹은 이리저리 떠돌아다니다가 몹쓸 병에 옮은 것이지도 알 수 없었다.

2

"이보시오 삿갓! 꿀물 좀 마시구려. 정신 차리고 미음이라도 조금씩 드셔야 하오. 뭘 좀 드셔야 힘이 나지요."

안 초시는 아내가 정성스레 끓여 온 미음 한 대접과 비록 멀겋긴 하지만 단내를 풍기는 꿀물 한 사발을 병연에게 권했다.

"그립시다. 꿀물… 어째 이리도… 갈증이 나는지…"

시절이 3월 끝자락이었으니 병연이 시름시름 앓기 시작한 지도 벌써 한 달을 넘어선 즈음이었다. 기침이 심해진 지는 거의 20여 일, 곡기를 끊은 지도 벌써 열흘에 달했다. 앵두나무 잎처럼 주름이 깊게 파인 병연의 얼굴은 하루가 다르게 거무죽죽한 빛으로 변해가고 있었다.

병연은 몸을 일으켜 세우려 했으나 간신히 팔꿈치로 바닥을 짚은 채 허리를 외로 틀 수 있을 뿐이었다. 그는 떨리는 손으로 대접을 받아들고 꿀물을 마시기 시작했다. 반은 삼키고 반은 흘린 꿀물이 목줄을 따라 흘러 겹옷 위 자락을 적시고 베개까지 스며들었다. 갈증이 풀리고 나니 그제야 정신이 드는 모양이었다. 해는 이미 졌다. 3월 말의 봄볕은 조금 길어지긴 했으나 해가 지고 나니 구들장 밑으로 으스스한 냉기가 심하게 밀려왔다.

"안 초시…, 내 마지막… 할 말이 있소."

병연은 오랫동안 묵혀온 생각을 풀어내기 시작했다. 인생은 무의미한 것, 그중에 수치와 분노는 더더욱 의미 없는 것. 병연은 수치와 분노로 인해 망가진 자기의 인생을 회고하며 느릿느릿 말을 이었다. 그는 본능적으로 자기의 수명이 다했음을 알아차렸다. 주위에 어른대는 죽음의 냄새를 맡았으니 그가 안 초시에게 들려주고자 하는 말은 이를테면 유언이었다. 숨이 가빠져서 더듬더듬 유언을 토해내는 모습에 안 초시는 당황할 뿐이었다.

"내가… 스물두 살에… 집을 나온 지… 어언 35년이란 세월이… 지났소. 그동안 바람 따라… 물결 따라 잘도… 흘러 다녔지요."

"나도 소문을 들어서 잘 알고 있다오. 그대가 공령시(功令詩)를 잘 지었다고 하던데 만약 관원이 되었다면 그 지위가 얼마나 높았겠소? 세상이 쩌르르 했을 거요. 요즘 관원들 보시오. 종구품 말단이라도 종자 없이는 거리에 나서지도 않는다오."

"폐족이 된 지… 오래인데… 어찌 관직을 탐하겠소. 그저… 방랑 시인처럼 행세하고 다녔을 뿐인데… 집 나온 이듬해에… 후사도 없이 형님이… 죽었지요. 이어서 한창나이였던 아내도… 죽고…, 내 어머님은 모든 걸… 다 버리고 친정인 홍성으로… 가버렸소. 그리고 얼마 지나지도 않아… 또… 맏아들이 죽었지요. 형님댁에… 양자 보낸… 그 아들 학균이 말이오."

병연은 지그시 눈을 감은 채 잠꼬대처럼 말을 이어갔다. 안 초시는 이러다가 혹시 병연이 숨을 거둘지도 몰라서 아내와 손자를 급히 사랑방으로 불러들였다. 손자에게는 지필묵을 가져오라 해서 유언 내용을 간추려 적도록 했다.

"그 후에… 양자 간 형을 대신해서 집안의 대를 이은… 둘째 아들 익균이… 고생 끝에… 나를 찾아왔소. 그 애도… 아비를 찾기 위해… 풍문을 따라 유랑한 것이나… 다름없지요. 묘향산에서… 나를 보았다는 소문도… 바람결에 들었고, 내가 평양기생과… 살림을 차렸다는… 풍문도 들었답디다. 영남 땅… 어디선가 내가… 객사했다는 말에는… 통곡을 했다지요."

"그래요? 아드님도 그대처럼 방방곡곡을 떠돈 셈이로군요, 그래서 어찌 되었소? 아드님을 만나는 보았나요?"

안 초시는 중지와 약지로 병연의 팔목 맥을 짚어가며 조심스럽게 물었고 병연은 갈라진 입술을 오므려 침을 발라가며 느릿느릿, 띄엄띄엄 대답했다. 수시로 안 초시의 아내는 수저에 꿀물을 묻혀 그의 입술을 축였고 손자는 받아 적기 위해 분주히 먹을 갈았다.

병연은 무려 세 차례나 집으로 돌아가려 했다고 고백했다. 처음엔 경상도 안동으로 또 한 번은 강원도 평강으로, 마지막엔 전라도 여산까지 찾아온 아들 익균을 도저히 물리칠 수 없었다고 했다.

"만나서 뭐라고 했나요? 그 멀리서 아버지를 모시러 왔는데 어째서 아들을 따라 집으로 돌아가지 않았소?"

안 초시는 조급하게 물었고, 그의 손자는 마치 구슬에 실을 꿰듯 병연의 말을 한마디도 흘리지 않고 또박또박 받아 적었다. 말하는 속도가 느릿느릿해서 붓으로 받아 적기에 조금도 불편함이 없을 지경이었다.

"익균을 처음… 만나던 날, 그저… 너털웃음만 나오더군요. 하긴… 오랫동안 버렸던 자식에게… 긴 세월 지나… 무슨 말을 하겠소?"

"그렇겠지요. 나라도 끌어안고 눈물을 흘리거나 아니면 그저 너털웃음을 웃거나 둘 중의 하나였을 게요."

호흡도 제대로 가누지 못하는 병연에게 안 초시는 무리하게 대답을 유도했다. 곧 숨을 거둘 것처럼 보였기 때문이었다. 그러면 부음을 전해야 할 테니 아들 익균의 주소라도 알아놓아야 할 것이었다. 비록 핏줄로는 아무 연관이 없어도 오랫동안 흠모했고 달포를 함께 지내기도 했던 선비가 죽음 앞에서 오락가락하니 이를 어찌할까. 하물며 그는 조선 팔도 누구나 이름만 대도 알만한 유명한 시인 아니던가.

"그 애… 몰래… 도망쳤다오, 마지막으로… 만나서는… '어쩔 수 없구나…. 함께 집으로 돌아가자' 하고… 들길을 걷다가… 대변이 마렵다는 핑계로… 수수밭에… 숨었지요. 삿갓도… 팽개친 채 말이외다."

"그때 집으로 되돌아갔어야지요. 떠도는 소문에 의하면 과거 답안지에 할아버지 욕을 하셨다고요? 비록 그 죄가 크긴 하나 평생을 식구들과 등지고 살다니, 해도 너무하셨소."

그 말에 병연은 숨을 한 번 크게 몰아쉬었다.

"과거요? 대과는 고사하고… 향시도 치르지… 못했소."

병연은 눈물을 글썽이며 대답했다. 폐족이 된 집안 자제가 시험지에 족보부터 써놓고 시작하는 과거를 어찌 치를 수 있었겠냐고 오히려 되묻기도 했다. 그리고 지금부터 그 소문에 대해 말하겠다고 하며 다시 숨을 크게 몰아쉬었다.

"차라리… 이 이야기가… 끝나기 전에… 숨을 거두면 좋겠소. 이 이야기는… 절대 발설하지 않고… 저세상까지… 가져가려고 했거든."

그는 스물두 살에 고향을 등질 때부터 마음속에 품고 있던 한을 천천히 풀어나갔다. 그 소문은 모두 헛된 말이라고 했다. 대부분 꾸며진 말이지만 그 이야기가 병연의 조부 즉, 평안도 선천의 부사로서 5품 관료에 속하는 군인 김익순(金益淳)으로부터 비롯된 것만은 어김없는 사실이었다.

병연은 종종 가쁜 숨을 몰아 쉬어가며 이야기를 계속했다. 금강산으로부터 백두산 밑자락까지, 다시 태백산맥 등줄기를 따라 지리산 밑동까지, 전라도, 경상도, 황해도, 함경도, 강원도… 무려 35년 동안 온 천지를 유랑하면서 고초를 겪을 때마다 시를 지었건만 여태껏 단 한 구절도 붓으로 써서 보존한 적 없을 만큼 세상잡사에 초탈했던 그가 비로소 한을 토해내기 시작한 것이다.

1811년(순조 11년)에 홍경래가 주도한 평안도 농민전쟁이 일어났고 그 이듬해에 관군에 의해 진압되었다. 그 무렵은 국왕과 인척 관계를 맺은 가문들이 권력을 독점하고 관직과 이권을 나누어 가졌으며 백성의 수탈과 부정부패가 극심해지던 시기였다. 기존의 봉건 체제가 크게 흔들리며 생겨나는 모순 속에서 급기야 새로운 세상을 꿈꾸는 백성들이 나서서 봉기를 일으킨 것이다. 몰락한 농민과 광산노동자를 비롯하여 상인들과 서북지방 차별정책으로 관직에 나가지 못한 양반 등 다양한 계층의 사람들이 그 봉기에 가담했다.

'전투 중에 백성을 다치게 하거나 죽이지 말라. 또한 빼앗은 관가의 재물은 가난한 백성들에게 우선 분배하라.'

이런 획기적인 원칙을 내세우고 봉기한 홍경래는 농민들의 불같은 호응을 받으며 열흘 만에 청천강으로부터 의주에 달하는 여러 지역을 장악했다. 이후 정부군의 반격으로 정주성으로 후퇴하여 넉 달을 버티다가 성이 폭파되면서 진압되었는데, 살아남은 봉기군 3천여 명 가운데 여자와 어린이를 뺀 2천여 명이 즉석에서 처형되었다. 병연이 겨우 여섯 살 때의 일이었다.

그 전쟁에서 평안도 선천 부사 김익순이 농민군에게 투항했다는 죄로 멸족을 당했는데, 김익순은 역적으로 참수당하고 집안은 하루아침에 망해 버렸다. 그때 김성수라는 노비가 모반대역죄에 연좌되어 죽음을 눈앞에 둔 병연과 그의 형 병하를 데리고 황해도 곡산으로 피신했다. 병연은 거기서 어린 시절을 보냈다. 그렇게 2년이 지나고 삼족을 멸하는 멸족(滅族) 처벌에서 참형 죄를 사면하는 폐족(廢族)으로 처벌이 낮춰지자 병연 형제는 본가로 되돌아왔다. 역적의 후손이었으나 어쨌든 안동 김씨 가문이었기 때문에 그 덕으로 죽음을 모면한 셈이었다.

김익순이 처형당할 때 스물여섯 살로서 과거시험 준비를 하고 있던 병연의 아버지 김안근은 역적 가문이란 수치심과 분노로 울화병이 쌓여 그만 서른아홉이라는 젊은 나이에 죽고 말았다. 졸지에 과부가 된 젊은 어머니는 두 아들을 데리고 강원도 평창에 잠시 머물다가 영월 산골짜기 삼옥리로 옮겨가서 살았다.

병연은 홀어머니를 모시고 산골에 살면서도 경서와 사적을 공부하고 제자백가에 통달한 젊은이로 자라났다. 스물한 살이 되던 해에 그는 청운의 뜻을 품고 처음으로 집을 떠나 상경했다. 그는 명문가의 문객 노릇도 마다하지 않고 권문자제들과 어울리며 입신출세할 기반을 다지려 했다가 폐족 된 처지라서 도저히 입신할 수 없음을 깨닫고는 집으로 되돌아왔다.

하지만 영월에서도 역적의 자손이기에 받아야 하는 이웃의 멸시가 너무도 심해 참고 견디기 어려웠다. 시험을 치르기 전에 친가 3대와 외조부까지 4대 조상의 이름을 답안지에 적어놓고 치르는 과거는 아예 시도할 엄두도 내지 않았지만, 간혹 인근 고을 사또가 여는 백일장에서 등수에 들어도 결국 역적의 손자라는 오명만 재확인하고 시험지를 빼앗기곤 한 것이다. 마침 이 무렵에 그나마 의지했던 형 병하가 자식도 없이 죽자 병연은 도저히 치유 받을 수 없는 깊은 좌절에 빠지게 되었다.

옛이야기를 기억하기가 힘들고 괴로웠는지 병연은 더는 말을 잇지 못했다. 그의 눈동자에는 생선의 눈과도 같이 허연 백태가 끼어있었고 입술은 갈라져 그 틈새로 피가 묻어나왔다.

"안 되겠소. 더 이야기 하는 것은 무리요. 나도 그 뒷이야기가 무척 궁금하오. 하지만 오늘은 그만 주무셔야겠소."

아직 밤이 되기에는 이른 시간이지만 안 초시는 얇은 솜으로 누빈 요를 깔고 그 위에 병연을 편히 눕혔다. 그리고는 뒷산에서 긁어 온 마른 솔가지를 때워 구들장에 온기가 스며들도록 하고 조용히 밖으로 물러났다. 안 초시의 손자는 툇마루에 한지를 펴놓고 묵을 새로 진하게 갈아 좀 전까지 받아 적은 병연의 이야기를 정서로 기록하기 시작했다. 하늘가에 아직 희부연 빛이 남아있어서 등잔불을 켜지 않아도 글자는 충분히 가늠할 수 있었다.

3

그렇게 또 이틀이 지났다. 안 초시는 궁핍한 살림살이를 거덜 내며 병연에게 꿀물, 계란죽, 그리고 이제 막 자라기 시작하는 두릅과 오가피 순을 따다가 마와 함께 갈아 먹이며 그를 보살폈다. 그러나 그의 병세는 호전되지 않았다. 오히려 날이 갈수록 맥박이 약해지고 숨결이 불규칙해졌으므로 안 초시는 측은함에 사로잡혀갔다.

"얘야, 아무래도 네가 수고 좀 해야겠다. 집안일이 걱정되겠지만 네가 강원도 영월에 한 번 다녀올 수 있겠니?

안 초시는 손자에게 물었다. 답답한 김에 어떤 식으로든 병연이 위독하다는 전갈을 영월로 보내고자 한 것이다. 엊그제 유언처럼 전해주던 병연의 말에 의하면, 그의 둘째 아들 익균이 영월 마대산 아래 어두운 골짜기를 뜻하는 어둔골에 며느리 박 씨와 함께 산다고 했다. 정확한 번지는 알아내지 못했으나 마대산 아래의 어둔골을 찾기가 의외로 쉬울 것이란 생각도 들었다.

"할아버님, 영월까지 다녀오고, 집을 찾아 헤매고 하려면 두 달은 걸릴 텐데 그 새에 밭일은 어떻게 한단 말입니까? 당장 밭고랑에 불도 놓아야 할 텐데요,"

"그러면 어찌할까? 나는 기력이 다했으니 직접 다녀올 수도 없고. 네 아비를 보내자니 꿩 잡고 별 치는 일을 접어야 할 판이구나."

"난감합니다, 할아버님."

"오냐, 그럼 이렇게 하자. 내가 서찰을 하나 써서 봉해줄 테니 오늘부터 틈이 나면 역에 가서 혹시 강원도 영월 쪽으로 향하는 관리가 있나 보고, 있으면 그곳 향리에게 꼭 좀 전해달라고 부탁해라."

"영월로 가는 관리를 만나면 좋겠으나 쉽지 않게 여겨집니다."

"얘야, 그렇게라도 해보자. 저분이 어디 보통 분이냐? 떠돌이긴 하나이 시대의 큰 어른 아니겠니? 서당에서는 어른, 아이 할 것 없이 모두 그의 시를 외지 않느냐? 그런 분이 돌아가시면 무슨 수를 써서든 부음을 전해야지. 안 그러냐?"

안 초시는 그의 손자에게 서찰을 써서 봉해주고는 병연을 보살피기 위해 다시 사랑방으로 들었다. 병연은 미동도 없이 누워있었다. 혹시 운명한 것은 아닐까? 그는 무릎걸음으로 종종 다가가서 병연의 손목을 잡아 맥을 짚었다.

"안 초시! 고… 고맙소."

숨을 바투 몰아쉬긴 했으나 다행히 그는 아직도 목숨을 유지하고 있었다. 그의 얼굴에서 이미 산 자의 생기라고는 찾아볼 수 없었다. 급기야 오늘 중에 그가 숨을 거둘 것이란 불길한 느낌이 강렬하게 스쳐왔다.

"이보시오, 삿갓! 정신 차리시오. 엊그제 그대가 말하길, 마음속에 품고 있는 생각을 알려 준다고 하지 않았소?"

안 초시의 마음은 갑자기 조급해졌다. 그는 지필묵을 챙기기 위해 황급히 아내를 불렀으나 아내는 마침 마을 제사에 일을 봐주러 가고 집안에 없었다.

"이거 야단났군. 받아 적을 사람이 없어."

병연도 제 명이 다했음을 스스로 직감했는지 눈을 감은 채 마음에 품은 생각을 이야기하기 시작했다. 집 떠난 지 35년. 참으로 긴 세월 동안 맺혀 있던 한이었다. 안 초시는 손목 위에서 가늘게 튀는 병연의 맥을 짚으며 하나, 둘 숫자를 세었다. 죽어가는 이의 맥박을 헤아리며 유언을 듣는 동안에 어찌 평온한 마음을 유지할 수 있을까. 마음이 평온치 못한데 어찌 그 유언을 제대로 기억할 수 있을까. 그는 미처 지필묵을 마련하지 못한 경솔함을 탓하며 병연의 코밑에 귀를 바짝 들이댔다. 한마디라도 그의 유언을 흘리지 않기 위해서였다.

"나도… 출세를… 하고 싶었소. 제법 문장도… 익혔으며 안동 김씨에…

노론 장동 김씨… 일가였으니 나름 포부도… 컸지요. 문중 세도가를… 기웃거리기도 했다오. 그런데… 만나는 양반마다… 나를 따돌립디다. 당시… 내 사촌이… 과거에 합격했지만… 역적 가문의 자손이란… 이유로 합격이… 취소되기도 했소.”

“오호라, 역시 그랬을게요. 조선의 양반들이 보통 작자들은 아니잖소?”

“마침 평안도… 경시대회장에… 갔을 때 사달이 났지요. 그곳에서… 이름깨나 날리던… 노진이란 선비가… 시를 지었는데… 그 때문에 출세를 향한… 내 꿈은 아주… 무너지고 만 게요.”

그 시의 제목은 한탄스럽게도 ‘김익순의 죄가 하늘까지 미쳤음을 꾸짖고 가산 군수 정시의 충절 어린 죽음을 논하다(嘆金益淳罪通于天 論鄭嘉山忠節死)’였다. 평안도 농민전쟁 당시 홍경래에게 항복한 수령은 병연의 할아버지 김익순이었고, 점령당한 여덟 고을의 수령 중 유일하게 항거한 자가 가산 군수 정시였으니 좌중 선비들 앞에서 그 시가 낭송될 때 병연의 심정이 어땠을까.

병연은 그날 이후 여러 날 동안 술을 마시고 크게 취한 상태로 헤매다가 모든 것을 버린 채 방랑의 길로 접어든 것이다. 그는 태산 같던 포부도 접어버리고 출세를 향한 집념도 버렸으며 어머니와 아내, 자식들마저 버리고야 말았다. 그는 겹으로 지은 베옷 한 벌에 몸을 충분히 가릴 수 있는 커다란 삿갓 하나, 그리고 미투리 한 짝과 장죽만 챙겨 든 채 홀연히 금강산으로 떠났다.

“그대는 진정 할아버지의 행실이 부끄러워서 눈을 뜨고 하늘을 쳐다볼 수도 없었단 말이군요. 역적의 자손으로서 속죄한다는 의미로 아예 하늘을 우러르지 않겠다는 생각에 삿갓을 쓰고 방랑했다는 말씀이지요?”

“물론이오, 하지만… 그건… 젊은 시절의… 짧은 생각이었소.”

“그럼 나중에는 생각이 바뀌었다는 말씀인가요?

"그…렇소."

"그런데 어째서 방랑을 계속했단 말인가요?"

"속죄하기… 위해서지요. 역적의… 자손이라서… 속죄하는 게… 아니라 내 할아버지처럼… 용기 있게…백성을 위해서… 나서지 못한… 나약한 나를… 속죄하려 했던 것이오."

"조부께서는 모반대역죄를 저질렀다 하지 않으셨소? 그런데 느닷없이 백성을 위해 나선 분이라니… 그게 무슨 말씀이오?"

안 초시가 이렇게 묻자 병연은 마지막 힘을 다하여 대답했다.

그는 조부 김익순 선천 부사야말로 백성을 수탈하고 이권을 노리는 권력자들의 위선과 백성 수탈행위에 맞선 진정한 군인이라고 했다. 과감히 선천 부사 자리를 버리고 홍경래와 합세하여 도탄에 빠진 백성을 구하려 했던 사실을 나중에야 깨달았다고 했다. 또한 그는 홍경래에게 항거하다 전사한 가산 군수 정시도 역시 충신이라 했다. 다만 정시는 나라에 충성한 것이고 김익순은 백성에게 충성한 것이 다를 뿐이라고도 했다. 병연의 말은 쉽사리 이해하긴 어려웠으나 논리는 정연했다.

"그렇소. 젊어선… 할아버지가 부끄러워… 삿갓을 썼지만…, 나중에는… 그분을 부끄러워한… 나 자신이 부끄러워… 삿갓을 썼지요. 기회가 와도… 그분처럼… 세도가 양반들에게… 정면으로 맞서지 못하고… 뒤에서 양반들 세태를… 비꼬기만 한… 내 나약함이… 부끄러웠소."

병연은 이 말을 끝으로 한동안 말을 잇지 못했다. 어느덧 해는 온전히 서산을 넘어가고 하늘이 검어졌다. 그제야 아내와 손자가 집으로 들어왔으나 지필묵을 챙겨 유언을 정리할 기회는 이미 사라진 지 오래였다. 잠시 후 아내가 등잔불을 밝히고 사랑방으로 들어왔다.

"안 초시, 나는… 이제… 유유화화… 하나 보오."

"유유화화라뇨? 버들 유(柳)에 꽃 화(花) 말씀이오?"

"그렇소, 몸이… 부들부들… 떨리는 걸 보니… 곧 죽어서 꼿꼿해… 지겠지. 헛허허… 안 초시… 춥구려. 어머님이… 보고 싶소. 이제… 저… 등잔불을… 꺼 주시오."

등잔불을 꺼달라니, 이젠 그만 나가달라는 말이었다. 그는 숨이 넘어가는 절체절명의 순간까지 해학을 잃지 않았으나 안 초시는 슬픔과 허탈함을 더는 견디지 못하고 밖으로 나섰다.

그는 집 뒤로 이어진 너릿재 길을 따라 하염없이 걸었다. 줄지어 선 나무마다 아직 잔설을 하얗게 이고 있었다. 하늘은 검었으나 달빛이 너무 밝아 구름도 희게 보였고 뱀처럼 이어진 고갯길도 유난히 허옇게 드러났다. 병연이 내금강 마하연에서 읊은 시처럼 月白雪白天地白(월백설백천지백 : 달도 희고 눈도 희니 천지가 모두 희고) 山深夜深客愁深 산심야심객수심 : 산도 깊고 밤도 깊으니 나그네 시름도 깊네)이었다. 병연을 여의고 산길로 나선 안 초시는 이미 정처 없는 나그네와 같았다.

너릿재 꼭대기에 오른 안 초시는 하늘을 우러르며 너털웃음을 웃었다. 병연을 처음 만나던 날 그 역시 너털웃음을 웃지 않았던가. 그는 수십 년 만에 아들을 만났을 때도 너털웃음을 웃었다고 했다. 허허허허…

그의 손에는 너털웃음을 잘 웃던 병연의 유난히 커다란 삿갓이 들려있었다. 병연의 주검은 그의 아들 익균이 연락을 받고 찾아올 때까지 삿갓과 함께 가매장 해둘 요량이었다. 그는 빈 배처럼 커다란 삿갓을 보며 달포쯤 전, 병연을 처음 만났을 때 그가 읊어주던 시를 떠올렸다.

가벼운 내 삿갓은 빈 배와 같아
한번 쓰니 사십 평생 쓰게 되었네
대충 걸쳐 입은 목동은 들에서 소먹이고
늙은 어부는 본래대로 갈매기와 어울리네
취하면 꽃나무에 걸어두어 보다가
흥겨우면 걸쳐 들고 다락에 올라 달구경 하네

사람들 다 옷 차려입고 체면치레 하지만
온 하늘에 비바람 쳐도 나 홀로 걱정 없네

浮浮我笠等虛舟(부부아립등허주)
一着平生四十秋(일착평생사십추)
牧竪輕裝隨野犢(목수경장수야독)
漁翁本色伴沙鷗(어옹본색반사구)
醉來脫掛看花樹(취래탈괘간화수)
興到携登翫月樓(흥도휴등완월루)
俗子衣冠皆外飾(속자의관개외식)
滿天風雨獨無愁(만천풍우독무수)

　철종 14년(1863년) 3월 29일, 아직 꽃을 피우지 못한 찔레나무 울타리 사이로 하얀 냉이꽃이 먼저 피어나던 3월 끝자락이었다. 전라남도 화순군 동복면 구암리 안 초시 집 사랑방 냉골 위에서 병연은 이렇게 갔다. 그는 한평생 잘못된 시대와 양반들을 통렬히 비판하며 살았고 숨을 거두는 마지막 순간까지도 풍자와 해학과 기지를 잃지 않은 영원한 풍류 시인이었다.

한국고전문학사 연표

BC.2333년	단군 왕검, 고조선을 건국. 단군신화.
BC.4세기경	한반도 남부에 진국(辰國) 성립. 해마다 씨를 뿌리고 난 뒤인 5월의 수릿날과 추수가 끝난 뒤의 10월에 추수 감사제를 열어 하늘에 제사를 지냈음. 이러한 제천 행사(祭天行事) 때에는 온 나라 사람들이 모두 모여서 음식과 술을 마련하여 노래를 부르고 춤을 추며 술을 마시는데 밤낮으로 쉬지 않았음.
BC.238년경	부여 건국. 부여에서는 추수를 감사하여 음력 12월 하늘에 제사를 지내는 국중대회에서 연일 먹고 마시며 노래하고 춤추는데, 이를 영고(迎鼓)라고 했다.
BC.82년	동예 성립. 해마다 10월이면 무천(舞天)이라 하여 하늘에 제사 지내고 밤낮으로 술을 마시고 노래하며 춤추고 놀았음.
BC.69년	신라의 시조 혁거세(赫居世) 태어남. 신라 건국신화.
BC.59년	북부여 건국. 북부여 건국신화.
BC.58년	동부여에서 고구려 시조 동명성왕 주몽 태어남. 동부여 건국신화.
BC.37년	졸본에서 동명성왕 주몽 고구려 건국. 고구려 건국신화. 고구려 백성들은 노래와 춤을 즐겼음. 나라의 고을과 마을에서 밤에 남녀가 서로 어울려 노래와 유희를 했다. 10월에 하늘에 제사를 지내는 국중대회를 이름하여 동맹(東盟)이라 함.
BC.18년	위례성에서 온조왕이 백제 건국. 백제 건국신화. 창작연대 미상, 이름 모를 백수광부(白首狂夫)의 아내가 지은 「공무도하가(公無渡河歌)」.

BC.17년	유리왕, 「황조가(黃鳥歌)」를 지음.
28년	우리나라 가악의 시초인 「도솔가(兜率歌)」를 지음.
32년	신라, 유리왕 9년 팔월 보름 6부의 여자들이 가위(嘉俳)놀이를 하며 「회소곡(會蘇曲)」을 부름. 호동설화.
42년	수로왕, 김해 지역에 가락국(금관가야)을 건국. 가락국 건국신화. 구간이 영도하는 가락 9촌 백성들이 수로왕을 맞기 위해 구지봉에 모여 흙을 파며 「구지가(龜旨歌)」를 부름.
65년	금성 시림(始林)에서 김알지 탄생. 김알지신화. 시림을 계림(鷄林)으로 고치고 나라이름으로 삼음.
85년	낙랑, 「점제현신사비(秥蟬縣神祠碑)」 건립.
166년	백제, 개루왕 때 도미와 그의 아내가 고구려로 도망감. 도미설화.
212년	포상팔국의 난. 신라, 가락국의 왕자를 볼모로 잡음. 골포·칠포·고사포 등 3국이 갈화성을 침공함. 신라의 제10대 내해이사금 때 포상팔국 전쟁과 갈화성 전투에 참전한 장수인 물계자가 전쟁이 끝난 후, 머리를 풀고 거문고를 메고 사체산(師彘山)으로 들어가 다시는 세상에 나오지 않고 노래를 지으면서 살아감. 「물계자가(勿稽子歌)」.
4세기	『고려사』 「악지」에 백제 속악으로 「선운산」·「무등산」·「방동산」·「정읍」·「지리산」 같은 노래 이름이 기록되어 있다.
372년	고구려, 태학을 설치, 불교 공인.
4세기	백제 고흥, 역사서 『서기(書記)』 편찬.
4세기경	『고려사』 「악지」에 고구려 속악으로 「내원성」·「연양」·「명주」 같은 노래 이름이 기록되어 있음.
414년	고구려, 장수왕이 「광개토대왕릉비」를 건립.
417년	신라 눌지마립간, 실성마립간을 살해하고 즉위.

417년-457년	신라 「우식악(憂息樂)」 연주. 눌지왕(訥祗王)이 지었다고 전해지는 「우식악」은 고구려와 일본에 볼모로 간 두 아우 복호(卜好)와 미사흔(未斯欣)이 박제상(朴堤上)의 수완으로 돌아오자, 그 기쁨을 나누는 잔치에서 불렀다 함.
449년	고구려, 「중원 고구려비」(충주 고구려비) 건립.
5세기	자비마립간(재위 458년~479년) 때 경주 낭산 아래에 살던 백결(百結)선생, 세모에 거문고로 대악(碓樂, 방아타령이라고도 불림)을 지음.『고려사』「악지」에 신라 속악으로 「동경」·「목주」·「여나산」·「장한성」·「이견대」 같은 노래가 기록되어 있음. 신라의 향토음악에 대한 기록은『삼국사기』「악지」에 다음과 같은 기록이 보임. 「회악(會樂)」과 「신열악(辛熱樂)」은 유리왕(재위 24~57) 때 지었다. 「돌아악(突阿樂)」은 탈해왕(재위 57~80) 때 지었다. 「지아악(枝兒樂)」은 파사왕(재위 80~112) 때 지었다. 「사내악(思內樂)」[혹은 시뇌악(詩惱樂)라고 한다.] 나해왕(재위 196~230) 때 지었다. 「가무(笳舞)」는 나밀왕(내물왕, 재위 356~402) 때 지었다. 「우식악」은 눌지왕(재위 417~458) 때 지었다. 「대악(碓樂)」은 자비왕(재위 458~479) 때의 사람인 백결(百結) 선생이 지었다. 「우인(竿引)」은 지대로왕(지증왕, 재위 500~514) 때의 사람인 천상욱개자(川上郁皆子)가 지었다. 「미지악(美知樂)」은 법흥왕(재위 514~540) 때 지었다. 「도령가(徒領歌)」는 진흥왕(재위 540~576) 때 지었다. 「날현인(捺絃引)」은 진평왕(재위 579~632) 때의 사람인 담수(淡水)가 지었다. 「사내 기물악(思內奇物樂)」은 원랑도(原郎徒)가 지었다. 「내지(內知)」는 일상군(日上郡)의 음악이다. 「백실(白實)」은 압량군(押梁郡)의 음악이다. 「덕사내(德思內)」는 하서

군(河西郡)의 음악이다. 「석남 사내(石南思內)」는 도동벌군 (道同伐郡)의 음악이다. 「사중(祀中)」은 북외군(北隈郡)의 음악이다. 이는 모두 우리 사람들이 기쁘고 즐거운 까닭으로 지은 것이다. 그러나 악기의 수와 가무의 모습은 후세에 전하지 않는다.〉

479년   무왕의 「서동요」.

530년   가야 소국의 하나인 사이기국 출신 우륵(于勒), 530년대 가라국 가실왕의 명으로 쟁을 개량해서 가야 소국들의 이름을 본떠 12현금(絃琴)을 만들고, 이 12현금으로 연주곡 12곡 (우륵 12곡)을 작곡함. 12곡명 중 첫째는 「하가라도(下加羅都)」, 둘째는 「상가라도(上加羅都)」, 셋째는 「보기(寶伎)」, 넷째는 「달이(達已)」, 다섯째는 「사물(思勿)」, 여섯째는 「물혜 (勿慧)」, 일곱째는 「하기물(下奇物)」, 여덟째는 「사자기(師子伎)」, 아홉째는 「거열(居烈)」, 열 번째는 「사팔혜(沙八兮)」, 열한번 째는 「이사(爾赦)」, 열두 번째는 「상기물(上奇物)」임.

545년   신라 거칠부, 『국사(國史)』 편찬.

6세기   「단양신라적성비(丹陽新羅赤城碑)」.

552년   「임신서기(壬申誓記)」.

563년   신라, 계미명금동삼존불(癸未銘金銅三尊佛) 제작.

568년   신라, 진흥왕, 「황초령진흥왕순수비」와 「마운령진흥왕순수비」 건립.

             6세기에 활동한 김후직의 「상진평왕서(上眞平王書)」.

579년~632년   융천사의 「혜성가(彗星歌)」.

581년~ 600년 가락국에 관한 역사서 『개황록(開皇錄)』 편찬.

591년   「경주 남산신성비」.

600년   고구려, 이문진이 『유기(留記)』 100권을 재편집하여 『신집

	『(新集)』5권을 편찬. 백제 법왕 죽음. 무왕 즉위.
612년	수나라, 고구려를 재침. 을지문덕이 살수에서 수나라 군대를 대파. 을지문덕의 「여우중문시(與于仲文詩)」.
624년	당(唐)의 도사(道士)가 천존상과 도법을 가지고 고구려에 와서 『노자(老子)』를 강의.
632년~647년	민요에서 유래한 향가 「풍요(風謠)」.
640년	고구려 · 신라, 자제를 당(唐)의 국학(國學)에 입학시킴.
650년	「치당태평송(致唐太平頌)」. 7세기에 활동한 설총의 「풍왕서(諷王書)」[일명 화왕계(花王戒)].
651년	원효, 「무애가(無㝵歌)」 지음. '무애'란 『화엄경』의 "일체무애인 일도출생사(一切無㝵人一道出生死)"에서 유래한 말.
681년	광덕의 「원왕생가(願往生歌)」.
681년~691년	신문왕 때 동해 상에 떠오른 작은 산에서 대를 베어 대금(大笒)을 만들고 이를 만파식적(萬波息笛)이라 명명. 만파식적은 문무왕이 죽어서 된 해룡(海龍)과 김유신이 죽어서 된 천신(天神)이 합심하여 용을 시켜서 보냈다는 대나무로 만든 전설상의 대금(피리)으로 불면 온갖 소원이 성취되어 국보로 삼았다고 함. 설총의 「화왕계(花王戒)」.
681년	문무왕, 「유조(遺詔)」.
682년	통일신라, 국학(國學)을 세움.
686년	『대혜도경종요(大慧度經宗要)』·『금강반야경소(金剛般若經疏)』·『화엄경소(華嚴經疏)』·『금강삼매경론(金剛三昧經論)』·『화엄경소(華嚴經疏)』 등을 저술한 원효 죽음.
692년~702년	득오곡의 「모죽지랑가(慕竹旨郎歌)」.
702년~736년	김대문의 『화랑세기(花郎世記)』·『고승전(高僧傳)』·『계림

	잡전(鷄林雜傳)』·『한산기(漢山記)』·『악본(樂本)』 등.
737년	통일신라, 「헌화가(獻花歌)」 지어짐. 신충, 「원가(怨歌)」 지음.
8세기 경	통일신라, 『삼국사기』「악지」에 다음과 같은 기록이 보임. 〈거문고 악곡에는 두 가지 음조가 있다. 첫째는 평조(平調)이고, 둘째는 우조(羽調)이며, 악곡은 모두 187곡이다. 그 밖의 악곡 가운데 지금까지 전해져서 기록할 만한 것은 몇 가지 없으며, 나머지는 모두 흩어지고 없어져서 제대로 갖추어 싣지 못한다. 옥보고가 지은 30곡은 「상원곡(上院曲)」 1·「중원곡(中院曲)」 1·「하원곡(下院曲)」 1·「남해곡(南海曲)」 1·「기암곡(倚嵒曲)」 1·「노인곡(老人曲)」 7·「죽암곡(竹庵曲)」 2·「현합곡(玄合曲)」 1·「춘조곡(春朝曲)」 2·「추석곡(秋夕曲)」 1·「오사식곡(吾沙息曲)」1·「원앙곡(鴛鴦曲)」 1·「원호곡(遠岵曲)」 6·「비목곡(比目曲)」 1·「입실상곡(入實相曲)」 1·「유곡청성곡(幽谷淸聲曲)」 1·「강천성곡(降天聲曲)」 1이다.〉
757년	통일신라, 지명을 중국식으로 고침.
759년	발해, 양태사(梁泰師), 왕효렴(王孝廉), 인정(仁貞), 정소(貞素), 배정(裹頲) 등이 지은 한시 9편이 일본의 『경국집(經國集)』, 『문화수려집(文華秀麗集)』, 『입당구법순례행기(入唐求法巡禮行記)』 등에 실려 전해지고 있다. 현재 왕효렴의 시 「화판령객대월사향견증지작(和坂領客對月思鄕見贈之作)」·「봉칙배내연시(奉敕陪內宴詩)」·「춘일대우득정자(春日對雨得情字)」·「재변정부득산화희기양령객사병자삼(在邊亭賦得山花戲寄兩領客使幷滋三)」·「종출운주서정기양칙사(從出雲州書情寄兩勅使)」 등 5수가 일본의 『문화수려집(文華秀麗

集)』에 남아 있고, 고경수의 「기대용안지작어상원복적(寄待龍顏之作於桑原腹赤)」, 석인정의 「칠일금중배연시(七日禁中陪宴詩)」, 양태사의 「야청도의성夜聽擣衣聲」 등이 『경국집』 등에 실려 전하고 있다.

760년	통일신라, 월명사(月明師), 향가 「도솔가(兜率歌)」를 지어 부름.
765년	통일신라, 「도천수관음가(禱千手觀音歌)」·「산화가(散花歌)」 지어짐. 충담사의 「안민가(安民歌)」·「찬기파랑가(讚耆婆郎歌)」.
787년	『왕오천축국전(往五天竺國傳)』을 지은 혜초 죽음.
788년	통일신라, 독서삼품과 설치.
798년	영재의 「우적가(遇敵歌)」.
9세기	녹진의 「상각간김충공서(上角干金忠恭書)」.
857년	산문 「토황소격문(討黃巢檄文)」·「한식제진망장사(寒食祭陣亡將士)」·「난랑비서(鸞郞碑序)」, 한시 「추야우중(秋夜雨中)」·「제가야산독서당(題伽倻山讀書堂)」·「고의(古意)」, 저서 『중산복궤집(中山覆簣集)』·『계원필경집(桂苑筆耕集)』을 남긴 최치원 태어남.
879년	처용의 「처용가(處容歌)」.
887년	최치원이 지은 한문 비명으로 이른바 '사산비명(四山碑銘)' 네 비명 중의 한 편인 「진감화상비명 병서(眞鑑和尙碑銘並序)」. 통일신라 시대에 당나라로 가서 활동한 문인으로 「진정상태위(眞情上太尉)」·「야소(野燒)」·「촉규화(蜀葵花)」·「강남녀(江南女)」·「우흥(寓興)」·「추일재경우이현기리장관(秋日再經盱眙縣寄李長官)」을 남긴 최치원, 「장안춘일유감(長安春日有感)」을 남긴 최광유, 「송엄상인귀건축국(送儼上

人歸乾竺國)」·「강행정장준수재(江行呈張峻秀才)」·「마외회고(馬嵬懷古)」·「기향암산예상인(寄香巖山睿上人)」·「초추서정(初秋書情)」·「경주용삭사각겸간운서상인(涇州龍朔寺閣兼東雲栖上人)」·「상은원외(上殷員外)」·「증전교서(贈田校書)」·「상풍원외(上馮員外)」·「구성궁회고(九成宮懷古)」 등의 시와 「범일국사영찬(梵日國師影贊)」·「무애지국사영찬(無㝵智國師影贊)」 등의 찬문을 남긴 박인범 등이 있다.

888년	통일신라, 「분원시(憤怨詩)」를 지은 왕거인(王巨人)을 국왕 비난 혐의로 투옥. 상대등 위홍, 왕명을 받아 대구화상과 함께 향가집 『삼대목(三代目)』 편찬.
894년	신라, 최치원 시무 10조를 올림. 최치원 아찬에 임명됨. 최치원, 894년 이후로 추정되는 시기에 민간에서 연행되던 놀이 다섯 가지를 주제로 향악잡영오수(鄕樂雜詠五首)—「금환(金丸)」·「산예(狻猊)」·「월전(月顚)」·「속독(束毒)」·「대면(大面)」—를 지음.
898년	「통삼한위일가발원소(統三韓爲一家發願訴)」를 지은 최응 태어남.
927년	최승우, 「대견훤기고려왕서(代甄萱寄高麗王書)」를 지음. 「시무이십팔조(時務二十八條)」를 집필한 최승로 태어남.
943년	「정계(政誡)」·「계백료서(誡百僚書)」·「훈요십조(訓要十條)」를 남긴 왕건 죽음.
949년~973년	균여(均如), 향가 「보현시원가(普賢十願歌)」—「예경제불가(禮敬諸佛歌)」·「칭찬여래가(稱讚如來歌)」·「참회업장가(懺悔業障歌)」·「청전법륜가(請轉法輪歌)」·「상수불학가(常隨佛學歌)」·「보개회향가(普皆廻向歌)」·「수희공덕가(隨喜功德歌)」·「청불주세가(請佛住世歌)」·「항순중생가(恒順衆生歌)」「광수

공양가(廣修供養歌)」·「총결무진가(總結无盡歌)」를 지음.

950년   『고려사』「악지」에 송나라에서 들어온 사악(詞樂) 43곡—
「석노교곡파(惜奴嬌曲破)」·「만년환만(萬年歡慢)」·「억취소
만(憶吹簫慢)」·「낙양춘(洛陽春)」·「월화청만(月華淸慢)」·
「전화지령(轉花枝令)」·「감황은령(感皇恩令)」·「취태평(醉太
平)·하운봉만(夏雲峯慢)」·「취봉래만(醉蓬萊慢)」·「황하청
만(黃河淸慢)」·「환궁악(還宮樂)」·「청평악(淸平樂)」·「예자
단(荔子丹)」·「수룡음만(水龍吟慢)」·「경배악(傾杯樂)」·「태
평년만(太平年慢)」·「금전악만(金殿樂慢)」·「안평악(安平
樂)」·「애월야면지만(愛月夜眠遲慢)」·「석화춘조기만(惜花
春早起慢)」·「제대춘만(帝臺春慢)」·「천추세령(千秋歲令)」·
「풍중류령(風中柳令)」·「한궁춘만(漢宮春慢)」·「화심동만(花
心動慢)」·「우림령만(雨淋鈴慢)」·「행향자만(行香子慢)」·
「우중화만(雨中花慢)」·「영춘악령(迎春樂令)」·「낭도사령(浪
淘沙令)」·「어가행령(御街行令)」·「서강월만(西江月慢)」·
「유월궁령(遊月宮令)」·「소년유(少年遊)」·「계지향만(桂枝香
慢)」·「경금지영(慶金枝令)」·「백보장(百寶粧)」·「만조환령
(滿朝歡令)」·「천하악령(天下樂令)」·「감은다령(感恩多令)」
·「임강선만(臨江仙慢)」·「해패령(解佩令)」—의 곡 이름이
실려 있음.

958년   고려, 광종, 후주의 쌍기(雙冀)의 건의에 따라 과거 제도를
실시. 쌍기를 지공거(知貢擧)로 함.

967년   최행귀, 균여(均如)의 향가 「보현시원가(普賢十願歌)」를 한
역(漢譯).

970년   『천태사교의(天台四敎儀)』를 저술한 제관 죽음.

1011년   초조대장경(初雕大藏經) 간행 시작(~1086년).

1021년	대장경 판각 시작.
1036년	「현화사비음기(玄化寺碑陰記)」를 지은 채충순 죽음.
1045년	고문을 잘 지어 해동 제일이라는 평을 들은 시인으로 「노출분행역 적회천원이재 자남국환조 해후어시역 이시증지(路出分行驛 適會天院李載 自南國還朝 邂逅於是驛 以詩贈之)」가 온전하게 전하는 유일한 시(詩)인 김황원 태어남.
1058년	시 「하처난망주(何處難忘酒)」를 지은 곽여 태어남.
1063년	거란, 『대장경』을 보내옴.
1068년	「원공국사승묘지탑비문(圓空國師勝妙之塔碑文)과 직산 홍경사(弘慶寺)의 「갈기(碣記)」가 남아 있고, 『칠대 실록』을 편찬한 최충 죽음.
1073년	문종이 참석하여 연등회를 특별히 열고, 새로 만든 불상을 찬송. 교방여제자(敎坊女弟子) 진경(眞卿)이 연등회에서 당악정재인 「답사행가무(踏沙行歌舞)」를 연주할 것을 청하여 허락을 받음. 팔관회를 문종이 참관했을 때에는 교방여제자 초영(楚英)이 「포구락(抛毬樂)」과 「구장기별기(九張機別伎)」를 연주함. 송나라 교방악에 맞추어 연주되는 궁중무용의 총칭인 당악정재는 『고려사(高麗史)』「악지(樂志)」에 헌선도(獻仙桃)·수연장(壽延長)·오양선(五羊仙)·포구락·연화대(蓮花臺) 등의 무보(舞譜)가 전함.
1075년	혁련정, 고승 균여(均如)의 전기인 『대화엄수좌원통양중대사균여전(大華嚴首座圓通兩重大師均如傳)』을 지음. 요나라에 보내는 국서(國書) 「걸환압강동안위계장(乞還鴨江東岸爲界狀)」을 집필한 최유선 죽음.
1078년	송나라 사신이 고려에 오면서 박판, 적, 피리 등을 예물로 가져옴

1083년	송(宋)에서 보내온 『대장경』을 개국사에서 보관하게 함. 팔관회 개최.
1086년	의천, 송(宋)에서 돌아와 불경 천여 권을 바침. 흥왕사에 교정도감(敎定都監)을 두고, 『속장경(續藏經)』 간행 시작.
1096년	『수이전(殊異傳)』의 저자로 알려져 있고, 「사송과 사주구산사(使宋過泗州龜山寺)」·「오자서묘(伍子胥廟)」를 지은 박인량 죽음.
1098년	해인사에서 『대방광불화엄경(大方廣佛華嚴經)』 펴냄.
1099년	윤관, 송(宋)에서 『자치통감(資治通鑑)』을 가져옴. 대흥왕사에서 『대반열반경소(大般涅槃經疏)』 등 조조. 주부군현(州府郡縣)에 둔전(屯田) 5결의 경작을 허락함.
1101년	서적포(書籍鋪) 설치. 『금자묘법연화경(金字妙法蓮華經)』 완성. 송(宋)에서 『신의보구방(神醫普救方)』을 가져옴. 송(宋)에서 『태평어람(太平御覽)』 1천 권을 보냄.
1103년~1104년	송나라의 손목(孫穆)이 『계림유사(鷄林類事)』를 지음.
1107년	요(遼)에서 『대장경(大藏經)』을 보냄.
1113년	『시정책요(時政策要)』 편찬. 예의상정소(禮儀詳定所) 설치.
1114년	송나라에서 새로 제정한 연향악(大晟新樂)의 악기, 악보 등을 보내와 송악(宋樂)을 연주함.
1116년	예의상정소에서 의복 제도를 개정. 왕자지(王字之)·문공미(文公美), 송(宋)에서 대성아악(大晟雅樂) 등을 가져옴(고려악 정비). 보문각(寶文閣) 설치. 김록(金綠) 등에게 『정관정요(貞觀政要)』를 주해하여 올리도록 명함.)
1119년	국학에 양현고(養賢庫)를 설치.
1120년	예종, 「수성명사(壽星明詞)」를 지어 악공에게 부르게 함. 예종, 팔관회에서 「도이장가(悼二將歌)」를 지음.

1122년	「벌곡조(伐谷鳥)」를 지은 예종 죽음. 박승중·정극영·김부식 등, 『예종실록』 편찬.
1124년	서긍(徐兢), 송(宋)에서 『선화봉사고려도경(宣和奉使高麗圖經)』 40권을 출간.
1125년	시 「낙도음(樂道吟)」을 지은 이자현 죽음.
1135년	최치원 이후 고려 전기 한시문학을 주도했던 시인으로 평가받는 시인으로 「송인(送人)」을 지은 정지상 죽음.
1137년	윤보, 『정관정요(貞觀政要)』를 주진(注進).
1145년	시 「임진유감(臨津有感)」·「정서군막유감(征西軍幕有感)」·「군막우음(軍幕偶吟)」·「관란사루(觀瀾寺樓)」 등을 지은 김부식, 『삼국사기』 50권을 편찬하여 바침.
1146년	윤보, 『법화경(法華經)』을 수사(手寫)함. 대평광기촬요기(大平廣記撮要記) 100수를 찬진함.
12세기	오세재·임춘·이인로 등이 죽림고회(竹林高會)를 결성함.
1147년~1170년	정서(鄭敍), 「정과정곡(鄭瓜亭曲)」을 지음.
1147년~1197년	임춘의 「국순전(麴醇傳)」·「공방전(孔方傳)」.
1150년~1204년	무렵 김극기, 시 「춘일(春日)」·「전가사시(田家四時)」 등을 지음.
1151년	시 「석죽화(石竹花)」를 지은 정습명 죽음.
1158년	마음을 닦는 방법과 마음이 무엇인가를 밝히기 위하여 저술한 불교서로 문자가 아닌 뜻이 긴요하며, 스승을 통하지 않고 스스로 깨칠 수 있다는 것을 강조한 『수심결(修心訣)』을 지은 지눌 태어남.
1161년	『국조예악의문(國朝禮樂學儀文)』 상정, 「상정예악(詳定禮樂)」 가르침.
1188년	태묘에서 대성악 사용.

1193년	이규보, 서사시 「동명왕편(東明王篇)」 지음.
1214년~1259년	「한림별곡(翰林別曲)」 제1장에서 최씨정권의 문인들 중에서 금의·유승단·김인경·진화·이규보 등은 당대의 문학을 대표하는 문인들로 언급함.
12세기	이규보는 시 「맹고문(盟告文)」·「불평삼수(不平三首)」·최자는 서도, 북경, 강도의 세 도읍지에 관하여 지은 부(賦) 「삼도부(三都賦)」·김구는 시 「과철주(過鐵州)」·이승휴는 역사서 『제왕운기(帝王韻紀)』·일연은 역사서 『삼국유사』를 통해 몽골의 침략에 항거하는 대몽항쟁문학 작품을 발표했다.
1215년	각훈의 『해동고승전(海東高僧傳)』.
1220년	『파한집(破閑集)』의 작자 이인로 죽음.
1224년	『제왕운기(帝王韻紀)』의 작자 이승휴 출생.
1234년	저서로는 『선문염송집(禪門拈頌集)』·『심요(心要)』·『조계진각국사어록(曹溪眞覺國師語錄)』·『구자무불성화간병법(狗子無佛性話揀病法)』·『무의자시집(無衣子詩集)』·『금강경찬(金剛經贊)』·『선문강요(禪門綱要)』 등이 있고, 가전(假傳) 「죽존자전(竹尊者傳)」·「빙도자전(氷道者傳), 사(詞) 「어부사(漁父詞)」 등을 지은 혜심 죽음. 주자(鑄字)를 이용하여 『고금상정예문(古今詳定禮文)』 50권 간행.
1236년	강도(江都)에 대장도감을 두고 대장경 조판(재조 대장경) 시작(~1251년).
1237년	이규보, 『동국이상국집(東國李相國集)』·『백운집』 지음.
1241년	시론 「논시중미지략언(論詩中微旨略言)」·「답전리지논문서(答全履之論文書)」·「시벽(詩癖)」, 가전체 문학작품 「국선생전(麴先生傳)」·「청강사자현부전(清江使者玄夫傳)」, 패관문학작품집 『백운소설(白雲小說)』, 시 「요화백로(蓼花白鷺)」·

「하일즉사(夏日卽事)」·「망남가음(望南家吟)」 등의 지은이 이규보 죽음. 시(詩)·부(賦)·서(序)·발(跋)·명(銘)·잠(箴)·설(說)·논(論)·문답(門答)·전(傳) 등 여러 유형의 문학 양식으로 쓰어져 있는 작품을 집대성한『동국이상국집(東國李相國集)』간행.

1246년   단오 때 그네뛰기 및 고취(鼓吹) 놀이 금지.『고려사』「악지」'속악조'에 32곡의 향악곡—「정읍(井邑)」·「동동(動動)」·「무애(無㝵)」·「서경(西京)」·「대동강(大同江)」·「오관산(五冠山)」·「양주(楊洲)」·「월정화(月精花)」·「장단(長湍)」·「정산(定山)」·「벌곡조(伐谷鳥)」·「원흥(元興)」·「금강성(金剛城)」·「장생포(長生浦)」·「총석정(叢石亭)」·「거사연(居士戀)」·「처용(處容)」·「사리원(沙里院)」·「장암(長巖)」·「제위보(濟危寶)」·「안동자청(安東紫靑)」·「송산(松山)·「예성강(禮城江)」·「동백목(冬栢木)」·「한송정(寒松亭)」·「정과정(鄭瓜亭)」·「풍입송(風入松)」·「야심사(夜深祠)」·「한림별곡(翰林別曲)」·「삼장(三藏)」·「사룡(蛇龍)」·「자하동(紫霞洞)」—의 이름이 수록되어 있다. 그 밖의 고려의 향악으로는「도이장가(悼二將歌)」·「쌍연곡(雙鷰曲)」·「태평곡(太平曲)」·「후전진작(後殿眞勺)」·「죽계별곡(竹契別曲)」 등이 있었음.

1251년   『팔만대장경』완성. 팔관회 개최.

1254년   최자의『보한집(補閑集)』.

1260년   이인로의『파한집』간행.

1275년~1308년 「쌍화점(雙花店)」.

1285년   일연,『삼국유사』완성.

1287년   『익재난고(益齋亂藁)』·『역옹패설(櫟翁稗說)』을 지어 비평을 전개한 이제현 태어남.

1294년	「만수산요(萬壽山謠)」 지어짐.
1296년	김원상, 「태평곡(太平曲)」 지음.
1314년	몽골에서 책 1만 8백 권을 구입해 들여옴.
1330년	최영(崔瑩)을 기린 「전총재육도도통사최영(前摠宰六道都統使崔瑩)」과 우왕·창왕을 중 신돈(辛旽)의 자손이라 해 폐위시켜 서인(庶人)으로 만든 사실에 대해 읊은 「왕부자이위신돈자손폐위서인(王父子以爲辛旽子孫廢位庶人)」을 짓고, 『운곡시사(耘谷詩史)』 5권을 남긴 원천석 태어남.
1340년	「졸고천백(拙藁千百)」의 작가 최해(崔瀣) 죽음.
1348년	「관동별곡(關東別曲)」·「죽계별곡(竹契別曲)」·『근제집(謹齋集)』의 작자 안축 죽음.
1351년	「죽부인전(竹夫人傳)」·『가정집(稼亭集)』의 작자 이곡(李穀) 죽음.
1360년	시조 「강호사시가(江湖四時歌)」를 지은 맹사성 태어남. 이승휴의 『제왕운기(帝王韻紀)』 발간.
14세기	이첨(李詹)의 「저생전(楮生傳)」, 석식영암(釋息影庵)의 「정시자전(丁侍者傳)」, 고려 속요(高麗俗謠)― 「동동(動動)」·「처용가(處容歌)」·「사모곡(思母曲)」·「청산별곡(靑山別曲)」·「가시리」·「정석가(鄭石歌)」·「서경별곡(西京別曲)」·「이상곡(履霜曲)」·「만전춘(滿殿春)」·「상저가(相杵歌)」·「유구곡(維鳩曲)」 등.
1367년	『익제난고(益齋亂藁)』의 저자 이제현 죽음. 『역옹패설(櫟翁稗說)』, 「소악부(小樂府)」.
1389년	악학(樂學)을 설립. 『화이역어(華夷譯語)』를 간행하기 시작.
1392년	한시 「제승사(題僧舍)」·「오호조(嗚呼鳥)」, 문집 『도은집(陶隱集)』의 저자 이숭인 죽음.

시조 「단심가(丹心歌)」, 문집 『포은집(圃隱集)』의 저자 정몽주 죽음.

1393년   정도전, 태조를 칭송하는 악사(樂詞) 6편(「몽금척(夢金尺)」·「궁수분곡(窮獸奔曲)」·「정동방곡(靖東方曲)」·「개언로(開言路)」·「수보록(受寶籙)」·「납씨가(納氏歌)」)을 찬진(撰進).

1395년   『대명률직해(大明律直解)』 간행. 정도전 등이 『고려사(高麗史)』 37권을 찬진.

1398년   『학자지남도(學者指南圖)』·『심문천답(心問天答)』·『심기리편(心氣理篇)』·『불씨잡변(佛氏雜辨)』등의 철학서와 『조선경국전(朝鮮經國典)』·『경제문감(經濟文鑑)』·『경제문감별집(經濟文鑑別集)』·『경제의론(經濟議論)』·『감사요약(監司要約)』 등의 경세론(經世論)을 저술하고, 「소재동기(消災洞記)」·「답전부(答田父)」·「금남야인(錦南野人)」 같은 문학 작품이 재도(載道)를 하는 것이라는 생각이 담겨 있는 산문을 쓴 정도전 죽음. 권근(權近), 명나라 태조의 명을 받고 지은 한시인 「응제시(應製詩)」 24수를 통해 조선이 단군 이래의 오랜 연원을 가진 나라임을 강조했다.

1403년   주자소(鑄字所) 설치. 하윤 등, 『신수동국사략(新修東國史略)』 찬진.

1406년   하윤(河崙)의 건의로 십학(十學)-유학(儒學)·무학(武學)·이학(吏學)·역학(譯學)·음양 풍수학(陰陽風水學)·의학(醫學)·자학(字學)·율학(律學)·산학(算學)·악학(樂學)-을 설치함. '십학'은 10가지 교육기관임. 명나라에서 아악기를 구해옴.

1409년   아악(雅樂)·전악(典樂)의 천전법(遷轉法)을 정함. 아악서(雅樂署)·전악서(典樂署)의 관품 정함.

1413년	『태조실록(太祖實錄)』 완성. 사역원(司譯院)에서 일본어를 학습.
1415년	『양잠경험촬요(養蠶經驗撮要)』 간행.
1416년	『동국약운(東國略韻)』 간행.
1417년	경주부에서 『제왕운기(帝王韻紀)』 간행. 의흥현에서 『향약구급방(鄕藥救急方)』을 중간(重刊).
1419년	이해에 권근의 「상대별곡(霜臺別曲)」이 창작되었는 것으로 보이나 확실하지 않다.
1420년	집현전(集賢殿) 설치.
1423년	유관(柳觀) 등, 『고려사』를 개수(改修).
1425년	악학(樂學)에 문신 1인을 더 두어 악서(樂書)를 편찬하도록 함. 평양에 단군사당(檀君祠堂)을 세우게 함. 변계량의 「화산별곡(華山別曲)」.
1426년	춘추관, 『정종실록(定宗實錄)』을 올림.
1429년	정초, 『농사직설(農事直說)』 편찬. 상고행상(商賈行商)에 대한 납세법을 전국으로 확대. 악학(樂學)의 청에 따라 주종소(鑄鐘所) 설치함.
1430년	악학제조(樂學提調) 유사눌, 새로 만든 조회악기(朝會樂器)와 가자(架子)를 올림. 『아악보(雅樂譜)』 완성.
1431년	하정례(賀正禮)에 새로 만든 아악(雅樂)을 사용함. 『향약채취월령(鄕藥採取月令)』 간행.
1432년	『삼강행실도(三綱行實圖)』 편찬. 삼군도총제부(三軍都摠制府) 혁파. 중추원 설치. 악학 취재의 제도를 정함. 맹사성 등이 『신찬팔도지리(新撰八道地理志)』를 찬진.
1433년	민속가요를 채록하도록 함.
1436년	권제(權踶), 「동국연대가(東國年代歌)」를 지음.

1438년	김시습의 『금오신화(金鰲新話)』 간행. 조선 전기에서 한시 창작에 두각을 나타낸 시인으로 권근 · 서거정(徐居正) · 김종직 · 김시습(金時習) · 이행(李荇) · 임제(林悌) · 박은(朴誾) · 이황 · 박상(朴祥) · 신광한(申光漢) · 김인후(金麟厚) · 백광훈(白光勳) · 최경창(崔慶昌) · 이달(李達) · 허난설헌(許蘭雪軒) 등을 들 수 있다.
1441년	정인지 등에게 『치평요람(治平要覽)』을 찬수케 함.
1443년	세종, 『훈민정음(訓民正音)』 창제.
1444년	최만리 등 『훈민정음(訓民正音)』 반대 상소문. 『칠정산내외편(七政算內外篇)』 · 『중수대명력(重修大明曆)』 간행.
1445년	『용비어천가(龍飛御天歌)』 완성. 『의방유취(醫方類聚)』 365권 완성.
1445년~1447년	세종, 정간보(井間譜) 창안. 정간보는 음의 시간값만을 적었기 때문에 율자보 · 오음약보 등과 함께 쓰임.
1446년	세종, 『훈민정음(訓民正音)』 반포.
1447년	『용비어천가』 주해 완성. 신숙주 등 『동국정운(東國正韻)』 · 『사성통고(四聲通考)』 등 완성.
1448년	『동국정운(東國正韻)』 반포.
1449년	세종, 신악(新樂)을 개정함. 『석보상절(釋譜詳節)』, 『월인천강지곡(月印千江之曲)』 간행.
1450년	『동국병감(東國兵鑑)』 완성.
1451년	김종서 등, 『고려사(高麗史)』 139권 찬진.
1452년	수양대군, 『역대병요(歷代兵要)』를 편찬. 김종서 등, 『고려사절요(高麗史節要)』 35권 찬진. 『세종실록(世宗實錄)』 찬수(撰修). 『촌초시(寸抄詩)』 출간.
1455년	『홍무정운역훈(洪武正韻譯訓)』 완성.

1456년	변효문의 「완산별곡(完山別曲)」. 이개·하위지·유성원·유 응부·성삼문·박팽년의 여섯 충신이 단종 복위를 꾀하다 잡혀 죽은 사육신(死六臣) 사건 일어남.
1458년	『국조보감(國朝寶鑑)』 완성. 『박통사(朴通事)』·『노걸대(老乞 大)』를 간행.
1459년	『월인석보(月印釋譜)』 간행.
1461년	간경도감(刊經都監) 설치. 『신찬경국대전형전(新撰經國大典 刑典)』 반행(頒行). 승니호패법(僧尼號牌法) 제정. 신숙주 등 이 『북정록(北征錄)』 찬진.
1462년	간경도감, 『능엄경언해(楞嚴經`諺解)』 10권 간행. 호적 완 성.
1463년	간경도감, 『법화경(法華經)』 간행. 『반야심경(般若心經)』 번 역.
1464년	간경도감, 『선종영가집언해(禪宗永嘉集諺解)』·『금강경언해 (金剛經諺解)』·『심경언해(心經諺解)』·『아미타언해(阿彌陀 諺解)』 간행. 『삼갑전법(三甲戰法)』 간행. 세조, 「오대산상원 사중 창권선문(五臺山上院寺重創勸善文)」을 내림.
1465년	『원각경언해(圓覺經諺解)』 완성. 양성지, 『오륜록(五倫錄)』 찬진(撰進).
1467년	양성지, 『해동성씨록(海東姓氏錄)』 찬진.
1468년	김수령(金壽寧) 등에게 『시(詩)』 구결(口訣)을 논정(論定)하 게 함.
1469년	『경국대전』 완성. 세계지도 「천하도(天下圖)」 완성. 둔전(屯 田)의 민경(民耕)을 허가함.
1471년	신숙주, 『해동제국기(海東諸國記)』 간행.

1474년	서거정의 『동인시화(東人詩話)』.
1475년	인목대비(仁穆大妃) 한씨(韓氏)의 『내훈(內訓)』 간행. 한문소설 『대관재몽유록(大觀齋夢遊錄)』의 저자 심의 태어남.
1476년	노사신 등, 『삼국사절요(三國史節要)』를 찬진.
1477년	『의방유취(醫方類聚)』 30부 간행. 부녀(婦女)의 재가(再嫁)를 금지함.
1478년	윤자운, 『한몽운요(韓蒙韻要)』 찬진. 서거정, 『동문선(東文選)』 편찬. 『향약집성방(鄉藥集成方)』 간행.
1481년	최초의 가사 작품으로 알려진 「상춘곡(賞春曲)」과 단가(短歌) 「불우헌가(不憂軒歌)」, 경기체가(景幾體歌) 「불우헌곡(不憂軒曲)」 등을 지은 정극인 죽음. 서거정 등, 『동국여지승람(東國輿地勝覽)』 편찬. 『두시언해(圓覺經諺解)』(分類杜工部詩諺解) 25권 간행. 언해(諺解)한 『삼강행실열녀도(三綱行實烈女圖)』 1권 간행.
1482년	서거정 등 『금강경삼가해(金剛經三家解)』 5권, 『남명집언해(南明集諺解)』(영가대사증도가남명천선사계송) 2권 간행.
1483년	서거정 등에게 『연주시격(聯珠詩格)』과 『황산곡집(黃山谷集)』을 언해케 함.
1484년	서거정 등, 『동국통감(東國通鑑)』 찬진. 당대의 문장가로 「안빙몽유록(安憑夢遊錄)」·「서재야회록(書齋夜會錄)」·「최생우진기(崔生遇眞記)」·「하생기우록(何生奇遇錄)」 등 4편의 소설이 수록된 『기재기이(企齋記異)』의 저자 신광한, 태어남.
1485년	『경국대전』 반포.
1486년	김종직 등, 『동국여지승람(東國輿地勝覽)』 55권을 수교(讎校).

1488년	『향약집성방』 중 자주 쓰이는 약방을 한글로 번역, 간행하게 함.
1487년	손순효, 궁중 식이요법서 『식료찬요(食料贊要)』 찬진.
1489년	윤호 등, 『신찬구급간이방(新撰救急簡易方)』 찬진.
1492년	악부체 연작 한시집 『동도악부(東都樂府)』, 깊은 역사적 식견과 절의를 중요시하는 도학자로서의 참모습을 보여주는 「조의제문(弔義帝文)」, 문집 『점필재집(佔畢齋集)』·『유두유록(遊頭流錄)』·『청구풍아(靑丘風雅)』·『당후일기(堂後日記)』·『동문수(東文粹)』 등을 남겼고, 한시 「낙동요(洛東謠)」를 남긴 김종직 죽음.
1493년	성현·유자광 등, 왕명으로 조선시대의 의궤와 악보를 정리하여 편찬한 악서(樂書)인 『악학궤범(樂學軌範)』 완성. 논설 「신귀설(神鬼說)」·「태극설(太極說)」·「천형(天形)」, 시 「산행즉사(山行卽事)」·「위천어조도(渭川漁釣圖)」·「도중(途中)」·「등루(登樓)」·「소양정(昭陽亭)」·「하처추심호(何處秋深好)」·「고목(古木)」·「사청사우(乍晴乍雨)」·「독목교(獨木橋)」·「무제(無題)」·「유객(有客)」, 소설 「매월당선생전(梅月堂先生傳)」·「만복사저포기(萬福寺樗蒲記)」·「이생규장전(李生窺墻傳)」·「취유부벽정기(醉遊浮碧亭記)」·「남염부주지(南炎浮洲志)」·「용궁부연록(龍宮赴宴錄)」 등으로 구성되어 있는 한국 최초의 소설집 『금오신화(金鰲新話)』의 작자 김시습 죽음. 면앙정가단의 창설자이며 강호가도의 선구자로 한시 「면앙정삼언가」·「면앙정제영(俛仰亭題詠)」, 국문시가 「면앙정가」 9수, 시조 「자상특사황국옥당가(自上特賜黃菊玉堂歌)」·「오륜가(五倫歌)」 등을 지어 조선 시가문학에 크게 기여한 송순(宋純) 태어남.

1499년	춘추관(春秋館)에서 『성종실록(成宗實錄)』을 찬진.
1500년	『농사언해(農事諺解)』·『잠서언해(蠶書諺解)』·『여사서내훈언해(女四書內訓諺解)』 등 간행. 성현, 『역대제왕시문잡저(歷代帝王詩文雜著)』를 찬진.
1503년	임산부의 음식섭취 및 섭생 등을 기술한 의서(醫書) 『임신최요방(妊娠最要方)』 간행.
1504년	언문익명서사건(諺文匿名書事件) 발생. 언문 교습을 금하고, 언문구결(諺文口訣)의 서책(書冊)을 불태우게 함.
1509년	『연산군일기(燕山君日記)』 수찬(修撰).
1511년	채수(蔡壽), 『금오신화』에 이어 두 번째로 나온 고전 소설이자 최초의 국문 번역 소설인 『설공찬전(薛公瓚傳)』을 지음. 박연의 『악사(樂詞)』와 최보의 『표해록(漂海錄)』이 간행됨. 악학도감(樂學都監) 폐지.
1512년	경주에서 『삼국사기(三國史記)』·『삼국유사(三國遺事)』를 중간(重刊)함.
1514년	신용개 등, 『속삼강행실(續三剛行實)』 찬진.
1517년	김안국, 『여씨향약(呂氏鄕約)』 간행. 사학(四學)·팔도(八道)에서 『소학(小學)』·『대학(大學)』으로 유생(儒生)과 동몽(童蒙)을 가르치고 우수한 자를 천거(薦擧)하도록 함. 최세진, 『사성통해(四聲通解)』 2권을 찬진.
1518년	신용개 등, 『속동문선(續東文選)』을 찬진.
1520년	최세진의 『노걸대언해(老乞大諺解)』·『박통사언해(朴通事諺解)』·『노걸대집람(老乞大輯覽)』 등이 간행됨.
1525년	의관(醫官) 김순몽·유영정·박세거 등이 편찬한 『간이벽온방(簡易辟瘟方)』 간행.
1527년	최세진, 『훈몽자회(訓蒙字會)』 3권을 찬진.

1530년	이행(李荇) 등, 『신증동국여지승람(新增東國輿地勝覽)』을 찬진.
1532년	「독락팔곡(獨樂八曲)」·「한거십팔곡(閑居十八曲)」을 지은 권호문 태어남.
1533년	김구(金絿)의 「화전별곡(花田別曲)」.
1537년	최경창·이달(李達)과 함께 삼당시인(三唐詩人)의 한사람으로 『옥봉집(玉峯集)』을 저술한 시인인 백광훈 태어남.
1539년	최세진, 『이문속집집람(吏文續集輯覽)』 찬진.
1543년	주세붕, 백운동서원 건립.
1544년	서경덕, 「원이기(原理氣)」·「이기설(理氣說)」·「태허설(太虛說)」·「귀신사생론(鬼神死生論)」 등을 지음.
1549년	한문소설 「원생몽유록(元生夢游錄)」·『수성지(愁城誌)』·『화사(花史)』 등을 남긴 임제(林悌) 태어남. 작가를 알 수 없는 조선시대 고전소설로 『임진록』·『임경업전』·『박씨전』·『곽재우전』·『전우치전』·『운영전』·『춘향전』·『심청전』·『흥부전』·『배비장전』·『숙향전(淑香傳)』·『소대성전(蘇大成傳)』·『신유복전』·『장풍운전(張風雲傳)』·「콩쥐팥쥐」·「장끼전」·「두껍전」·「별주부전」·「옹고집전」 등이 있다.
1550년	명종, 백운동서원에 '소수서원'(紹修書院)이라는 현판과 『사서오경(四書五經)』과 『성리대전(性理大全)』 등의 서적을 하사.
1554년	『구황촬요(救荒撮要)』 저술. 『동몽선습(童蒙先習)』 1권 간행.
1555년	백광홍, 견문가사 「관서별곡(關西別曲)」 지음. 양사준, 견문가사 「남정가(南征歌)」 지음. 『제승방략(制勝方略)』을 반포함. 양사언의 가사(歌辭) 「남정기(南征記)」. 저서로는 『농암집』이 있으며, 작품으로는 전하여오던 「어부가(漁父歌)」를

장가 9장, 단가 5장으로 고쳐 지은 것과 「효빈가(效嚬歌)」·
「농암가(聾巖歌)」·「생일가(生日歌)」 등의 시조작품 8수가
전하는 이현보 죽음.

1556년	백광홍의 「관서별곡(關西別曲)」.
1559년	이황, 『이학통록(理學通錄)』을 편찬함.
1560년	정철(鄭澈)의 「성산별곡(星山別曲)」.
1563년	한시 「송하곡적갑산(送荷谷謫甲山)」·「기부독서강사(寄夫讀書江舍)」·「곡자(哭子)」·「견흥(遣興)」·「빈녀음(貧女吟)」 3수, 국한문가사 「규원가(閨怨歌)」·「봉선화가(鳳仙花歌)」를 남긴 허난설헌 태어남. 『가례대전서(家禮大全書)』를 전라도 곡성현에서 처음 간행함.
1566년	후한(後漢)의 조대가(曹大家)가 지은 『여계(女誡)』·『여칙(女則)』·『여헌(女憲)』을 궐내에 진헌함. 이황, 「심경후론(心經後論)」을 지음.
1567년	양사언의 「미인별곡(美人別曲)」(가사), 이황의 「환산별곡(還山別曲)」(가사), 이황의 「금보가(琴譜歌)」(가사), 어숙권의 『패관잡기(稗官雜記)』.
1568년	이황의 『성학십도(聖學十圖)』. 휴정이 선종의 주요 지침을 모아 1564년에 저술한 불교 교리서인 『선가귀감(禪家龜鑑)』 1권 간행.
1570년	이현보(李賢輔)의 「어부사(漁父詞)」, 이이(李珥)의 「고산구곡가(高山九曲歌)」 등과 함께 강호가도(江湖歌道)의 맥을 잇는 작품인 「도산십이곡(陶山十二曲)」(시조)의 작가 이황 사망. 이황은 한시에도 일가를 이루어 「도산서당(陶山書堂)」·「천연대(天淵臺)」·「천광운영대(天光雲影臺)」·「농운정사(隴雲精舍)」·「관란헌(觀瀾軒)」·「반타석(盤陀石)」·「정우당(淨友

塘)」·「절우사(節友社)」 등 「도산잡영(陶山雜詠)」 칠언절구
(七言絶句) 18수(首)와 「몽천(蒙泉)」·「열정(冽井)」·「간류
(澗柳)」·「채포(菜圃)」·「화체(花砌)」·「서록(西麓)」·「남안
(南岸)」·「취미(翠微)」·「요랑(寥朗)」 등 오언절구(五言絶句)
30수를 남겼다. 유희춘의 「헌근록(獻芹錄)」.

1573년　　『주자대전(朱子大全)』 간행.

1575년　　이이, 주자학의 핵심을 간추린 『성학집요(聖學輯要)』 찬술.

1577년　　이이, 아동교육서인 『격몽요결(擊蒙要訣)』 편찬.

1576년　　『신증유합(新增類合)』 2권 완성. 이이의 「자경별곡(自警別
　　　　　曲)」(가사).

1580년　　정철의 「관동별곡(關東別曲)」(가사), 「훈민가(訓民歌)」(시조).

1582년　　이이, 「인심도심설(人心道心說)」·「선악기도(善惡幾圖)」·
　　　　　「김시습전(金時習傳)」을 지어 바침. 면앙정가단의 창설자이
　　　　　며 강호가도의 선구자로 한시 「면앙정삼언가」·「면앙정제
　　　　　영(俛仰亭題詠)」, 국문시가 「면앙정가」 9수, 시조 「자상특사
　　　　　황국옥당가(自上特賜黃菊玉堂歌)」·「오륜가」 등을 지은 송
　　　　　순(宋純) 사망.

1583년　　『석봉천자문(石峰千字文)』(목판본) 간행. 『매월당집(梅月堂
　　　　　集)』 인출(印出).

1587년　　『수성지(愁城誌)』·『원생몽유록(元生夢遊錄)』의 작자 임제
　　　　　(林悌) 죽음. 「독락팔곡(獨樂八曲)」·「한거십팔곡(閑居十八
　　　　　曲)」의 작자 권호문 죽음.

1591년　　『대동운부군옥(大東韻府群玉)』의 작자 권해문 죽음.

1592년　　이원익의 「고공답주인가(雇工答主人歌)」(가사), 서산대사의
　　　　　「회심곡(回心曲)」(가사), 정철의 「장진주사(將進酒辭)」(시조),
　　　　　허강(許橿)의 「서호별곡(西湖別曲)」(가사).

1593년	「성산별곡(星山別曲)」·「관동별곡(關東別曲)」·「사미인곡(思美人曲)」·「속미인곡(續美人曲)」 등 4편의 가사와 시조「훈민가(訓民歌)」·「주문답(酒問答)」·「서하당벽오가(棲霞堂碧梧歌)」 등을 남긴 정철 죽음.
1595년	이현(李俔)의 「백상루별곡(百祥樓別曲)」(가사).
1596년	「권농가(勸農歌)」를 광포(廣布)함.
1598년	박인로, 가사 「태평사(太平詞)」를 지음.
1601년	박인로, 「조홍시가(早紅柿歌)」(시조)를 지음.
1605년	박인로. 「선상탄(船上歎)」(가사)을 지음.
1610년	허준, 『동의보감(東醫寶鑑)』 25권 편찬해서 바침. 『악학궤범(樂學軌範)』 중간(重刊).
1611년	박인로, 가사 「사제곡(莎堤曲)」·「누항사(陋巷詞)」를 지음.
1613년	허준이 편찬한 『동의보감』을 내의원(內醫院)에서 간행.
1614년	이수광, 『지봉유설(芝峯類說)』 완성.
1618년	시평론집 『학산초담(鶴山樵談)』, 시비평 「성수시화(惺叟詩話)」, 논설「호민론(豪民論)」·「관론(官論)」·「정론(政論)」·「병론(兵論)」·「유재론(遺才論)」, 단편소설(전) 「장생전(張生傳)」, 「엄처사전(嚴處士傳)」, 「손곡산인전(蓀谷山人傳)」, 「장산인전(張山人傳)」, 「남궁선생전(南宮先生傳)」, 한글소설 『홍길동전』의 작자 허균 죽음.
1619년	박인로, 「독락당(獨樂堂)」(가사).
1624년	『휴옹집(休翁集)』·『해동악부(海東樂府)』 등을 남긴 심광세 죽음.
1625년	「매호별곡(梅湖別曲)」·「자도사(自悼詞)」·「관동속별곡(關東續別曲)」·「출새곡(出塞曲)」 등 4편의 가사작품이 실려 전하는 『이재영언(頤齋詠言)』(가사집)의 저자 조우인 사망.

1628년	「청창연담(晴窓軟談)」·「구정록(求正錄)」·「야언(野言)」 등을 통해 객관 사물인 경(境)과 창작주체의 직관적 감성인 신(神)의 만남을 창작의 주요동인으로 강조했던 신흠 죽음. 류성룡의 『징비록(懲毖錄)』 간행.
1634년	이수광의 『지봉유설』 간행. 『광해군일기』 완성됨.
1635년	박인로, 가사 「영남가(嶺南歌)」를 지음.
1636년	박인로, 가사 「노계가(蘆溪歌)」를 지음.
1645년	소현세자, 아담 샬로부터 천문(天文)·산학(算學)·천주교 관련 서적들을 받아옴.
1649년	김상용, 「오륜가(五倫歌)」와 『산성일기』 등을 지음.
1653년	시헌력(時憲曆) 채택. 홍만종, 『시화총림(詩話叢林)』 편찬.
1655년	농학자 신속(申洬), 『농가집성(農家集成)』 편찬.
1656년	연시조 「율리유곡(栗里遺曲)」의 작자 김광욱 죽음.
1671년	「견회요(遣懷謠)」·「우후요(雨後謠)」·「몽천요(夢天謠)」·「산중신곡(山中新曲)」·「산중속신곡(山中續新曲)」·「고금영(古今詠)」·「증반금(贈伴琴)」 등과 보길도를 배경으로 「어부사시사(漁父四時詞)」를 지은 윤선도 죽음.
1674년	권근의 『양촌집(陽村集)』 간행.
1676년	박세당, 농서(農書)인 『색경(穡經)』 편찬. 양예수, 『의림촬요(醫林撮要)』 간행.
1678년	박두세의 『요로원야화기(要路院夜話記)』.
1681년	고난 인식이 문학의 사명이라 생각하며 농민의 참상을 상세히 다룬 「농가탄(農家歎)」, 가게 보는 노인의 처지를 그린 「성환점(成歡店)」 등의 작품을 남긴 정내교 태어남.
1687년	정철의 『송강가사(松江歌辭)』 성주본 간행.
1690년	김만중의 「정경부인 해평윤씨 행장(貞敬夫人 海平尹氏 行

狀)」. 조선후기 김천택의 『청구영언(靑丘永言)』, 박효관의 『가곡원류(歌曲源流)』와 함께 3대 시조집의 하나인 『해동가요(海東歌謠)』를 편찬한 김수장 출생.

1692년 　　　『사씨남정기(謝氏南征記)』·『구운몽(九雲夢)』·『서포만필(西浦漫筆)』 등을 저술한 소설가 김만중 죽음.

1708년 　　　정철의 『송강가사(松江歌辭)』 관서본 간행.

1711년 　　　문집 『약천집(藥泉集)』·『주역참동계주(周易參同契註)』, 시조 「동창이 밝았느냐」를 남긴 남구만 죽음.

1723년 　　　『백년초해(百聯年抄解)』 간행.

1725년 　　　『해동이적(海東異蹟)』·『소화시평(小華詩評)』·『순오지(旬五志)』·『시평보유(詩評補遺)』·『동국역대총목』·『증보역대총목』·『시화총림(詩話叢林)』·『동국악보(東國樂譜)』·『명엽지해(蓂葉志諧)』·『동국지지략(東國地志略)』 등을 남긴 홍만종 죽음.

1728년 　　　김천택의 『청구영언(靑丘永言)』.

1736년 　　　『여사서(女四書)』를 번역 간행함.

1743년 　　　조선후기 연향악(宴享樂)의 변천과정에서 외진연(外進宴) 정재에서 무동(舞童)이 춤을 추고 제1작(酌) 초무(初舞)에 「보허자령」, 제2작 「아박」에 「정읍」, 제3작 「향발무」에 「보허자령」, 제4작 「무고」에 「향당교주」, 제5작 「광수무」에 「향당교주」를 쓰기로 정함. 내진연(內進宴) 정재에서는 여기(女妓)가 춤을 추고 「헌선도」·「수연장」·「포구락」·「오양선」·「연화대」 등의 당악정재와 「아박무」·「향발무」·「무고」 등의 향악정재를 쓰기로 정함.

1744년 　　　『속대전(續大典)』 완성.

1749년 　　　『경도잡지(京都雜志)』·『영재집(泠齋集)』·『고운당필기(古芸

	堂筆記)』·『앙엽기(盎葉記)』·『사군지(四郡志)』·『발해고(渤海考)』·『이십일도회고시(二十一都懷古詩)』 등을 저술한 유득공 출생.
1750년	신경준, 『훈민정음운해(訓民正音韻解)』.
1760년	『담정총서(潭庭叢書)』 안에 수록한 11권의 산문과 『예림잡패』에 시 창작론과 함께 남긴 이언(俚諺) 65수가 전하는 이옥(李鈺) 출생. 『담정총서(潭庭叢書)』 안에 「문무자문초(文無子文鈔)」·「매화외사(梅花外史)」·「화석자문초(花石子文鈔)」·「중흥유기(重興遊記)」·「도화유수관소고(桃花流水館小稿)」·「경금소부(絅錦小賦)」·「석호별고(石湖別稿)」·「매사첨언(梅史添言)」·「봉성문여(鳳城文餘)」·「묵토향초본(墨吐香草本)」·「경금부초(絅錦賦草)」 등이 실려 있다. 이옥의 대표적인 소설로는 「심생전(沈生傳)」·「유광억전(柳光億傳)」·「성진사전(成進士傳)」 등이 있고, 수필로는 「거미를 읊은 부(賦)」 등이 있다.
1762년	「서구도올(西寇檮杌)」·「북행백절(北行百絶)」·「석고가(石鼓歌)」·「억석행(憶昔行)」·「병치행(病齒行)」 등의 시와 산문에 칠언절구의 시를 덧붙인 형식으로 되어 있는 『추재기이(秋齋紀異)』, 산문과 시의 결합으로 구성된 『외이죽지사(外夷竹枝詞)』 등을 남긴 조수삼 태어남.
1763년	『성호사설』·『곽우록(藿憂錄)』·『성호선생문집』·『이선생예설(李先生禮說)』·『사칠신편(四七新編)』·『상위전후록(喪威前後錄)』과 『사서삼경』·『근사록』·『심경』을 저술한 이익(李瀷) 죽음.
1764년	김인겸의 「일동장유가(日東壯遊歌)」.
1769년	유형원의 『반계수록(磻溪隨錄)』 인출(印出).

1775년	「등악양루탄관산융마(登岳陽樓歎關山戎馬)」와 「관서악부(關西樂府)」를 지은 신광수 죽음.
1776년	규장각(奎章閣) 설치.
	조선후기에 출현한 대장편소설로 『완월회맹연(玩月會盟宴)』(100책)·『완월회맹연(玩月會盟宴)』(180책)·『명주보월빙(明紬寶月聘)』(100책)·『윤하정삼문취록(尹河鄭三門聚錄)』(105책)·『화산선계록(華山仙界錄)』(80책)·『명행정의록(明行貞義錄)』(70책) 등이 있다.
1778년	홍명복, 『방언집석(方言集釋)』 편찬.
1786년	정극인의 『불우헌집(不憂軒集)』 간행.
1784년	유득공, 『발해고(渤海考)』 완성.
1785년	『경국대전』과 『속대전』 및 그 뒤의 법령을 통합하여 편찬한 법제서로 6권 5책의 목판본인 대전통편(大全通編) 완성.
1790년	『무예도보통지(武藝圖譜通志)』 완성.
1795년	『충무공이순신전서(忠武公李舜臣全書)』 간행. 혜경궁홍씨, 『한중록(閑中錄)』 지음. 이의평, 『화성일기(華城日記)』 지음. 이덕무의 『청장관전서(靑莊館全書)』 간행.
1798년	서유문의 「무오연행록(戊午燕行錄)」.
1801년	시집 『운고시선(雲皐詩選)』, 야담집 『금계필담(錦溪筆談)』, 한문장편소설 『육미당기(六美堂記)』가 남아 있는 서유영, 태어남.
	조선후기 애정소설로 『유록전(柳錄傳)』·『동선기(洞仙記)』·『영영전(英英傳)』·『운영전(雲英傳)』·『옥단춘전(玉丹春傳)』·『채봉감별곡(彩鳳感別曲)』·『부용상사곡(芙蓉相思曲)』·『청년회심곡(靑年悔心曲)』 등이 있다,
1805년	『연암집』에 수록되어 있는 기행문 『열하일기(熱河日記)』, 단

편소설 「허생전(許生傳)」·「민옹전(閔翁傳)」·「광문자전(廣
文者傳)」·「양반전(兩班傳)」·「김신선전(金神仙傳)」·「역학
대도전(易學大盜傳)」·「봉산학자전(鳳山學者傳)」·「우상전
(虞裳傳)」·「마장전(馬駔傳)」·「예덕선생전(穢德先生傳)」·
「호질(虎叱)」·「마장전(馬駔傳)」 등을 남긴 박지원 죽음.

1818년	정약용, 『목민심서(牧民心書)』 지음.
1819년	정약용, 『아언각비(雅言覺非)』 지음.
1824년	유희, 『언문지(諺文志)』 지음.

1836년   『경세유표(經世遺表)』·『목민심서(牧民心書)』·『흠흠신서(欽
欽新書)』 등의 저서와 「탐진촌요(耽津村謠)」·「탐진농가(耽
津農歌)」·「탐진어가(耽津漁歌)」·「용산리(龍山吏)」 같은 시
작품을 남긴 정약용 죽음.

1844년   한산거사(漢山居士)의 「한양가(漢陽歌)」.

1861년   김정호, 「대동여지도(大東輿地圖)」 간행.

1863년   「무제(無題)」·「안락성을 지나며(過安樂見)」·「영립(詠笠)」
·「자탄(自嘆)」·「봉우숙촌가(逢雨宿村家)」 등을 창작한 시
인 김삿갓 죽음.

1866년   홍순학의 「연행가(燕行歌)」.

19세기 중엽   「춘향가」·「심청가」·「흥부가」·「수궁가」·「적벽가」·「배
비장타령」·「강릉매화타령」·「옹고집타령」·「변강쇠타령」
·「장끼타령」·「무숙이타령」·「가짜신선타령」 등 판소리
열두마당에 대한 내용(송만재의 한시 「관우희」). 「관우희(觀
優戲)」는 신위의 「관극시(觀劇詩)」와 함께 판소리 및 창우들
의 연희연구에 도움을 주는 자료임. 이 판소리의 사설을 판
소리계 소설이라고 한다. 19세기 후반, 이유원의 『가오고략
(嘉梧藁略)』에서는 판소리 12마당 중에서 「강릉매화타령」·

	「옹고집전」·「변강쇠타령」·「장끼타령」·「무숙이타령」·「가짜신선타령」 등을 뺌. 신재효가 정리한 『판소리사설집』에서는 「배비장타령」·「장끼타령」을 제외한 6마당만을 실음.
1866년	정조 대에 편찬된 『대전통편(大典通編)』 이후 반포된 수교와 각종 조례 등을 보충한 『대전회통(大典會通)』 편찬.
1867년	육조 각 관아의 사무 처리에 필요한 행정법규와 사례를 편집한 법제서인 『육전조례(六典條例)』 반포.
1876년	안민영, 『가곡원류(歌曲源流)』 편찬.
1880년	김홍집 등 수신사(修信使)를 일본에 파견. 김홍집, 고종에게 일본 주재 청국공사관 참찬관(參贊官)인 황쭌셴(黃遵憲)이 지은 『조선책략(朝鮮策略)』을 바침. 파리외방선교회한국선교단의 리델(Felix-Clair Ridel)주교, 『한불자전(韓佛字典)』 간행. 최시형, 포덕문(布德文)·논학문(論學文)·수덕문(修德文)·불연기연(不然其然)의 네 편으로 되어 있는 『동경대전(東經大全)』 간행. 『조선상고사(朝鮮上古史)』·『조선상고문화사(朝鮮上古文化史)』·『조선사연구초(朝鮮史研究草)』 등을 지은 신채호 태어남.
1881년	이만손 등, 중국·일본·미국과 연합하여 러시아를 막는다는 주장의 불합리함을 지적한 「영남만인소(嶺南萬人疏)」를 올림.
19세기 말	전라남도 광주의 아전 김창조에 의하여 「가야금산조」가 만들어짐. 그의 제자 한성기 등에 의하여 계승됨.
1883년	〈한성순보(漢城旬報)〉 발간.
1884년	『금오신화(金鰲新話)』가 일본에서 출간됨.
1886년	통리아문 박문국에서 〈한성순보〉의 복간 형식으로 〈한성주

보(漢城周報)〉창간.

1895년	유길준, 『서유견문(西遊見聞)』 출판.
1893년	언더우드, 악보 없는 가사집의 형태인 『찬양가』 발행.
1898년	주시경, 『국어문법(國語文法)』 지음.〈매일신문〉창간.〈황성신문〉창간.
1899년	〈조선월보〉창간.〈독립신문〉폐간. 황성신문사에서 『미국독립사』 간행.
1900년	성서번역국, 『신약전서』 간행.

집필 작가 소개(작품 게재 순)

유시연   2003년 계간 『동서문학』 신인문학상 단편소설 당선. 현진건문학상 수상. 동국대 문화예술대학원 문예창작과 졸업. 소설집 『알래스카에는 눈이 내리지 않는다』·『오후 4시의 기억』·『달의 호수』·『쓸쓸하고도 찬란한』, 장편소설 『부용꽃 여름』·『바우덕이전』·『공녀, 난아』·『벽시계가 멈추었을 때』·『허준』 등 출간. 현 한국작가회의 소설분과 위원회 간사.

은미희   1999년 문화일보 신춘문예 단편소설 당선. 삼성문학상 수상. 광주대 문예창작과 및 같은 학교 대학원 문예창작과 졸업. 동신대 한국어교원학과 박사과정 수학. 소설집 『만두 빚는 여자』, 장편소설 『소수의 사랑』·『바람의 노래』·『18세, 첫경험』·『바람남자 나무여자』·『나비야 나비야』·『흑치마 사다코』 등 출간. 전 동신대 강사.

엄광용   1990년 『한국문학』 신인문학상 중편소설 당선. 1994년 삼성문예상 장편동화 부문 수상. 류주현 문학상 수상. 중앙대 문예창작과 졸업 및 단국대 대학원 박사과정 사학과 수료. 소설집 『전우치는 살아 있다』, 장편소설 『황제수염』·『사냥꾼들』·『사라진 금오신화』·『천년의 비밀』, 대하소설 『광개토대왕 담덕』, 동화집 『이중섭과 세발자전거를 타는 아이』·『초롱이가 꿈꾸는 나라』·『황소개구리와 금두꺼비』·『우주에서 온 통키 박사』 등 출간. 현 한국문명교류연구소 연구원.

정라헬 경성대학교 국문과 및 동아대학교 대학원 문예창작학과 석사과정
졸업. 동의대학교 대학원 국문과 박사과정 수료. 2013년 『내일을 여
는 작가』 신인문학상 단편소설 「발재봉틀」 당선. 신라문학대상 소설
부문 수상.

정수남 1984년 서울신문 신춘문예 단편소설 당선. 국학대(고려대 전신) 국
문학과 졸업. 한국소설문학상 수상. 창작집 『분실시대』 · 『별은 한낮
에 빛나지 않는다』 · 『타성의 새』 · 『아직도 그대는 내 사랑』 · 『시계
탑이 있는 풍경』 · 『길에서, 길을 보다』 · 『앉지 못하는 새』, 장편소
설 『행복아파트 사람들』, 시집 『병상일기』, 산문집 『시 한 잔의 추
억』 등 출간. 전 도서출판 눈 대표. 현 일산문학학교 대표.

마린 2007년 계간 『내일을 여는 작가』 신인문학상 단편소설 당선. 인하
대 영문과 졸업. 소설집 『아메리칸 앨리』 등 출간.

김민주 2010년 문화일보 신춘문예 단편소설 당선. 김만중 문학상(은상) 수
상. 대구가톨릭대학교 철학과 및 상명대 문화기술대학원 소설창작과
졸업. 공동창작집 『쓰다 참, 사랑』, 소설집 『화이트 밸런스』 출간.
전 계간 『내일을 여는 작가』 초빙 편집위원.

하아무 2007년 전남일보 신춘문예 단편소설 당선. MBC창작동화공모대상
수상. 남명문학상 수상. 소설집 『마우스브리더』 · 『푸른 눈썹』 · 『황
새』 · 『하지만 우리는 살아남았다』, 동화집 『두꺼비 대작전』 · 『일어
선 용, 날아오르다』 등 출간. 현 평사리문학관 사무국장.

채희문   1987년 계간 『세계의 문학』에 중편소설 「철탑」을 발표. 1988년 동아일보 신춘문예 중편소설 당선. 황순원 작가상 수상. 중앙대 문예창작과 졸업. 창작집 『철탑(鐵塔)』·『검은 양복』, 장편소설 『흑치』·『슬픈 시베리아』, 대표작품선 『바람도 때론 슬프다』 출간. 전 랜스 에디팅 대표.